高品質課堂

50个典型样本

GAOPINZHI KETANG

50 GE DIANXING YANGBEN

大连金普新区『高品质课堂』研究与实践课题组 **主编**

世界知识出版社

图书在版编目（CIP）数据

高品质课堂 50 个典型样本／大连金普新区"高品质
课堂"研究与实践课题组主编. —北京：
世界知识出版社，2019.9
ISBN 978-7-5012-6086-7

Ⅰ.①高… Ⅱ.①大… Ⅲ.①课堂教学 – 教案（教
育）– 中小学 Ⅳ.①G632.421

中国版本图书馆 CIP 数据核字（2019）第 179258 号

责任编辑	侯奕萌
责任出版	赵 玥
责任校对	张 琨
封面设计	郝亚娟

书 名	高品质课堂 50 个典型样本 Gaopinzhi Ketang 50 Ge Dianxing Yangben
主 编	大连金普新区"高品质课堂"研究与实践课题组
出版发行	世界知识出版社
地址邮编	北京市东城区干面胡同 51 号（100010）
网 址	www.ishizhi.cn
经 销	新华书店
印 刷	三河市人民印务有限公司
开本印张	710mm×960mm 1/16 15 印张
字 数	286 千字
版次印次	2019 年 9 月第一版 2019 年 9 月第一次印刷
标准书号	ISBN 978-7-5012-6086-7
定 价	42.00 元

编委会名单

主　　任：高奇志　李铁安

副 主 任：宫学莉　姚志强

编　　委：(以姓氏笔画为序)

孔　玥　卢凤义　曲琳娜　刘　峰

孙秀玲　张厚东　张敬峰　陈贻龙

林志强　金　龙　孟　梦　赵雅君

唐焕波　梁晓红　韩春蓉　程　蓓

高品质课堂：彰显育人为本之意义

　　课堂教学是人类高尚的教育实践活动的核心表征。如果说，教育是通过现存世界的全部文化，导向人的灵魂觉醒之本源和根基；教育的过程是把人类已有的共同创造的文化、经验、智慧转化为个体的道德、智慧与能力，激发出个体潜在能力与创造力，并为社会提供新的"创造能量"的精神成长的过程；那么，课堂教学应是将人类优秀文化基因嵌入学生内心，给学生以高尚深厚的文化教养，从而把学生的精神世界塑造得更加广阔而高远、深厚而灵慧，并借此主动参与人类优秀文化的再创造；课堂教学应蕴涵学生生命的自主建构和自我超越，承载对学生生命意义的价值引导，促进学生生命的有效发育和精神文化意义的有效生产，实现学生生命与精神的绽放；课堂教学应是让一个个纯净清澈、率真生动、稚嫩柔弱的天真心灵成长为一个个高尚本真、丰厚灵动、坚韧挺拔的更天真心灵，简而言之就是："让天真的心灵更天真！"这些应是课堂教学所坚守的教育立场！

　　课堂教学是师生以人类优秀文化为中介的"教"与"学"相统一的教育实践活动，是师生共同享创人类优秀文化从而获得生命成长的一种动态创生的文化，是师生同心携手经历的一段活生生的生命历程和静悄悄的文化之旅。这是课堂教学所具有的文化意蕴，也是课堂教学的原本意义。因此，课堂教学必然蕴涵人类优秀文化对学生生命的激发与浸润，蕴涵教师高尚道德和真爱良知对学生生命的启迪与感召，也蕴涵学生主体的生命动能自觉而完满的释放与张扬。课堂教学恰是依托教学内容的育人功能、教师的育人功能以及学生的主体动能三个要素整体相互协调作用，最终实现学生健康成长。可以说，在课堂教学的每一个40（45）分钟里，必然有也必须有学生在生命层次上的整个身心的成长；在这段特定的生命历程中，必然有也应该有人类高尚的文化和高雅的情感在脉脉流淌，并悄悄地、绵绵地灌溉每一个学生的心灵。这些也是课堂教学文化意蕴及其原本意义的必然归结！

　　"高品质课堂"也正是基此提出的一个理念或概念。高品质课堂立足"彰显育人为本"的宗旨追求，基于让全体学生全面发展的基本立场，力图使课程的文化价值、教师的主导作用以及学生的主体地位在课堂教学活动中三位一体地协调作用，从而切实保证课程的育人功能、教师的育人作用以及学生的自主发展动能得以完满释放，最终实现高质量地促进每一个学生健康成长。

　　高品质课堂的实践主张是：牢固秉持学生主体地位，深入挖掘课程育人价值，着力强化教师主导作用。而高品质课堂的操作原则是：优化教学过程结构，活化学生学习方式，淡化教学模式流程。那么，高品质课堂又具有哪些独特性质及其意义价值呢？

究其本体属性，高品质课堂是立足教学原本意义的课堂。高品质课堂力图使课程的文化价值、教师的主导作用以及学生的主体地位在课堂教学活动中三位一体地协调作用，这是将课堂视为师生共同享创人类优秀文化从而获得生命成长的一种动态创生的文化。可见，在高品质课堂中，课程的育人功能、教师的育人作用以及学生的自主发展动能也必将得以完满释放。可以说，高品质课堂所追求的恰是学生的生命世界与教师的生命世界和课程的文化世界的高度融合，这是一个充满人本、人性、人文的价值世界和意义世界，这是力图从文化的意义、文化的层次、文化的境界上塑造具有文化属性、文化价值和文化品格的课堂。

究其价值追求，高品质课堂是彰显教学根本宗旨的课堂。高品质课堂"彰显育人为本"的宗旨追求，坚持让全体学生全面发展，着力为每一个学生提供更为科学的学习过程与人文发展环境。这就将"育人""育每一个人""育全面发展健康成长的人"无可替代地植入课堂的灵魂，由此也植入教师的灵魂。同时，高品质课堂致力于追求课程的育人功能、教师的育人作用以及学生的自主发展动能得以完满释放，最终实现高质量地促进每一个学生健康成长。无疑，这集中表达了鲜明的教育学立场，也必将使课堂教学的根本宗旨在高品质课堂中得以深刻体现。

究其学理依据，高品质课堂是遵循教学基本规律的课堂。高品质课堂力图使课程的文化价值、教师的育人功能以及学生的主体动能三位一体地在课堂教学活动中协调作用，这恰恰符合课堂教学活动的内在逻辑；同时，高品质课堂所提出的牢固秉持学生主体地位，深入挖掘课程育人价值，着力强化教师主导作用，优化教学过程结构，活化学生学习方式，淡化教学模式流程等实践主张和操作原则，可以使课堂教学中教与学的关系、教师与学生的关系以及课程与教学的关系得到科学体现，这也恰恰深刻反映了高品质课堂的教学论立场。

"高品质课堂"从理念凝聚为概念，不仅源自对课堂教学的"意义问寻"，更得益于深远的"时间淬炼"和深刻的"实践审判"。高品质课堂——作为对课堂教学的"意义问寻"，也作为对深化课堂教学改革价值导向及实践之路的求索，我不知道它能否哪怕只是"些许地"为彰显课堂育人指引一条"返乡道路"，为深化教学改革架设一条"实践理路"，为促进教师发展打开一条"切实要路"，为促进学生成长展开一条"诗意进路"。与此同时，展望未来，探寻深化课堂教学改革的新向路，我们依然要面对更加辽远而激动人心的远方。但无论如何，永不言弃的是：

我们要追究"意义"——因为幸好"意义"有时被无端冷落以至无缘遗忘！

我们要追寻"价值"——因为幸好"价值"有时被无理扭曲以至无故遗失！

我们要追求"真理"——因为幸好"真理"有时被无奈淹埋以至无辜遗弃！

李铁安

2019 年 7 月 10 日

---

*李铁安，中国教育科学研究院课程教学研究所研究员，教育学博士，博士后导师。中国教育科学研究院大连金普新区教育综合改革实验区专家组组长。

Contents

目录

专辑一　绽放学生精神与生命
——彰显教学宗旨，打造高尚课堂

高尚的课堂概指教育立意与育人境界的高尚：教师要担当起"传播知识、传播思想、传播真理，塑造灵魂、塑造生命、塑造新人的时代重任"，"以德立身、以德立学、以德施教，做学生健康成长的引路人"；要把至真至爱、良知情怀尽情地掏出来捧给学生，要把课程本身的育人价值充分挖掘出来传递给学生，要把发现、感悟、思考和创造的机会巧妙地设计出来提供给学生，以绽放学生的精神与生命。

专辑二　塑造学生品格与意志
——立足教学意义，打造本真课堂

本真的课堂概指教学过程与活动机制的本真：教学目标要与教学内容相吻合，教学策略要与教学内容和教学目标要相呼应，教学过程中，"以学定教"与"以教导学"要相统一；教师在挖掘、展开与呈现教学内容时，要在深刻反映学科本质内涵和育人价值的前提下，尽力将抽象的结构化知识转化为具体的情境化问题，以此让学生经历对教学内容的解构与建构过程，由此指向学生在三维目标维度下的整体性目标达成。

专辑三　凸显教学本质与规律
——遵循教学规律，打造丰厚课堂

丰厚的课堂概指学习目标与学习过程的丰厚：课堂教学要立足课程三维目标的整体体现和实现，为学生提供丰满的课程内容和完整的知识形成过程，提供充分而恰当的学习时间和发展空间；教师需要在课堂教学中充盈着精心设计的"问题"，使学生经历一个个深刻而完满的问题解决的学习历程，在遵循教学规律的前提下，把课堂"经营"得更为丰厚。

专辑四　展现教学方法与智慧
——生发教学智慧，打造灵动课堂

灵动的课堂概指教学的过程结构与学习方式的灵动：对于特定的一节课，虽然教学内容相同，但学生的学情不同，教学目标也应不同（即使教学的目标达成要求一样），所采取的教学策略（包括让学生选择的学习方式）也将不同，因此，整节课所呈现的各个环节及其搭配进程必将不同。所以，教师在教学过程中需要生发教学智慧，根据具体的教学内容和学生认知特点架构教学过程结构，并采取与之相适应的教学方式组织调控教学。

专辑一 绽放学生精神与生命

——彰显教学宗旨，打造高尚课堂

高尚的课堂概指教育立意与育人境界的高尚：教师要担当起『传播知识、传播思想、传播真理，塑造灵魂、塑造生命、塑造新人的时代重任』，『以德立身、以德立学、以德施教，做学生健康成长的引路人』；要把至真至爱、良知情怀尽情地掏出来捧给学生，要把课程本身的育人价值充分挖掘出来传递给学生，要把发现、感悟、思考和创造的机会巧妙地设计出来提供给学生，以绽放学生的精神与生命。

——选自《高品质课堂的塑造》（李铁安著）

彰显课程育人价值，凸显学生主体地位

——高品质课堂典型样本之《图书馆》①

张索玲

【内容定位】

《图书馆》一课是一年级下册第六单元《加与减（三）》中的第一课时。这一内容是在学生掌握了 20 以内进位加法以及整十数加整十数、两位数加一位数（不进位）、两位数加整十数、两位数加两位数（不进位）的基础上进行的，是后续学习两位数加两位数（进位）加法的基础，也是学习多位数加法的基础，在数学教学中占有极其重要的地位。

本课的核心问题：掌握两位数加一位数进位加法的算理。本课学习的重点：掌握两位数加一位数进位加法的算理。本课学习的难点：理解"满十进一"的算理。

【学情分析】

学生已经掌握了两位数加一位数以及两位数加两位数（不进位）的计算方法，并对竖式有了初步认识，这些为本节课的学习奠定了必要的基础。

一年级学生形象思维较好，他们容易记住生动、形象、具体的事物，比较容易接受直观性教具演示，乐于参与丰富有趣的活动，但自控能力比较差。

基于对学生认知基础和学习特点的了解，本节课预想学生可能出现下列情况：看到小棒和计数器可能会忍不住多摆弄几下；借助计数器操作"8 + 4"时，遇到满十后不知该如何处理；竖式计算时，进位"1"可能会漏加；明白算理，但语言表达不够顺畅；等等。

【思路梳理】

本课教学设计的基本思想为：以尊重学生天性为基点，挖掘数学学科本质，打造高品质课堂，润泽学生的生命。

本节课遵循以学生为主体、全员参与、独立思考的原则，创设丰富的教学情境，引导学生自己提出数学问题，并通过摆小棒、拨计数器等活动，经历知识的形成过程。通过"个位满十了，怎么办"的问题，让学生进一步明确"满十进一"的算理。由于一年级学生年龄小，自主学习能力较弱，在学生独立探索

---

① 张索玲，心理学专业，硕士学位，一级教师，金普新区数学骨干教师，现担任高城山小学科研主任。《图书馆》一课荣获教育部 2014 年度"一师一优课　一课一名师"活动部级"优课"。

"28 + 4"的计算方法时，教师给予充分的指导，满足不同学生的需要，再集中拨计数器，根据拨计数器的过程列竖式计算，从而理解两位数加一位数进位加法的算理。

【核心问题】

探索两位数加一位数进位加法的算理。

【教学目标】

（1）在具体情境中，通过摆小棒、拨计数器等活动探索两位数加一位数进位加法的计算方法，理解两位数加一位数进位加法的算理，能正确计算两位数加一位数进位加法。

（2）在摆小棒、拨计数器的过程中，发展知识的迁移能力和初步的逻辑思维能力，清晰地表达自己的想法。

（3）能用所学知识解决有关的简单实际问题，感受数的运算与生活的密切联系。

【教学过程】

环节一

子问题：如何掌握两位数加一位数进位加法的算理？

问题情境1：周末的时候爸爸妈妈一定带你去过图书馆吧，下面就让我们去图书馆看看吧！（课件出示主题图和课题）根据情境图，引导学生找出数学信息，并提出数学问题：《童话世界》和《丛林世界》一共有多少本？（课件出示），列出算式"28 + 4"，引出核心问题：像"28 + 4"这样的题应该怎样计算？

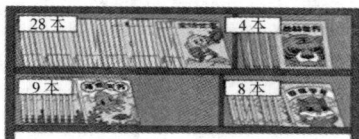

和 共有多少本？

解决策略：

（1）学生独立思考、操作，结合摆小棒、拨计数器等活动，探索"28 + 4"的计算方法。

（2）同桌交流算法。

（3）全班交流，呈现不同算法。汇报过程中，学生运用摆小棒、拨计数器、数数等多种策略解决"28 + 4"的问题。教师板书呈现学生的汇报结果。

算法一：借助摆小棒探索算法。有以下两种摆法（请学生到黑板上演示，并用算式记录摆的过程）。

$$8 + 4 = 12 \quad 12 + 20 = 32 \qquad 28 + 2 = 30 \quad 30 + 2 = 32$$

追问：为什么要把 4 根和 8 根圈在一起呢？为什么要从 4 根小棒中拿出 2 根和 28 根小棒合在一起？明确这两种摆法的异同点，并让学生知道这两种方法就是计算"28 + 4"的口算方法。

算法二：借助拨计数器探索算法。重点理解：满十进一的算理。

①请一名用拨计数器方法计算的学生到讲台前拨一拨，并说一说自己是怎样拨的。（追问：为什么个位上的 10 个珠子可以换成十位上的一个珠子？）

②借助拨计数器理解"满十进一"的规则，并用自己的话说一说什么是"满十进一"。

③组织全体学生用计数器拨出"28 + 4"，重点体会：当个位满十了怎么办？

④学生结合拨计数器的过程尝试用竖式计算"28 + 4"。

⑤找学生板演竖式。重点明确这四个问题："4"为什么要写在"8"的下面？小"1"是怎么来的，它表示什么？十位上的"2"为什么变成了"3"？写小"1"的过程相当于拨计数器中的哪一个过程？（如果学生回答不出来或者不准确，老师要从旁指导或帮助）

⑥组织学生检查自己写的竖式是否正确，如果有错误，及时改正。

（4）小结：刚才，我们借助摆小棒探索出了计算"28 + 4"的口算方法，用结合拨计数器的过程学习了用竖式计算"28 + 4"。其实这几种算法都是从个位算起，相同数位上的数相加，个位上的数"满十"要向十位"进 1"，这个计算过程就是我们今天学习的主要内容——两位数加一位数的进位加法。（板书课题）

（5）进一步理解算理：①用你喜欢的方法算一算。《童话世界》和《海底世界》一共有多少本？②全班汇报。（提问：竖式计算时要注意什么问题？）

环节二

子问题：如何运用两位数加一位数进位加法的计算方法解决实际问题？

问题情境 1：出示练一练第 1 题（见下图）。

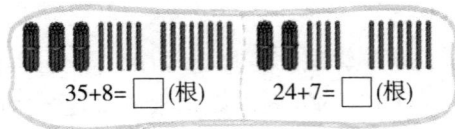

$$35 + 8 = \square（根） \qquad 24 + 7 = \square（根）$$

解决策略：

（1）读题。看看这道题有几个要求？

（2）学生独立完成，全班汇报。

问题情境2：出示练一练第2题（见下图）。

$$58+7=$$ 　　　　 $$5+32=$$

解决策略：

（1）学生独立完成，比一比谁做得又对又快。

（2）课件出示答案，订正。（针对错题，提醒学生列竖式计算时要注意的问题）

问题情境3：出示情境图（见下图）。

这一排共有 ☐ 人。

我前面有6人，后面有18人。

有困难可以画图试一试。

解决策略：

（1）弄清题意。

（2）尝试独立解决。

（3）全班交流汇报。

【案例评析】

彰显数学思想、凸显学生主体、强化学习过程是塑造高品质小学数学课堂的关键所在。张索玲老师执教的"图书馆"这节课，简约中渗透着和谐，朴实中渗透着深刻，充分体现了高品质课堂的本质，具体体现在以下三点。

渗透思想，彰显数学魅力。思想方法是数学教学的核心灵魂。本节课，张老师引导学生用算式记录摆小棒、拨计数器的过程，探索两位数加一位数进位加法的算理，旨在向学生渗透数形结合思想、对应思想，这些方法有助于学生培养数感，有助于提升学生的数学思考，有助于培养学生的思维能力，从而促进学生数学核心素养的提升。

尊重学生，凸显学生主体。教学过程中，张老师始终围绕"核心问题"精心设计教学环节，让学生经历了发现问题、提出问题、分析问题、解决问题的完满学习过程，真正践行了高品质课堂的关键路径，即以问题全程式贯穿教学过程，激发了学生的探究欲望。

探索学习，发展灵动思维。本节课张老师给学生充分的时间进行独立思考和动手探究，他们积极参与，思维活跃，时而凝神思考，时而热烈讨论。他们的想法越来越多，算理越辩越明，思维拓展既有宽度又有深度。

总之，本节课实现了从烦琐走向凝练，从杂乱走向清晰，从肤浅走向深邃，让学生的思维在灵动的课堂中有效发展，让学生的核心素养在本真的课堂中得以生成，让学生的生命力在丰厚的课堂中得以彰显。

高品質課堂
50个典型样本

提供时间和空间，为学生搭建活动舞台
——高品质课堂典型样本之《收获的感觉真好》①

刘文娣

【内容定位】

《收获的感觉真好》选自《品德与生活》二年级上册第二单元"收获中的学习与发现"。这节课是本单元的第一个主题，旨在引发学生走进田园，去观察身边的生活，参与秋收劳动，在实践中体验收获的喜悦，掌握简单的劳动技能，感受劳动成果的来之不易，珍爱生活并学会感恩。本课程的性质是强调活动体验，所以在本课的教学设计上，我特别强调学生一定要通过亲身体验、动手实践获得真实的劳动感受，并让他们充分分享自我田园劳动的快乐与幸福，引导学生懂得身边一切美好事物在于辛勤创造，继而鼓励学生热爱生活、热爱劳动、热爱田园。

本课重点：能亲身参与田间收获农作物的劳动，获得劳动体验，感受劳动带来的喜悦。本课难点：能使用简单的劳动工具进行劳动，掌握劳动的小技巧。

【学情分析】

二年级学生年龄偏小，大多数没有真正参与过秋收劳动，对农具的使用也知之甚少。但我们学校地处农村，身处田园，拥有得天独厚的生活资源。学生家里都有菜园、果园和田地，他们虽未直接参与劳动，但耳濡目染，学生对各种农活及农具多少都有些了解。本次主题活动具有地域特色，可以充分利用当地资源，让学生走进田园，亲自参加各种收获劳动，并在收获劳动中初步掌握一些劳动的小技能，感受收获的美好。

---

① 刘文娣，大连市金普新区大魏家中心小学教师。《收获的感觉真好》一课荣获教育部 2017 年度"一师一优课 一课一名师"活动部级"优课"。

【思路梳理】

让学生能真实地参与到秋收劳动中，去亲自体验劳动的快乐与艰辛是本节活动课的关键，要想很好地达成教学目标，必须要做好充分的课前活动的准备工作。因此在课前我请家长带学生一起走进田园，参加一次秋收劳动，并指导学生使用简单的劳动工具，学习劳动技能。帮学生将劳动的过程及感受加以收集整理，用照片、视频、日记、绘画等方式一一记录下来，做好课堂活动分享资料的准备。课堂上，我首先通过视频，带学生欣赏农民们繁忙、喜悦的秋收场面，营造良好的课堂氛围；接着，播放每位学生在自家田园参加劳动时的照片和部分学生的劳动视频，调动学生分享交流的欲望；然后，给学生们充分的分享时间，通过小组交流、品读劳动日记、农具示范使用等多元活动，带领学生来分享自己的劳动体验过程和感受、交流劳动技能，说一说哪些体验让自己感觉真好；最后，通过对秋收劳动成果的分类和品尝，进一步增强了学生对农作物的认识，并再一次体验了劳动的自豪与喜悦之情，懂得劳动成果来之不易，珍爱幸福生活，感恩辛勤的劳动人民。

【核心问题】

在秋收的劳动过程中有哪些体验让你感觉很好？

【教学目标】

（1）能列举出家乡在秋季成熟的农产品；能讲述自己到田间、果园采收农作物的劳动经历及感受。

（2）尝试使用简单的劳动工具，掌握一些收获农作物的小技巧，并能与同伴分享劳动成果。

（3）能感受到劳动带来的快乐，懂得珍惜劳动成果，尊敬付出劳动的人。

【教学过程】

环节一

子问题：你眼中的秋收是什么样的？你参加过哪些秋收劳动？

问题情境1：看到一幅幅秋天收获的画面，你感受到了什么？

解决策略：

（1）课件播放农民丰收时的场景。

（2）学生交流感受。

问题情境2：你曾经参加过哪些秋收劳动？

解决策略：

自由交流，简单描述自己的劳动经历。

环节二

子问题：在秋收劳动中，你有哪些体验和收获？

问题情境1：具体说一说你是怎么做的？

解决策略：

（1）小组交流。

（2）课件展示学生参加劳动时的场景。

（3）播放几位学生劳动时的视频，并请视频中同学讲述自己的收获过程，以及期间发生的一些经历。

问题情境2：在劳动中，你学会使用了哪些农具，掌握了哪些劳动技能？

解决策略：

（1）课件展示几种常见的农具。

（2）学生交流农具的用途及使用方法。

（3）现场操作几种简单农具的使用。

（4）交流在劳动中获得的小技能。

问题情境3：你收了哪些农产品？它们都有哪些特点和用途？

解决策略：

（1）课件展示照片。

（2）实物展示。

（3）小组内交流各种农产品的名称、特点及用途等。

问题情境4：在秋季还有哪些农产品成熟？

解决策略：

（1）收集不同地区在秋季成熟的农产品资料。

（2）自由交流。

（3）图片展示。

问题情境5：怎样将这些农产品分类？

解决策略：

（1）用自己想到的方法将农产品分类。

（2）按照"蔬菜类""水果类""粮食类"的分类方法进行分类。

（3）分享品尝自己的劳动成果。

环节三

子问题：通过劳动体验以及本次活动，你有什么样的感受？

问题情境1：在秋收的劳动中，哪些体验让你感觉很好？

解决策略：

（1）小组内交流。

（2）全班分享。

问题情境2：还有哪些感受想跟大家分享？

解决策略：

（1）读一读自己的劳动日记。

（2）展示绘画作品。

问题情境3：你还想参与哪些田园劳动？

解决策略：

（1）与父母一起参加收获劳动。

（2）分享劳动成果交流劳动感受。

【案例评析】

1. 挖掘课程育人价值，实现高尚课堂内涵

本次活动中蕴含了许多育人价值，教师能够深入挖掘，通过让学生亲身体验获得真实感受。当学生看到用自己的双手收获的一筐筐、一篮篮的果实时，那种自豪感油然而生；当受到父母的称赞时，学生体会到原来自己也能为家庭生活出一份力，增强了学生的家庭责任感；当学生学会了一项劳动技能、学会了使用劳动工具并且还可以在课堂上向同学和老师进行展示时，他们的自信心得到了提升；通过体验劳动的艰辛，他们更加体谅了父母为家庭付出的辛苦，更加尊敬劳动者，同时也懂得了一粥一饭的来之不易；通过课堂活动，学生了解了家乡的物产，增加了对家乡的热爱之情，真正体现了高品质课堂的高尚性。

2. 课程与教学整合，体现课堂的本真丰厚

本课的设计思路很清晰，设计了"你做过哪些秋收劳动——获得哪些劳动体验——哪些体验让你感觉很好"这三个问题环节，层次清晰，符合学生认知逻辑。让学生经历一个个深刻而完满的问题解决的学习历程，使其从情感体验的基础层面上升到理性的认识，最终指导孩子以后的行为与生活，从而完满地达成了本次活动的三维目标。

3. 教学活动形式多样，彰显灵动课堂魅力

本节课以活动为载体，让学生在实践活动中感知、明理。课前，学生通过田间实践、实地调查、参观访问等形式进行自主体验学习，获得丰富的知识和经验。课堂上教师也采用了多样化的活动方式，如交流分享、小组讨论、绘画写作、经验介绍、技能展示、劳动情境再现等，让孩子们重温劳动情境，再一次获得丰收的喜悦，深刻领悟到劳动带来的美好感受。教师善于营造宽松和谐的课堂氛围，整个活动中学生的情绪高涨，每个孩子都能够积极地投入到各项活动中，大胆地表现自己。活动中还出现了很多生成性资源，教师能够敏锐地发现并准确地加以利用，及时转换成一个具有更深层次价值意义的育人目标，使课堂充满生命活力。

让每一只鸟儿都歌唱

——高品质课堂典型样本之《横》①

李爱民

【内容定位】

《横》选自小学书法三年级上册，是学生真正用毛笔写字的第一课。学生是在认识了毛笔书法的基本工具和材料，掌握了毛笔书写的正确姿势，会利用米字格来分析点画的基本特征的情况下进行本课学习的。横是中国汉字最基本的笔画之一，按照长度来分，有长横和短横两种，但是在书写的时候，仅仅这一个横就有很多的变化。首先，教师必须让学生了解横的形态，横的形态是左低右高，加深对横的形态的认识。其次，使学生了解横的起笔、行笔和收笔的运笔过程，学会运笔的方法，关注运笔时的动作和起笔的位置。最后，学生在临摹的时候教师一定要关注学生的执笔姿势。

【学情分析】

学生在学习铅笔字的时候已经学习过横的写法，因此教师在教学中一定要体现出毛笔字"横"的写法和铅笔字"横"的写法的不同，让学生通过细致的观察找出写法的不同，再通过亲身体验"临摹"体会写法的不同，知道为什么要这样写，由于三年级的孩子比较小，主要还是以观察和临摹为主，学生在书写时达到形似即可。随着年龄的增长，年级的升高，书写时间的增加再让学生体会每个字的神韵。由于本节课是学生初学毛笔字，因此学生在写横画的时候很容易写得过粗或过细，过长或过短，墨太多造成笔画臃肿，墨太少造成笔画枯燥；书写的时候不容易掌握起笔、行笔和收笔的运笔方法，要么写得太快，没有写出横的粗细变化，要么写得太慢，整个横画写得断断续续，不连贯。因此，教师在教学时要注重这几方面的引导。

【思路梳理】

我在设计毛笔字《基本笔画——横》时，从学生的学习习惯、横的运笔方法以及注意中国古典文化对学生的熏陶等方面入手，将学毛笔字的兴趣与方法有机地融合，在教学过程中给予学生一定的兴趣引导和鼓励，收到了一些效果。

---

① 李爱民，汉语言文学专业，大连市金普新区童牛岭小学教师。《横》一课荣获教育部 2017—2018 年度"一师一优课 一课一名师"活动部级"优课"。

这节课主要设计意图如下。

（1）培养学生对中国书法文化的热爱，使他们从心里去欣赏作品、赞美作品，从而萌发也要写好毛笔字的愿望。

（2）通过视频播放，让学生细致了解横的起笔、行笔和收笔的过程，最后再进行教师的范写和学生的临摹进行强化，使学生更深刻地了解了横画的"起笔—行笔—收笔"的过程和书写的方法，提高了教学效率。

（3）让学生通过点评同学的作业，提高自己的欣赏能力，激发、保持学生学写毛笔字的兴趣、使学生即使在课后，仍能对毛笔字抱有很高的兴趣。

【核心问题】

长横和短横的写法。

【教学目标】

（1）掌握两种横的写法和用法。

（2）知道笔画的完成过程。

（3）掌握顿笔的起收笔方法。

（4）领略祖国传统书法艺术的魅力，激发学生热爱祖国文字的思想感情。

【教学过程】

环节一（读帖）

子问题：学习用毛笔书写"上"字的最后一笔横。

问题情境：①大屏幕出示碑帖中的"上"字；②"上"字的最后一笔横有什么特点？

解决策略：

（1）引导学生自主观察。

（2）指名说一说。教师归纳总结"上"字最后一笔横的特点：①左低右高，有的略微弯曲；②左端较尖，中间稍细，收尾处较粗。

环节二（分析写法）

问题情境：怎样写横呢？

解决策略：

（1）视频演示写法。

（2）学生归纳总结。

（3）大屏幕出示：①起笔——确定好起笔的位置，笔锋先向左轻入纸，朝右下斜按笔；②行笔——折向右铺毫，调整成中锋，缓慢向右行笔；③收笔——微向上昂后，折向右下顿笔，回锋收笔。

（4）教师实物投影范写。（教师范写时，学生跟随老师的行笔过程说写法）起笔向左轻入纸，慢慢调成中锋向右行笔，稍微向上昂后，折向右下顿笔，用笔尖向左收笔。

环节三 （临摹）

问题情境：在毛边纸上进行临摹。

解决策略：

（1）学生自己临摹（在毛边纸上）。

（2）完成书法练习指导（教师对写得好的孩子进行拍照或录制小视频）。

（3）教师在大屏幕上展示图片和视频，学生看后评价。

（4）教师评价。

【案例评析】

本节课体现了高品质课堂"高尚、本真、丰厚、灵动"的特点。

1. 灵动而富有神韵

书法是中国优秀的传统文化，让学生在学习书法之余，喜欢中国优秀的传统文化接受中国传统文化的熏陶也是书法课的主要任务之一，课堂上老师能够将传统文化与现代化信息技术相结合，使课堂灵动又不失书法课的神韵。

2. 课堂上处处体现了融洽的师生关系

教师和学生的关系特别融洽，教师尊重学生，学生喜欢老师，俗话说得好"亲其师信其道"。只有学生喜欢你这个老师才会喜欢学习你教给他的知识。因此，良好的师生关系非常重要。本节课中，教师引导学生自己发现横的特点、横怎样写、不同的字中横有什么不同，在学生充分回答的基础上，教师再引导学生进行总结。

3. 尊重学生在学习过程中的独特体验

现代教学论认为，民主、和谐、宽松的课堂教学氛围是促进学生自主学习、主动发展的关键所在。尊重、信任学生是新课改对教师的基本要求。本节课教师尊重学生的学习意愿，给学生充分自主探究、自主发现的时间和广阔的空间。教师随着学生的学而走，不是学生被老师牵着鼻子走，只有在学生自己愿意学习的情况下才能学得更好，正因为老师尊重学生，学生的主体地位才更加突出，因此本节课学生学得积极主动。

愿每个学生都有诗，有梦，有坦荡的远方
——高品质课堂典型样本之《大河流域的文明曙光》①

高丽洁

【内容定位】

大河流域孕育了人类早期文明，在尼罗河流域、黄河流域、印度河和恒河流域、幼发拉底河和底格里斯河流域，先后出现了世界上四大文明古国。奴隶主贵族为了维护其利益，残酷地压迫劳动人民。

本课是八年级下册第四单元"人类祖先的基业——古代世界"中的第二课，主要向学生介绍了古埃及金字塔、古巴比伦《汉谟拉比法典》、古印度的种姓制度和佛教，它们各自反映了世界早期文明特征，因古代中国在七年级专门学习过，所以这里没有提及，但中国古代文明能延续至今，是值得思考的问题。

【学情分析】

八年级学生，经过一年多的学习，已经掌握了一定的历史知识和学习方法。同时与本班同学、教师有了长时间的接触，能开展合作、探究性学习。特别是学生刚刚结束理论知识相对较多的中国现（当）代历史内容的学习而转入世界历史的学习，同时又可以结合他们七年级学习时掌握较牢固的中国古代史部分内容，因此更容易激发学生的学习兴趣。

【思路梳理】

结合上面的分析，我认为在学习这一课时学生们一定会有着对于一些神秘事物的好奇心和兴趣。因此我们可以着重介绍古埃及金字塔，以激起学生的学习兴趣，引导学生们了解古埃及的统一，同时让学生们感受到古埃及广大劳动人民高超的建筑艺术和独特的审美情趣。结合情景剧使学生认识到《汉谟拉比法典》内容和实质，再由一则种姓制度引发的惨案来认知古印度的种姓制度，同时与佛教的主张做比较，让学生讨论佛教广为传播的原因。再利用平板电脑等多媒体展示相关图片，搜索相关材料，上传相关作业，讲解与讨论相结合进行教学。

---

① 高丽洁，中国古代史专业，硕士学位，大连市金普新区滨海学校滨海学校初中部历史教师。《大河流域的文明曙光》荣获教育部 2015—2016 年度"一师一优课 一课一名师"活动部级"优课"，2016 年辽宁省初中历史优秀课评比活动优秀课二等奖。

【核心问题】

通过学习亚非文明，培养学生对华夏文明的热爱。

【教学目标】

（1）知道古埃及金字塔是人类历史上的奇迹。了解古巴比伦的《汉谟拉比法典》是世界上第一部体系完备的法典。了解古代印度种姓制度和佛教的兴起。

（2）学生通过平板电脑搜集整理出所需资料，具备分析问题的能力。通过小组讨论，提高探究问题的能力以及合作学习的能力。通过交流、互相学习，激发学习历史的兴趣，增强团队意识和每位学习者主动参与学习过程的意识。

（3）通过了解古埃及的金字塔，感受人类文明的伟大，认识统治阶级对奴隶的残酷奴役，体会高超的建筑技术以及奴隶们非凡的智慧和才能。通过分析古巴比伦《汉谟拉比法典》和古印度种姓制度，使学生认识其体现的阶级本质。通过了解佛教的产生及教义，体会古印度的哲学思想反映的社会现实。

【教学过程】

环节一

子问题：金字塔的用途，金字塔是如何建造的？如何评价金字塔？

问题情境1：创设情境，将本节课的教学过程假设为一次考古之旅，用这次旅行的经历，来完善《人类文明探秘》这本书。本次考古第一站是埃及，在出行之前由学生自己提出一些关于古埃及想要了解的问题，比如金字塔的用途，金字塔是如何建造的。

解决策略：

播放视频，初步了解古埃及。接着一位学生以导游身份为大家介绍古埃及，使学生对金字塔有更全面的认识，之后学生以小组为单位用平板电脑查询关于金字塔的史料，找到所提问题的答案，小组之间互相展示，互相辩论，教师总结学生的陈述，最后得出结论：金字塔由奴隶建造，其用途是法老的陵墓。

问题情境2：一些同学认为以当时的科技水平，人类无法完成像金字塔一样浩大而神奇的工程，而且从来都没有人在里面发现过法老的尸体，所以他们认为金字塔是外星人建造的天文台。对于没有发现法老的尸体，古埃及劳动人民是非常愤怒的。

解决策略：

教师展示古希腊历史学家狄奥多拉的史料，再让学生结合外星人建造说和史料中古埃及人对法老的愤怒，客观地评价金字塔，得出金字塔既是古埃及人民智慧的结晶，又是法老专制的见证。

环节二

子问题：《汉谟拉比法典》上浮雕的图画是什么，它有何意义？《汉谟拉比法典》是在维护谁的利益？

问题情境1：结束埃及之旅后，我们去巴黎卢浮宫寻找古巴比伦的《汉谟拉比法典》。在博物馆中，一位同学扮演博物馆的管理员，为我们介绍了这件珍贵的文物，教师以游客的身份向管理员询问浮雕上的画面是什么，有何意义。

解决策略：

扮演管理员的学生在课前已对法典做过了解，他向其他学生介绍岩石上是汉谟拉比王站在太阳和正义之神沙玛什面前接受象征王权的权标的浮雕，以象征君权神授。

问题情境2：巴黎卢浮宫正在播放影像资料，这段影像是由学生表演的关于"同态复仇法"的小剧。

解决策略：

依据表演中奴隶主之间尊崇"以牙还牙，以眼还眼"的执法原则，而对奴隶却要加重惩罚的内容学生分析出，"同态复仇法"适用于统治阶层，意在保护奴隶主贵族的利益。

环节三

子问题：种姓制度的内容是什么？佛教的创始人，产生的时间及教义是什么么？佛教传入中国的路线是什么？

问题情境1：继续带领学生以考古人员的身份来到古印度，发生了一起姐夫杀害身份为"贱民"妹夫的故意杀人案件，接着向学生提问，这件惨案发生的原因是什么？

解决策略：

学生根据被害人"贱民"的身份可知此次案件与古印度的种姓制度有关，教材中种姓制度的内容就可以回答上述问题。教师让学生在平板电脑中制作一张种姓制度的图片（如图），再次加深学生对种姓制度的认识。

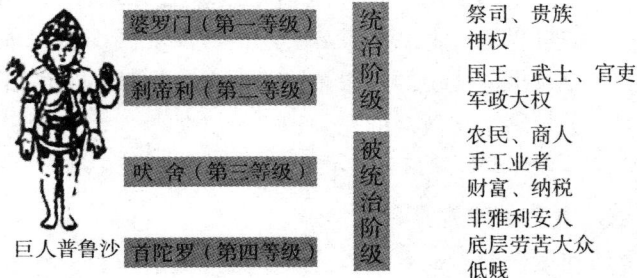

印度的种姓制度

问题情境2：种姓制度在古印度时期危害更加严重，难道就没有一种思想来反对种姓制度的不公平吗？引出佛教。学生向周围印度群众询问，了解佛教基本情况。

解决策略：

学生用平板电脑查询关于佛教的相关知识，可知佛教产生的时间和创始人。教师提问，佛教的哪些教义是在反对种姓制度，学生可在教材中找到众生平等的内容。教师继续提问佛教反对种姓制度，统治阶层为什么不遏制佛教的发展呢？学生依然能在教材中找到答案，就是佛教灭欲免苦的教义。

问题情境3：要结束这次考古之旅了，沿佛教传入中国的路线返回祖国。

解决策略：

用平板电脑向学生分发一幅亚洲地图，学生在地图上标出佛教传入中国的路线，即丝绸之路，我们将沿这条路回到中国。

【案例评析】

《大河流域的文明曙光》是由开发区滨海学校历史教师高丽洁执教的一堂高品质课例，这节课利用平板电脑这一高新设备，以情境创设引领的形式结合学生的实际情况展开教学，呈现出一节"高尚、本真、丰厚、灵动"的高品质课堂。

1. 巧妙设计，课堂流程灵动自然

本节课从导入开始就创设情境，把教学过程设计成考古之旅，将教材内容假设为著述内容，教学过程中依据每一个环节的不同内容，使用相应的教学手段，如角色扮演、小组合作、史料分析、互相辩论等，非常巧妙地将学习历史的方法融入到了本课的教学当中，层层展开，使学生在一个个活动中，读懂历史、探究历史、感悟历史。

2. 立意高远，教学内涵丰厚高尚

历史本身就是一门厚重的学科，高老师这节课将这种丰富、厚重表现得淋漓尽致，通过多媒体课件和平板电脑这些辅助手段，将古老亚非文明的前世今生一一呈现，解开了学生心中的疑问，让学生站在全球文明的高度上重新了解世界，为他们确立了宏大的世界观。最后从世界文明的波澜壮阔中回归华夏文明的源远流长，触动学生内心对祖国文明的无限景仰与热爱，这种情感的升华，润物于无声之处，创造了一次爱国主义教育的完美契机，促进学生境界的提升，也使课堂内涵走向丰厚高尚。

3. 愉悦高效，释放学生本真自我

课上，高老师和学生和谐地互动也给人留下深刻的印象，她给予学生足够的信任，学生用实际行动回报她的期待。尤其是在讲到金字塔时，首先由学生自己

提出问题，接着以小组合作的方式查找资料、寻找答案，最后又用辩论的方式回答问题，整个教学过程就是学生自主探究的过程，她放心地将课堂交给了学生，而学生也出色地完成了任务。

当然，这节课也存在一些可以改进的地方，在很多问题的讨论和探究上还是有些流于表面，使学生对奴隶社会森严的等级制度理解不深刻，注意力更多地会被课堂中丰富的教学手段所吸引。

从这节课中，我们可以感受到高丽洁老师对本学科知识领域、课改精神理解透彻、掌握熟练、运用灵活，不失为一节成功的高品质课例。

课课求真，课课求趣，课课求美
——高品质课堂典型样本之
《输送血液的泵——心脏（第一课时）》[①]

关迎春

【内容定位】

《输送血液的泵——心脏（第一课时）》是血液、血管学习后的深入，心脏是血液循环系统的动力来源，也是本章内容中的难点。心脏的学习，能让学生形成整体的血液循环过程的概念，通过对心脏结构的学习，明确生物体结构与功能相适应的特点，从而认识到心脏对于健康的重要性，学会科学地锻炼身体的方法，保护心脏健康。

本节课的核心问题：心脏为什么是输送血液的"泵"。本节课的重点：心脏的结构。本节课的难点：通过对心脏结构的认识，建立心脏的立体概念，能描述各结构之间的联系及功能。

【学情分析】

从知识掌握情况看，学生已经具备了血管、血液的知识，能说出心脏跳动促使血液流动，但是如何形成动力作用却不是很清楚；从能力水平看，心脏的结构复杂，与之相连的血管众多，且连接复杂，新名词众多，学生没有系统的医学解剖培训难以完成解剖观察的任务，仅凭平面图难以建立心脏的立体认知。因此，学生需要通过一个立体的可视的方式，甚至是一个可触摸的方式来学习心脏的结

---

① 关迎春，计算机科学与技术教育专业，大连市一〇一中学生物教师。《输送血液的泵——心脏》一课荣获 2016 年度"一师一优课　一课一名师"辽宁省一等奖。

构，明确心脏的功能。

【思路梳理】

本节课按照观察生物的基本规律设计，按照由表及里、由结构到功能的顺序开始学习之旅，具体如下图所示。

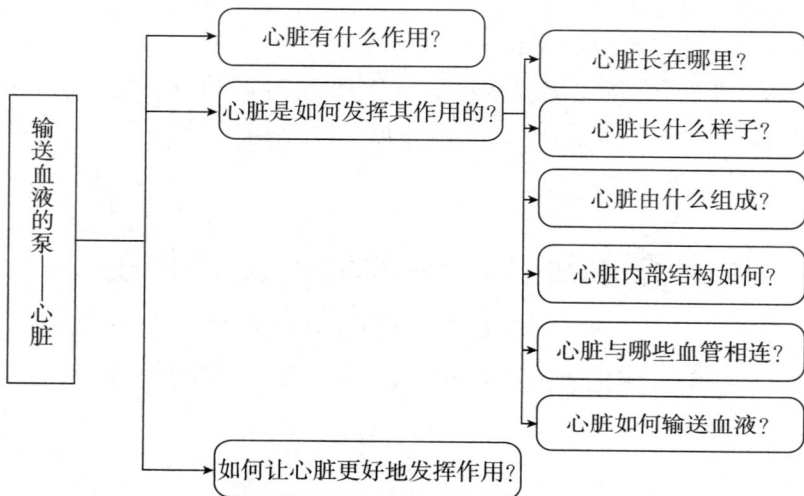

```
                          ┌─────────────────┐      ┌──────────────────┐
                      ┌──→│  心脏有什么作用？ │      │  心脏长在哪里？   │
                      │   └─────────────────┘      └──────────────────┘
┌──────┐              │   ┌─────────────────────┐  ┌──────────────────┐
│ 输送 │              ├──→│ 心脏是如何发挥其作用的？│─→│  心脏长什么样子？  │
│ 血液 │              │   └─────────────────────┘  └──────────────────┘
│ 的泵 │──────────────┤                             ┌──────────────────┐
│  —   │              │                           ─→│  心脏由什么组成？  │
│ 心脏 │              │                             └──────────────────┘
└──────┘              │                             ┌──────────────────┐
                      │                           ─→│ 心脏内部结构如何？ │
                      │                             └──────────────────┘
                      │                             ┌──────────────────┐
                      │                           ─→│ 心脏与哪些血管相连？│
                      │                             └──────────────────┘
                      │                             ┌──────────────────┐
                      │                           ─→│ 心脏如何输送血液？ │
                      │   ┌─────────────────────┐  └──────────────────┘
                      └──→│ 如何让心脏更好地发挥作用？│
                          └─────────────────────┘
```

基于 IOS 系统的很多医学 APP 非常形象立体直观，结合心脏的模型进行学习，能充分满足学生的需求。选用"Visible Body（中文版医学用人体三维立体图集软件）"和"人体探秘"这两个 APP 演示心脏的结构及功能，学生结合教材图片，绘制心脏结构及血流示意图的方法来完成本节课的学习；运用小组合作、展示的手段，让学生体验到学习带来的成功感，提高学习积极性。

【核心问题】

心脏为什么是输送血液的"泵"？

【教学目标】

（1）能够说出心脏的位置、形态和大小。

（2）描述心脏的结构组成及特点。

（3）说出心脏的功能。

（4）认同心脏对健康的重要性。

【教学过程】

环节一

子问题：

心脏为什么是输送血液的"泵"？

问题情境：

血液为什么会在血管中流淌呢？

解决策略：

师出示一杯插着吸管的果汁，问：如果要通过吸管喝到饮料，可以采用什么方法？

生（尝试并总结）：必须用嘴巴吸。

师由此迁移到血液在人体中流动也需要动力来源，这就是心脏的作用。

环节二

子问题：心脏的位置及外部形态特点是怎样的？

问题情境1：心脏的外部形态特点是什么？

解决策略：

（1）师出示图片"握紧的拳头与心脏"。请学生描述其大小及形态。

生1：心脏的大小与握紧的拳头大小相近。生2：外形像桃子。

（2）师生一起握拳感受心脏的大小，教师板书。

问题情境2：心脏的具体位置在哪里？

解决策略：

（1）师出示利用APP：Visible Body这一医学用的人体三维立体图集软件，先展示心脏位于胸腔内，然后去掉皮肤，演示比较心脏与肋骨、心脏与两肺的位置关系，水平180度旋转展示，给学生以立体位置关系。

（2）学生手握拳表示心脏在自己身体相对位置，并用语言描述：心脏位于第2~5根肋骨之间，两肺之间，中央略偏左的位置。

环节三

子问题：心脏是如何实现其动力作用的？

问题情境1：心脏的内部结构特点是怎样的？

解决策略：

（1）师利用Visible Body这一APP，先整体展示三维立体的人体血液循环系统的组成，聚焦到心脏，去掉心包，展示心脏的外形，将外部结构变淡，展示心脏具有四个腔室。水平180度旋转，在心脏的后视图中指出右心房与左心房的位置，并将左右心房变淡，让学生观察到左右心房不相通。继续旋转回正视图，继续利用APP功能展示心脏的心室结构，指出左右心室的位置，并引导观察左右心室不相通。引导学生观察比较心脏四个腔的厚度及组织构成。

（2）组织两人一组合作绘制心脏的结构示意图，利用iPad巡视及时拍照并投影到屏幕中，组织全班评价、纠错。

问题情境 2：心脏如何与血管相连的？

解决策略：

（1）利用 Visible Body 这一 APP，引导学生观察，认识房室瓣、动脉瓣、上下腔静脉、主动脉、肺动脉、肺静脉。

（2）组织两人一组完善心脏的结构示意图，利用 iPad 巡视及时拍照并投影到屏幕中，组织全班评价、纠错。

问题情境 3：心脏如何为血液循环提供动力？

解决策略：

（1）利用"人体探秘"这一 APP，动态展示血液在心脏及与其相连的各血管之间的流动方向。组织两人一组合作在示意图中标注出血流的方向，利用 iPad 巡视及时拍照并投影到屏幕中，组织全班评价、纠错。

（2）利用 APP，揭开心脏内部，演示各腔中血液的流动情况，引导学生注意观察房室瓣、动脉瓣的作用。演示当人体运动时，心跳速度加快，说明适度锻炼可以锻炼心脏的供血能力。

（3）利用 APP 演示：心房与心室的收缩情况。引导学生观察，强调不存在全心收缩的状态。学生完善自己绘制的心脏及周围血管的结构示意图，标注血流方向，小组展示，全班评价、巩固。

【案例评析】

1. 课堂立意与育人境界高尚

本节课立意于让学生体验科学的探究方法，学会更好地生活，而不局限于对心脏的结构和功能的学习。教师通过引导学生科学地观察心脏的结构、推测心脏的功能等系列教学活动，让学生经历知识产生的过程，更深刻地体会心脏对于人体的重要动力作用，从而意识到心脏的健康对人体的意义。在体验中感悟，在交流中明晰，让学生能够理性地选择健康的生活方式，这正是高品质课堂所要求的。

2. 教学过程与活动机制本真

这节课主要解决"心脏的结构与功能"这一目标，教师将目标逐层分解，利用演示观察、绘制示意图、小组互助等方法最终达成了教学目标。教学内容、教学目标和教学策略有机统一，教师教而有术，学生学而有法，师生都呈现出真实的学习状态，是本真的课堂。

3. 学习目标与学习过程丰厚

教师将教学目标融入问题情境，引导学生步步深入，围绕"心脏为什么是输送血液的'泵'"这一核心问题，引发问题串，激发学生思考、探究和交流的欲望。问题串隐含了"心脏的形态特点和位置""心脏的结构特点""心脏的作用"三个子问题，在观察、思考、讨论、绘图、交流、展示的过程中让学生体会生物学结构与功能相适应的科学规律，也传递给学生探究实事求是的科学态度。教学过程紧紧围绕教学目标的达成开展，让学生体会不断突破、不断超越、不断成长的富有生命意义的境界。

4. 过程结构与学习方法灵动

教师利用信息技术手段，通过向学生展示心脏的 3D 模型，传达给学生准确的生物学知识。学生在全方位地观察后，通过绘制示意图，讲解示意图，将心脏的结构与功能的具体知识进行内化。教师利用拍照功能，将学生的作品进行了记录并展示，在评价环节针对学生的问题和优点，进行重点点拨。整个课堂，师生围绕教学目标，经历了科学观察、独立思考、自主探究、合作交流等教学过程，最终完成学习目标，课堂中教师根据学生学习状态的不同反馈，采取了不同的学习方法，例如学生独立思考后能完成，教师就引导学生继续深入思考，当出现思维障碍时，就采用演示、讨论等方法，促进学生的真实学习。整个课堂师生沟通及时，教师的"教"既引导学生的"学"，也促进学生的"学"，弥漫着浓浓的学习热情，是一场师生共同经历的学习之旅。

让德育课堂更富有张力和生命力

——高品质课堂典型样本之《班会活动课：让爸爸妈妈好受些》①

于晓平

【内容定位】

在与班级家长的交流中，了解到孩子在家中的逆反表现，如发生顶撞父母的现象等。家长对此很无奈，希望我能给一些比较具体的建议、做法。因此，特设计本次班会课，引导学生学会理解尊重家长，懂得感恩、知恩、报恩，学会与家长和谐相处。

【核心问题】

当你和父母发生矛盾和冲突时，如何让爸爸妈妈好受些？

---

① 于晓平，大连市开发区红星海学校教师，金普新区英语兼职研训员、学科中心指导组成员、英语首席教师和名师工作室成员。《班会活动课：让爸爸妈妈好受些》一课在 2017 年辽宁省中小学优秀德育活动课评选活动中荣获优秀课一等奖。

【教学目标】

班会育人目标：引导学生学会理解、尊重、感恩家长，掌握"让爸爸妈妈好受些"的方法策略，和爸爸妈妈和谐相处，共同营造温暖家庭氛围。

班会设计理念：通过创设情境，引导学生认识尊重理解父母的内涵，体验尊重理解父母的真谛，进而以尊重理解和感恩之心与父母和谐相处。

班会组织形式：情境体验式；活动启迪式；交流感悟式。

【教学过程】

环节一　小小游戏来热身

子问题："捉手指"游戏让你有什么样的体会？

师：同学们，首先来做一个小游戏——捉手指。

两个同学相对而坐，分别伸出自己的左手掌，放在对方的右手食指上，当老师喊"孩子"两个字时，你们分别用左手掌去抓对方的右手食指，而你的右手食指要尽快摆脱对方的手掌。

师：听明白了？咱们做一下？

师：做了这个小游戏，你有什么体会？

生：左手要抓对方的食指，而右手食指要迅速缩回，很不协调。

师：同学们，手掌就像父母，是我们最好的避风港；但升入初中后，我们感觉自己长大了，就想挣脱父母的管束，以往的和谐就会被打破，自然就会出现矛盾。

环节二　情景短剧现矛盾

子问题：小丽和妈妈的问题出在哪里？

师：在我们的生活中，有许多类似的不协调，下面我们看一个母女发生矛盾的视频，了解发生了什么？

师：看了这个视频，大家有什么感受？小丽和妈妈之间矛盾的冲突根源在哪里？

生1：我觉得妈妈不理解小丽，她是为了完成老师布置的作业才看电视的。

生2：小丽也不理解妈妈，妈妈累了一天，她不但不分担家务，还把家里整得那么乱，妈妈不生气才怪。

师：说得好！如果小丽和妈妈都能站在对方的立场上着想，矛盾就不会发生了。

生3：小丽完全可以心平气和地向妈妈解释清楚原因，我想妈妈一定会理解她的。

生4：可是妈妈的口气也不耐烦！什么事都是有前因后果的！

师：是呀，事情是否在弄清楚了之后再说，结果会更好呢？

同学们，前几天老师做了个问卷小调查，这是统计结果。

你和爸爸妈妈的关系调查统计		
关系好	关系一般	关系不好
15%	60%	25%

师：看到问卷结果，你有什么发现？

生：许多同学和父母的关系多少都有一点儿问题。

师：同学们，上小学时，你们和父母关系亲密无间。上中学后，你们和父母在很多事情上都出现了分歧。你们嫌他们不理解你们、管得太多，可是你们的所作所为也会让父母伤心。当然，父母也有不足，但是在成长的旅途中，"我"才是最根本的元素。

今天让我们放弃对父母的抱怨，先来改变自己，让家庭如往日一样和谐温馨，好吗？这节课我们就一起来探讨如何"让爸爸妈妈好受些"。

环节三　提供话题来讨论

子问题：妈妈的烦恼你知多少？

师：首先一起来听一位苦恼母亲的来信。（播放音频）

师：如果你是信中的孩子，此刻，你想对妈妈说些什么呢？

生1：我想说，有时我看手机，并不是在聊天、玩游戏，我是在查阅资料。

生2：我想说，放学回家袜子乱扔是一种不好的习惯，但如果妈妈小时候就能严格要求，我现在就不会这样了。

生3：你现在有点儿推卸责任了，我们的事情应该自己做主，养成良好习惯。

生4：我想对妈妈说，我在外面确实伪装自己，把最好的一面表现出来，回到家中就是最真实的自己了，要不然做人真是太累了！

师：孩子们，你们知道吗？很多人都把好的一面留给别人，却把最差的一面留给了亲人。希望你们从今天开始进家门之前，把烦恼抛在门外，把最快乐的一面留给家人，好吗？

环节四　有效沟通深剖析

子问题：怎样沟通才有效？

师：父母的唠叨是有原因的，关键是沟通，怎样沟通有效呢？看下面两种场景（PPT出示：下午放学，天气很冷、道路拥堵，爸爸匆忙来接小明放学，但还是晚点了）。

第一组：小明很生气地打开车门，"不能早点儿啊？你看没看到全班就剩我自己了？"爸爸一听，自己赶来接他，还挨一顿训，就和小明争吵起来。

第二组：小明轻轻打开车门，笑道："老爸，今天堵车了吧？"爸爸很惊诧："你怎么知道的？""因为你平时很准时啊。"爸爸焦灼的心一下子放松下来，和儿子一起说说笑笑回家了。

师：哪种沟通最有效？

生1：第二种！小明轻轻打开车门，用温和的语气跟爸爸说话，让爸爸感觉儿子很体谅自己！

生2：这种沟通方式让爸爸感觉很舒服。

师：那第一组问题出在哪儿呢？

生3：小明摔车门，说明他很不满。

生5：对，他没好气地指责爸爸，爸爸不生气才怪。

师：大家分析得对。与父母沟通时，一定要尊重父母，注意换位思考，有话好好说。

环节五　沟通方法大集萃

子问题：你从黄晓明身上学到了什么？平时怎样让爸爸妈妈好受些？

师：其实在我们周围，有许多人，他们细微的举动，就能让父母开心起来。一起来看一下《旋风孝子》里黄晓明是如何和妈妈相处的。

师：黄晓明让妈妈开心的小举动都有哪些？

生1：牵着妈妈的手。

生2：和妈妈一路说笑。

师：那你们有哪些让父母开心的小妙招呢？

生1：每次和父母有矛盾，我都会等他们气消了再跟他们谈；

生2：看到父母生气了，我就去抱抱他们，撒撒娇，说自己错了，他们的气就消了。

生3：我会不声不响地做家务，每次都能化解矛盾，让他们开心起来；

师：还有谁愿意再说说？

生4：有矛盾时，给父母写信道歉挺管用；

师：看来，沟通的渠道真的很多，生活中，只要我们做个有心人，就能让父母好受些、幸福些。下面，把我们的小妙招写下来，再挂在我们的策略树上，好吗？

师：老师会把策略树贴在板报上，课后大家互相学习、彼此借鉴，父母会因为你们而开心、快乐！

环节六 情景剧再表演

子问题：换一种方式交流会怎样？

师：用刚才学到的技巧，那么刚才开课时看的那个情景剧应该还会有怎样的结局呢？咱们一起再来看看好吗？（两个女学生重新演绎开课时的情景剧，效果很好）

环节七 亲子情感在传递

子问题：本节课学到的与父母沟通的技巧，在平时，你会做到吗？

师：同学们，其实只要我们改变一下方式，变换一下策略，所有的不快就会烟消云散。刚才两位同学表演得不错，有没有什么想跟大家一起分享的？

生1：表演完，心里很愧疚，为了让我能有更好的学习和生活环境，爸爸常年在外创业打拼，为此我一直埋怨他。刚才大家谈了那么多与父母相处的技巧和方法，我突然很想我爸爸，想对爸爸说说心里话……（现场电话连线，女儿哭着向爸爸道歉，班会现场大家都很动容）

师：真是好孩子，老师为你骄傲！理解了，爱要说出来！因为树欲静而风不止，子欲养而亲不待！

孩子们，今天回到家里，找个合适的时间，对父母说：爸爸妈妈，我爱你们！

师：（周杰伦的《听妈妈的话》截频音乐响起）除了掌握沟通的技巧，一定要记得：爱是最好的疗愈师，爱是和谐关系最美丽的语言，父母言行的出发点都是爱！看到爱、记住爱、理解爱、付出爱，让我们的父母好受些，让我们的家庭时刻被爱拥抱，好吗？

好，今天的班会到此结束！

【案例评析】

本次班会经过精心设计实施，取得了理想的效果，达到了预期的育人目标。回顾设计实施的全过程，感悟颇深。

其一，环节设计有层次性，流程实施体现了本真性。

本节课精心准备素材，梯度设计环节，由浅入深，由低到高，在潜移默化中促进学生知情意行的有机转变。有效实现了班会课"明理导行"的特殊功效。

其二，榜样人物有示范性，实施进程很丰厚。

学生心目中的偶像，是鲜活的正能量，有形的价值观，潜移默化促进学生价值观的构建。因此，明星效应往往比教师单纯地说教更有效。播放他们非常推崇的《旋风孝子》视频，学习当红明星黄晓明让母亲开心的小妙招，学生看得很投入，内心触动很大，有效推动了本节班会育人目标的达成。

其三，学生主体有尊重，活动氛围有灵动性。

本节班会最为突出的环节就是"有效沟通深剖析"，教师并没有急于说教或者灌心灵鸡汤，而是以学生为本，让学生集思广益分享如何让父母开心的小妙招。课堂气氛异常热烈，教师乘势鼓励大家写出自己的妙招与心得，然后贴到黑板的策略树上。用非常直观的方式让大家互相学习、彼此借鉴。

其四，家长、社会有参与，班会收效突出了高品质课堂的丰厚性。

本节课的最大亮点就是让家长参与其中，通过学生与家长的心灵对话，实现了班会的育人目标，收效丰厚，让德育课堂更富有张力和生命力。

学会思考，是学生一生中最有价值的本钱
——高品质课堂典型样本之《一道几何题的解析》①

张厚东

【内容定位】

《一道几何题的解析》选自八年级下册第十九章复习题第 15 题。本节课是在学生掌握了平行线、三角形、平行四边形、菱形、矩形、正方形等有关知识及轴对称图形和中心对称图形等平面几何知识，并且具备了初步的观察、操作、推理和证明等活动经验的基础上进行的。它既是前面所学知识的延续，又是对平行四边形、菱形、矩形进行综合的不可缺少的重要环节。目的在于让学生通过探索正方形的性质，进一步学习、掌握说理、证明的数学方法。

伽利略曾说过"科学是在不断改变思维角度的探索中前进的"。故而课堂教学要常新、善变，通过原题目延伸出更多具有相关性、相似性、相反性的新问题，深刻挖掘练习题的教育功能，培养学生创新能力。通过一题多解、一题多变，让学生经历思维发散、思维误区、思维纠正的过程，培养学生的发散性思维和思维迁移能力，提高学生解决问题的能力。本节课是基于教科书上一道正方形证明题，引导学生探究证明两条线段相等的方法，并通过本题达到一题多解，殊途同归的效果；而后又立足于本题加以变式，学生可以运用类比的思想进行思考和解答，真正达到做一题会一类，达到举一反三的教学效果。

本节课的核心问题：构造全等三角形。本节课的教学重点：熟练应用证明两

① 张厚东，教育硕士，中国教育科学研究院大连金石滩实验学校教师。《一道几何题的解析》一课在 2013 年 5 月在中国教育科学研究院教育综合改革实验区第二届"高质量课堂展示"活动中荣获"教学改革创新"一等奖。

条线段相等的方法，发展学生思维的发散性、灵活性，培养学生的创新意识。本节课的教学难点：灵活运用证明两条线段相等的方法，解决实际问题。

【学情分析】

八年级的学生已掌握了平行四边形、矩形、菱形、正方形的性质和判定，具有一定的独立思考和探究的能力。但学生的语言表达能力稍有欠缺，所以在本节课的教学过程中，设计了让学生自己组织语言培养说理能力，使学生逐步提高。对于教材中的原题，对于大部分学生来说利用常规方法解决起来并不是很困难。但是，对于利用全等变换构造出全等三角形的解法，在教师引导前，想到的人应该不多。

在学习兴趣和态度上，学生的学习目的性明确，对数学有着浓厚的兴趣，他们都认为数学是一门有趣、有挑战性的学科。这对数学老师是一个无形的鼓舞，大家都知道兴趣是最好的老师。这证明数学相对于其他学科来说，自有吸引学生的特性，只要好好引导，适当地处理教材的内容，很多学生还是愿意学，并且学好它的。学生在本节课的学习过程中，由于引出的问题相对简单，能够使学生马上进入学习状态。在一题多解和一题多变的环节中，不同的学生发表不同的见解，使学生的思维进入碰撞期，对于学生来说又充满了挑战，使学生的思维一直处于活跃的状态。

【思路梳理】

（1）基本思想：学习几何内容是从代数思维向几何思维转变的一个过渡时期，大部分学生会感觉几何题需要构造辅助图形，但不懂得如何变通，思维不活跃，不知道如何寻找所需的条件，感觉解决几何题时无从下手，进而失去学习的信心。因此，教给学生解题思路和解题技巧进行解决几何题，是帮助学生提高学习几何兴趣，认识几何魅力的有效方式。

（2）总体原则：在教师引导下把握学生思维现状，以学定教；让学生充分暴露、经历思维误区，以思定教；根据学生课堂上对知识的掌握情况，以知定教。

（3）方法策略：

①关注学生已有的生活经验和知识基础，把握教学的起点和难点。本节课涉及的知识点为正方形图形特点及如何构造两条线段相等的条件，笔者设计练习时关注学生已有的生活经验和知识基础，从学生出发，把握教学的起点和难点，根据学生的实际情况，适当增加了一些内容。

②理清知识之间的内在联系，突出教学的重点。本课我着重帮学生理清知识间的联系，根据教学目标来确定内容的容量、密度和教学的重点，有机地联系整

个教学内容进行教学。

③注重学用结合，就地取材，充实教材内容。本节课从一道相对简单的几何题入手，通过一题多变，一题多解，多解归一等重要的数学手段，通过教师适时的点拨与引导，发散学生的思维，使学生更清楚和认识数学知识的发生和发展过程，进一步认识和体会数学知识的重要用途，增强应用意识。

【核心问题】

构造全等三角形。

【教学目标】

（1）知识技能：掌握证明线段相等的基本方法。

（2）数学思考：①渗透数学中相互联系、相互转化的数学方法；②经过观察、比较、类比、猜想、证明等数学活动过程，发展思维能力；③在推理证明的过程中，体会几何变换的重要性。

（3）解决问题：①尝试从不同角度寻求解决问题的方法，并能有效地解决问题；②体验解决问题方法的多样性，发展创新意识；③通过解题后的反思，初步形成评价与反思意识，积累学习经验。

（4）情感态度：①学生经历观察、猜想、证明等过程，培养学生获得数学猜想的经验；②在证明的过程中充分体会几何变化之美；③在探究的过程中，发展学生的独立思考、主动探索、质疑等学习习惯。

【教学过程】

环节一

子问题：模型的构建。

问题情境 1：已知：如图，$ABCD$ 是正方形，点 E 是 BC 边一点，$\angle AEF = 90°$，且 EF 交正方形外角 DCG 的角平分线 CF 于点 F。找出图中相等的角。

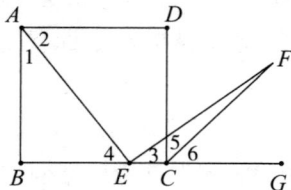

解决策略：

通过复习提问，由学生熟悉的内容入手，可以为本节课的顺利进行做好铺垫，教会学生解决问题的一种方法——挖掘已知条件，得出结论。

问题情境 2：如果我们给出这道题要求证的是 "$AE = EF$"，要证明两条线段相等有哪些方法？

构造等腰三角形：

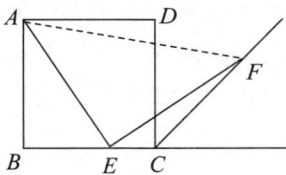

构造全等三角形：

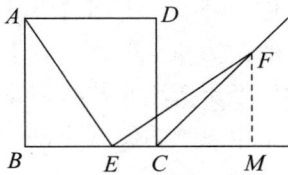

等量代换（轴对称）：

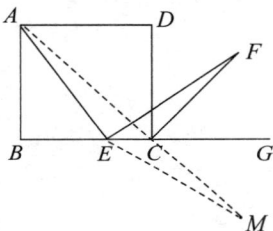

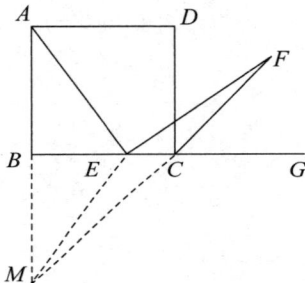

旋转：

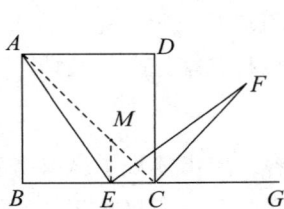 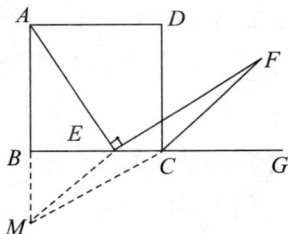 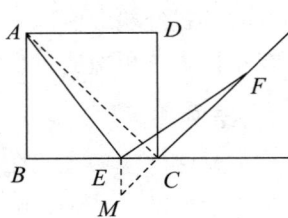

解决策略：

通过回顾证明线段相等的常用方法如构造全等三角形、构造等腰三角形、等量代换（轴对称），为解决问题做好方法上的准备，问题驱动——激发起学生的求知欲，搭建脚手架——明确解题的基本思路。

环节二

子问题：模型的应用。

问题情境1：如图，四边形 $ABCD$ 是正方形，点 E 是边 BC 延长线上一点，$\angle AEF = 90°$，且 EF 交正方形外角的平分线 CF 于点 F，那么 AE 与 EF 还相等吗？

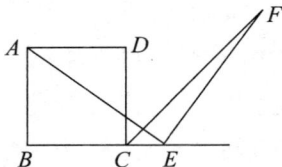

解决策略：

结合你对环节一中问题情境 2 的理解，选择一种方法先独立思考挑战，再小组交流你的做法和心得，一会儿大家除了说明本题的解题思路外，还要谈谈你的心得。学生经历猜测、教师课件验证、学生论证三个过程完成此题，通过变式练习，发展学生思维的灵活性和发散性。

问题情境 2：

如图，四边形 $ABCD$ 是正方形，点 E 是边 CB 延长线上的一点，$\angle AEF = 90°$，且 EF 交正方形外角的平分线 CF 于点 F，那么 AE 与 EF 还相等吗？

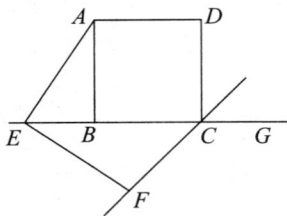

解决策略：

通过我们对环节二中问题情境 1 和问题情境 2 的学习，我们已经形成了此类问题的解题经验，所以我相信同学们能独立完成这个问题的证明，完成后小组同学互相检查，再次通过变式练习，一起分享成功的经验和总结失败的教训。

【案例评析】

本节课的成功之处在于教师能结合具体的教学内容，突出体现了《义务教育数学课程标准》（2011 年版）所倡导的学习方式：认真听讲、积极思考、动手实践、自主探索、合作交流。学生在学习活动中不仅收获了知识技能、思想方法，同时数学思维得到进一步发展。本节课的教学活动既符合学生的认知规律，又符合数学自身的学科特点，应该说本节课是一节很有数学味的课、比较成功的课。具体体现在：

立足教材：张老师所选取的教学内容是人教版教科书八年级下册第 122 页的一道习题，并以此习题为背景，充分挖掘此题的内涵和数学价值，精心设计了这节《一道几何题的解析》，可以说为我们呈现了一节丰富的数学大餐。

尊重学生：张老师能依据教学内容恰当地组织教学，能依据学生的不同认知水平提供恰当的思维引导，能与学生共同从事思考、交流、质疑、反思等认知活动，很好地诠释了新课改理念下教师的角色。

注重过程：张老师不仅选用了不同的学习方式，还为学生提供了充足的时间，让学生经历探究活动的全过程，有利于学生思维的发展。在解决问题的过程中，还用到了平移、轴对称和旋转三大变换，成为本节课的一个亮点。

总之，本节课无论是从张老师对教材的理解上，还是从学生的探究过程看，教师都能将数学知识的内在联系、数学规律的形成过程、数学思想的渗透等内容融入学生学习的全过程中。教师很好地诠释了新型的师生关系，完成了师生角色的转换，应该说是节难得的好课。

成就每一个独一无二、鲜活的生命
——高品质课堂典型样本之《谨防网络陷阱》①

李　丽

【内容定位】

安全是中小学生健康成长的根本保证，公共安全教育是中小学的必修课程。随着网络的发展，很多网络陷阱给人们特别是中学生带来了很多困扰。通过本课的学习，帮助初中生形成网络安全意识、掌握基本的网络安全知识，有利于每个学生的身心健康成长。

《谨防网络陷阱》一课主要包括两大项内容：第一部分是认识网络陷阱及预防措施；第二部分是勇当安全小卫士的倡议签名活动。前者为后者做了铺垫，后者是前者的总结和升华。本课的核心问题：形成网络安全意识。教学重点：防止网络诈骗的探讨。教学难点：从哪几个方面来分析研究诈骗产生的途径和因素。

【学情分析】

初二学生对网络有一定的切身体验，同时也经历了信息技术课的学习，具备初步上网收集和处理信息的能力。所以教师在教学内容和方式上进行了大胆创新，通过学生课前收集和处理相关信息后，运用课上交流和师生探讨等灵活多样的方式来完成教学目标。在教学设计上给学生搭建展示的平台，最大限度地挖掘学生的潜力和课程内容的教育意义，让每个学生的心灵得到一次净化和成长。学生在本节课学习过程中可能会出现讨论不积极和收集处理的资料不具体，以及分析问题不到位的状况。所以在课前，教师必须准备充分的材料、认真备课和帮助小组学生修改和完善汇报的内容。

① 李丽，大连市金普新区一一七中学教师，辽宁省学科带头人。2017年《谨防网络陷阱》一课在教育部举办的全国中小学安全教育精品课评选中获得部级优秀课程。

【思路梳理】

不仅要让学生知道如何预防网络陷阱，还通过对这一主题的探究要培养一种解决实际问题的思路。同时深度地挖掘德育契机，不失时机、潜移默化地对学生进行德育教育，让课堂教学变得高尚、丰厚。具体的安排是：先让学生以小组为单位汇报网络陷阱都有哪些，如何预防。然后讨论"中学生在预防网络陷阱中能做点什么"。最后安排学生发出倡议书和签名活动。总体原则是：本课学生能够完成的任务让学生自主完成，比如五种网络陷阱的相关资料的收集和台前汇报；学生可能完成不了的，如网上微视频的下载和分析研究诈骗产生的途径和因素等，通过师生讨论和在教师的启发指导下课前完成。

【核心问题】

形成网络安全意识。

【教学目标】

（1）能识别网络陷阱的常见形式，并采取对应的防范策略。

（2）通过小组汇报来认识网络陷阱。通过案例分析和倡议签名活动来体验、感知、探讨各种防范的方法以及作为中学生应该做些什么。

（3）能正确在互联网上获取有益的信息，真实感知网络陷阱给人们带来的危害。了解法律在这些方面的相关规定。

（4）培养分析问题以及创造性解决问题的能力。

（5）树立网络陷阱的安全防范意识、法律意识；培养学生小组合作的团队精神和高度的社会责任感以及爱国情怀教育。

【教学过程】

课前准备：学生以小组为单位收集和处理本小组汇报的内容和主题。教师在汇报前一周进行课后指导。

导入：（师）今天老师想做个调查，上过互联网的同学请举手。几乎都上过网，可见互联网现在已经走进了千家万户。它给我们带来了高效、方便、快捷的同时也给我们带来了不必要的麻烦。比如"各种各样的网络陷阱"，今天我们大家就聊聊"谨防网络陷阱"这个话题。

教师在打开演示文稿的同时板书课题：谨防网络陷阱。

环节一　认识和预防网络陷阱

子问题：网络陷阱都有哪些？

问题情境1：互联网的世界虽然丰富多彩，包罗万象，但是里面也含有许多网络垃圾，那么网络垃圾都有什么呢？请第一小组的同学们到前面谈一谈。

解决策略：

（1）小组学生课前收集处理资料，形成 PPT 文件准备汇报。

（2）学生到讲台进行汇报（汇报的人数不限，形式不限）。

（3）在汇报后，教师适当地补充。

（4）其他小组的同学可以进行补充。

问题情境 2：同学们都听过"网络病毒"这个词语吧，它为何物？下面请第二小组的同学上台介绍一下什么是网络病毒以及它的特点和预防措施，大家欢迎！

解决策略：

（1）课前学生收集资料。

（2）第二小组学生介绍网络病毒相关内容及预防措施，教师适当点拨。

问题情境 3：网络黑客非常神秘，下面请第三小组的同学揭开它的面纱，让我们知道什么是网络黑客，网络黑客常做哪些事情，以及如何有效地预防。大家欢迎。

解决策略：

（1）小组成员合作策略。第三组学生从获取口令、放置特洛伊木马程序、WWW 的欺骗技术、电子邮件攻击、通过一个节点来攻击其他节点、网络监听六个方面通过 PPT 来介绍。

（2）教师针对网络监听来引入苹果手机的问题，不失时机地对学生进行爱国主义教育。（鼓励用国产手机）

问题情境 4：请第四组的同学闪亮登场，来向我们介绍一下网络综合征的相关内容。

解决策略：

（1）学生通过具体事例结合图片和视频介绍网络综合征并提出预防措施。

（2）教师及时进行补充。

问题情境 5：随着互联网的发展，网络诈骗日益猖獗，请同学们观看特大网络诈骗案，并请同学们思考如何避免这些悲剧的发生。

解决策略：

（1）先让学生观看特大网络诈骗视频。

（2）观看后请第五组的学生介绍关于网络诈骗的相关内容。重点从两个方面来进行：介绍"网站域名"；法律条文关于网络诈骗的有关规定。

问题情境 6：同学们将来要肩负起建设和保护国家的重任。试想现在如果你是执政者你会如何解决网络诈骗这一难题。

解决策略：

（1）角色扮演法：以执政者的身份进行全方面多角度的思考和分析。

（2）先思考再以小组为单位进行讨论，自由发表如何预防网络诈骗的见解（拓宽思路）。

（3）教师积极启发引导。

（4）教师出示分析图。师生共同分析探讨谨防网络陷阱的办法。

环节二　勇当安全小卫士的倡议签名活动

子课题：我们中学生在谨防"网络陷阱"中怎么做？

问题情境1：这节课我们了解了网络垃圾、网络病毒、网络黑客、网络综合征、网络诈骗。作为中学生，在谨防网络陷阱中我们能做点什么呢？

解决策略：

以小组为单位讨论，各小组学生联系实际发表观点。

问题情境2：同学们的观点都很好。同学们请看这份倡议书，它真实地表达了我们的愿望，让我们齐声朗读。

解决策略：

（1）学生朗读倡议书。

（2）为了表达我们防范网络陷阱的决心，教师提议搞个签名活动。希望每位同学都争做安全小卫士。

（3）教师组织好签名的先后顺序。保证签名活动得以安全、快乐、快速地进行。

（4）播放拉德斯基进行曲。学生随着盛大神圣的音乐到黑板签名。

（5）坐在座位上的学生随着音乐的节奏拍手，以示对到前面签名同学的尊重。

（6）教师拍照留念。

小结：同学们，今天我们签下的不仅是我们的名字，还有我们的承诺，希望我们都能真正地成为网络安全的小卫士，承担起我们中学生应有的一份责任！

【案例评析】

李丽老师执教的《谨防网络陷阱》一课在教育部举办的全国中小学安全教育精品课评选中获得部级优秀课程，获得了评审专家的一致好评。本课仅仅抓住育人的根本宗旨，将高品质课堂的高尚、本真、丰厚、灵动特点都完美地展现在大家的面前，使学生核心素养的培养落地有声。

1. 教学设计的大胆创新

李老师运用研究性学习的学习方式将信息技术、法律、音乐、安全学科巧妙、科学地融为一体。内容难易适当，通过由浅入深、环环相扣的问题情境展开教学，符合学生认知规律。本课教学设计的第一个亮点体现在深层次的探究上。如果你是执政者，你如何来预防网络陷阱？让学生进入角色，去体验对社会的高度责任感。另一个亮点就是学生提出倡议书和签名活动更是对安全绿色上网的一个庄严承诺。

2. 教学方法的新颖多样

学生通过独立思考、发表观点、小组讨论、相互争论，从不同的角度去分析和提出问题、找出解决问题的办法。教师安排张弛有度，充分发挥学生的主体地位。同学间、师生间观点的不断碰撞，学生的眼睛里是有光的。教师、学生利用微课、PPT 等信息化手段突破难点。同时朗读倡议书和伴随着古典音乐的签名活动使教室里的每个学生都参与其中，都在经历着积极主动的完满的学习过程。

3. 教师感染力极强

教师极富感染力的教学给人留下了深刻的印象。授课的语气、眼神以及其他的肢体语言都体现出对每一个学生的关爱、尊重和鼓励，走进学生的心灵。从开课到结束学生们都表现出浓厚的兴趣与好奇。全体学生通过预防网络陷阱一课的学习，自信与成功都写在了镜头下那一张张笑脸上。教师是"用心"在教学。这是一种高度敬业精神的体现。

从这节课上可以看出李老师对高品质课堂有着深层次的理解和丰富的实践经验。具有自己独特的教学风格即"走进心灵教学"。能从孩子健康成长的高度设计教学，以学生为本，经历综合实践活动学科之多彩，体现了"成就每一个鲜活的生命"的教学理念。本节课无疑是一节高品质课堂的典型优质课。

培养"大写的人"
——高品质课堂典型样本之《Ethnic Culture》①

姬　娜

【内容定位】

《Ethnic Culture》是外研社版高二英语选修七第五模块，本模块的主题是少数民族文化。阅读课文《Simon Wakefield's Yunnan Diary》选取了几则英文日记，通过一个外国人的所见所想，介绍丽江古城及纳西族的风情文化。学生学习单元主题和阅读课文后，不仅应夯实相关的语言能力，如少数民族文化、旅行日志的相关词汇、句型、该类文章的总体写作框架等，还应通过了解我国少数民族的历

---

① 姬娜，英语语言文学专业，硕士学位，大连保税区第一高级中学教师。《Ethnic Culture》一课荣获教育部 2015—2016 年度"一师一优课　一课一名师"活动部级"优课"。

史渊源、发展过程和现实状况，树立尊重不同民族的文化习俗、增强不同民族之间团结互助、共同发展的意识。

《普通高中英语课程标准（2017）》中提出，高中英语课程具有工具性和人文性融合统一的特点，高中英语课程应帮助学生进一步学习和运用英语基础知识和基本技能，发展跨文化交流能力，树立多元文化意识，增强爱国情怀、坚定文化自信。本课的教学目的，主要是在课文话题的情境中，从听、说、读、看、写等方面夯实和提高语言的理解和表意能力；在阅读中培养学生的思维能力，尤其是批判思维能力；在有声、有形、有人文的活的语言中让学生感受英语的人文性，促进文化理解，坚定文化自信最终落实英语学科核心素养的培养。

本课教学重点：在语境中实现语言的输入，学生能够深层理解课文，设计并回答阅读理解问题，总结出游记类语篇的写作框架。本课教学难点：学生转化和迁移所学知识，从语言输入逐渐实现语言输出，在口头表达和书面表达时能恰当运用本课所学词汇、句型和语法。

【学情分析】

（1）上课班级为高二年级文科班，学生对于文化类话题比较感兴趣，但是他们的逻辑性、批评性、创新型思维能力相对薄弱，因此，本节课着力关注和培养学生批判思维能力，通过深挖文本、层层推进的活动设计不仅要培养学生获取和分析文本的能力，还要帮助学生关注作者的观点、情感及文本的框架结构。

（2）学生通过课前学习微课、导学案，已经对本话题的概况有了一定的了解，因此本节课既要帮助学生温故知新，使学生学会如何在阅读和写作中识别并正确运用已知词汇，又要激发学生对新知的学习与探索，满足学生学习新知识的渴望。

【思路梳理】

本课在教学活动设计中整合课程内容，从主题的探索、语篇的分析、问题情境的提出、活动的设计等方面，在阅读教学中落实英语学习活动观。在活动设计上，通过学习理解、应用实践、迁移创新等一系列体现综合性、关联性和实践性等特点的英语学习活动，使学生基于已有知识，依托语篇特点，在分析和解决问题的过程中促进自身的语言学习。本节课便是基于人与社会这一主题语境下的"历史、社会与文化"子主题的学习，它为语言学习提供意义语境，并有机渗透情感、态度与价值观。因此，本课把对主题意义的研究视为教与学的核心任务，并以此整合学习内容，基于英语学科核心素养培养学生综合运用语言的能力。

基于本课的教学目标、高品质课堂的理念以及三动课堂关注的"创新能力、创新精神"，本课的设计以阅读为主线，话题和视频导入后，设计三读：初读——感受课文用词美，找出各段落关键词，并能根据关键词回答问题；再读——感受课文画面美和情感美，学生自主设计正误判断问题，其他学生抢答；三读——感受课文情境美和行文逻辑美，小组合作设计阅读理解问答题。阅读后，为夯实语言能力，本节课设计了夯实巩固与拓展提高，并引导学生修改读前思维导图，根据导图描述课文重点内容；梳理课文框架结构，结合学生的生活经历，仿写一篇游记类作文并在组内互批互改，推优整合出一篇作文朗读与展示，师生共评。通过学习活动落实学生的创新精神和创造能力，在语言的习得和输入后，实现有效输出，最终检测课堂成效。

【核心问题】

以读促写，通过主题语篇的学习夯实语言能力；在阅读中促进文化理解并培养学生的思维品质，尤其是逻辑性、批判性、创新性思维；在读后写作中基于语言、思维和文化的结合培养学生的学习能力和语用能力。

【教学目标】

（1）语言能力：学生在阅读文本中识记和理解话题词汇、句型、语法结构，能基于文本分析总结出游记的写作框架，并将其运用于游记写作。

（2）文化品格：学生在阅读中理解少数民族的文化习俗和传统，理解、尊重和包容文化的多样性和差异性；培养民族团结、尊重他人的人文情怀，树立多元文化的意识。

（3）思维品质：学生在阅读活动中提取和筛选信息；归纳和分析篇章主旨及作者的观点态度；用思辨思维评价和分析文本；运用创造性思维画出思维导图，梳理文本脉络。

（4）学习能力：学生在小组合作学习中有效规划学习时间和任务；在质疑和评价环节选择恰当的策略与方法，提出有质量的问题和有效的同伴反馈。

【教学过程】

环节一

子问题：如何分析与解读游记类文本？

问题情境1：课文的话题和主要内容是什么？

解决策略：

（1）本课话题导入，提出三个层层递进的问题：Do you like travelling? Where have you been to? What do you know about travelling in Yunnan? 问题贴近学生的生活，易于回答且能够帮助学生快速进入话题，并通过口头表达建立自身经验与话题的联系。

（2）随着话题的深入，以视频"云南游记"引入对课文话题的探讨，学生通过观看视频补充背景知识、进一步活跃思维、扩充思维向度。通过听、说活动培养学生的语言能力。

问题情境2：如何运用相应的阅读技巧（skimming、scanning、careful reading）精读课文？

解决策略：

（1）速读课文，提炼段落关键词：学生通过速读课文，培养用 skimming、scanning 策略加工、提炼信息的能力。

（2）细读课文，根据课文内容设计正误判断题：以抽签、随机点名、自愿举手三种形式抽选学生设计的正误判断题，其他学生作答。本环节旨在培养学生的思辨思维和深度阅读的能力，在教学活动中实现语言能力的提高和思维品质的发展。

（3）再读课文，小组合作设计阅读理解问答题：在速读和细读的基础上，学生设计出包含主旨大意、事实细节、推理判断、词义猜测题、篇章结构题五类问题的问答题。以开放性问题的提出为依托，培养学生归纳分析、推理判断、思辨思维的能力。在小组合作探究、组间分享互助中探究问题、学会学习、主动学习。

环节二

子问题：如何运用话题词汇和语法功能结构仿写话题作文？

问题情境1：本课的话题词汇和功能语法结构是如何构建语篇话题的？

解决策略：

（1）学习语篇中的词汇、句型和语法结构：以语言为载体，夯实学生的语言能力、引导学生进一步深层理解文本，促进文化理解。

（2）小组合作修改和完善思维导图（梳理文章框架结构）：基于对文本的深层理解，学生每小组内推优整合出一幅思维导图并按照导图内容复述课文。

问题情境2：游记类作文的写作框架是怎样的？如何运用所学语言知识仿写一篇游记？

解决策略：

（1）总结与提升：小组合作整理出游记类文章的写作框架，为写作做好充分准备。增强学生深度分析文本的能力，促进学生思维能力的发展。

（2）以读促写与反馈评价：根据本课所学，使用本课话题词汇、高级句型等独立完成话题写作任务，从而落实以读促写。学生课堂写作任务完成后，组内互批互改、全班展示、师生共评。最后各小组汇集、整理本组优质作文、推优展示在班级文化栏内。

【案例评析】

高品质课堂如何落实在平日的教学中？怎样的教学设计才是遵循教育本质、教学规律和学习规律的？对此，李铁安博士提出了深掘课程价值、强化教师主导、凸显学生主体的实践主张。作为评课教师，我也不断思考着，每一个环节的设计是否体现了高品质课堂理念中的高尚、本真、深厚、灵动？课上学生的参与度、活跃度和创造力，学生的学习兴趣、主动性和积极性被充分地调动起来了，这与这节课背后的设计思想、教者在教学中对高品质课堂的不断思考和探究实践是密不可分的。总体来说，本课是一节有魅力、有思想、有深度的课。那么，这节课的魅力之源到底在哪里？

1. 整体教学体现课程内涵、三动课堂彰显校本风采

本节课的设计有深度、有难度、有新意，整体脉络清晰、设计新颖；运用单元整体教学法将英语语言的人文性与工具性统一起来，通过整合与关联实现语言的深度学习，兼顾了在课程中实现育人的目标，做到了基于教学内容深挖文本背后的文化和价值意义；以"云南游记"为载体，了解、讲述中国文化并引导学生将本课所学落实于书面表达；同时以读促写，在培养语言能力的同时实现语用，增加了课堂容量，丰富了文化内涵；在活动设计上既有学生独立完成的环节，又有小组合作、探究与互助，通过活动落实三动课堂对学生创新精神和创新能力的培养；教师在深层阅读方面的适当引导与干预，在培养语言能力的同时实现语用的设计思路和教学方法，增加了课堂容量，丰富了文化内涵。

2. 落实核心素养，促进学生发展

本节课的设计通过英语学习活动促成英语学科核心素养的落地，让学生将语言知识的学习融入到主题语境中，不仅帮助学生关注文章的结构，还注重理解文章的意义，在真实语境和多样化的活动中夯实语言能力；教师充分考虑了学生思维品质的培养，让学生在活动中实现思维的深化，培养学生提取和加工信息、分析、归纳和总结的思维能力；引领学生体会课文的语言美，更引导学生关注文化差异、促进文化理解，从而促进学生文化品格的培育；切实下放主动权，设计自主学习和合作学习的活动，在激发学生的思维，培养学生的质疑精神、问题意识、创新精神和创新能力的同时培养学生的学习能力。

当然，本节课也存在些许不足，如为了实现大容量、高速度，难免出现个别学生在个别环节中完成不充分的情况，这可以通过课后辅导和分层作业进一步实现因材施教。

总之，本节课是一节凸显课堂内涵，绽放出教学艺术和教学智慧的高品质的课。

让生命在课堂里精彩绽放

——高品质课堂典型样本之《母爱一直在线》①

陈 燕

【内容定位】

随着年龄的增长，孩子们上了高中以后心理发生了很大变化，渴望独立，不愿受管束，很多学生都对父母存在不满的情绪，总认为父母管得太多、太严，干涉了他们的自由，大多数孩子都希望父母多关心自己、理解自己，能给自己足够多的自由空间。而做父母的却担心孩子误入歧途，急切地想了解孩子的思想动向，可能采取不当的措施。父母总想同孩子好好谈谈，但由于彼此的出发点不同，很难进行平和的交流。沟通不畅不仅会影响父母与孩子之间的感情，而且会影响孩子的身心发展，影响其学业的顺利完成，所以这是个亟待解决的现实问题。通过本课内容的设计，引导孩子们去珍惜父母的爱，去感恩父母的付出。

本课的核心问题：解决学生与家长沟通的问题，提高学生与父母相处的能力。本课学习的重点：增进与父母沟通的意识，掌握一些与父母沟通的方法和技巧。本课学习的难点：能够自我反思，认识造成与父母沟通不畅的原因。

【学情分析】

高中生正处在脱离父母的心理断乳期，随着身体的迅速发育，自我意识的明显增强，独立思考和处理问题能力的发展，他们在心理和行为上表现出强烈的自主性，迫切希望从父母的束缚中解放出来，而他们的感情变得内隐，即内心世界活跃，但情感的外部表现却并不明显，这些特点常阻碍着父母与子女的相互了解。此外，造成子女与父母沟通障碍的原因是多方面的。既有青少年自身的原因，也有父母教育方式不当等方面的因素。在教学中，通过辩证的分析和积极的引导，让学生学会主动去了解父母。明白父母也是凡人，也有自己的喜怒哀乐，也需要得到别人特别是子女的理解和安慰。

【思路梳理】

这节课分三大板块。第一大板块，先由孩子们表演《母爱一直在线》。在表

---

① 陈燕，大连开发区第十高级中学教师，国家二级心理咨询师。《母爱一直在线》一课在2016年9月大连市心理剧大赛中获一等奖并于现场展示。

演之前把问题抛出来，生活中你是否和父母发生过冲突？当你和父母意见不一致时，你是怎么想的，又是如何处理的？让孩子们带着问题去欣赏表演。这个表演一定是很震撼的，只有震撼了，孩子们的内心受到了触动，才能够进入深入的思考。第二大板块，让孩子们在讲述自己的经历之后，大家共同寻找，造成和父母之间激烈冲突的主要原因。第三大板块，引导学生寻求和父母沟通的办法。最后让参演人员借助同理心，谈自己的感受，增强说服力。

【核心问题】

解决学生如何与家长沟通的问题，提高与父母相处的能力。

【教学目标】

通过表演的方式展示学生与家长激烈的矛盾冲突，借助梦境让主人公深刻反省，认识到自己的错误，进而增进与父母沟通的意识，掌握与父母沟通的方法和技巧，最终达到教育全体的目的。

【教学过程】

环节一

子问题：学生与家长之间交流上出现了哪些问题？

问题情境1：心理剧表演是心理治疗方法之一，表演不是目的，重在揭示问题，反映矛盾，解决心理问题，所以观众也是参与者。因此大家在欣赏他们表演的同时，不妨想一想，剧中讲了一个什么故事？生活中你是否和父母发生过冲突？当你和父母意见不一致时，你是怎么想的？最后又是怎么处理的？下面就请欣赏他们的表演《母爱一直在线》。

解决策略：

让学生将自己遇到的问题和解决的方法逐一写在卡片上，在书写的过程中实际上就是在思考梳理之前曾经的做法。

问题情境2：进一步探讨与父母的交流产生矛盾的原因，随着年龄的增长是父母不像先前那么爱我们了呢，还是我们哪些做法不恰当？

解决策略：

以小组为单位，每人讲述一个与父母冲突最激烈的一次经历，先自我查找问题所在，然后小组成员帮助分析原因，之后大家共同概括一个典型的事件，分别从孩子和父母的角度分析造成矛盾的原因，最后得出结论：造成与父母沟通不畅的主要原因不是父母不爱我们了，而是随着我们不断长大，自认为成熟了，追求所谓的独立，甚至一意孤行，说话做事很少注意父母的感受。

环节二

子问题：在解决与父母冲突的问题上，固然有多种办法，但最有效的办法还应该是做好沟通。那么，如何试着与父母沟通呢？

问题情境1：请看《老爸的谎言》。我们要试着理解父母，父母无论做什么，都是爱我们的。甚至为了爱不惜撒谎。

解决策略：

其实和父母沟通没那么难，"我很难过，能帮帮我吗？"这么简单的几个字，很多人却会因为面子问题，难以启齿，尤其是当学生以为正是自己所爱的人造成了自己的痛苦，更不愿意说出来时，教师可以讲一个因为面子问题不沟通造成悲剧的小故事给学生听。

如果你爱的人伤了你，如果你在受苦，并以为是你最爱的人让你受苦，就要记得这个故事。不要成为那个小男孩的父亲或母亲，不要让面子耽误了你。

问题情境2：编排心理剧的过程，就是一个非常好的成长过程。可以真切地体会父母的感受，能够用同理心去体谅父母。下面我们就听听他们都有什么感受。

解决策略：

（1）让每一个参演人员谈自己的感受。

妈妈扮演者：这次饰演的是一个母亲的角色，以母亲的角度来演绎一个梦的故事。剧中母子的对话句句戳心。这次的演绎是一次前所未有的体验，从开始猜测母亲的反应而表演，到后来的似乎已经身临其境，融入当中，真的是真真切切地体会到了母亲的不容易。特别是当儿子的不解与抱怨袭来的时候，母亲的辛酸更是无处倾诉。母亲的爱无处不在，只是融在了每一件小事中，所以被人忽视。母亲向来看重成绩，只是她也帮不了我们什么，就想让我们好好学习，考上好大学，有个好未来。所以不要再抱怨，多想想父母的难处，珍惜他们的爱。既然不能永远陪在他们身边，那就尽力留住父母的爱，让它永远陪伴在我们左右。

儿子扮演者：作为编剧及主演，这部剧其实是我自己生活的缩影，我与剧中的苏林一样，曾与父母有着很深的矛盾，那时的我叛逆，觉得父母管束太多，觉得他们不理解我，实际上，我也同样不理解他们。我从不质疑父母对子女的爱，只是他们爱的方式不同，可能会让我们感到不适，但请别怀疑父母对你的爱，因为他们是你的父母，他们一直在你身后默默地关爱着你，不论你是否理解他们，是否会回报他们，因为他们的爱不言回报，一直在线。

（2）教师的总结（结合自己的经历）。

随着年龄的增长，父母好像对我们要求越来越严格，说话也不自觉地严厉了，这是不是意味着父母不爱我们了呢？《母爱一直在线》就是让我们通过层层的唠叨，再次感受父母对我们的爱一直都在，只不过不同阶段侧重点不同，方式也有所不同，仔细想想能听父母的唠叨，何尝不是一种幸福呢？树欲静而风不止，子欲养而亲不待，让我们珍惜和父母在一起的时光，当父母的唠叨响起的时候，回味一下《母爱一直在线》。

【案例评析】

《母爱一直在线》是一堂经典的心理活动课，课堂以问题驱动为主线，围绕"母爱一直在线"这一核心问题，通过激烈的心理冲突，给参演者和参与者以巨大的心灵震撼和启迪，呈现了大连开发区十中始终倡导的"高品质心育课堂"的鲜明特点。

课堂真正体现了学生的主体性。心理剧本的写作是学生在老师指导下独立完成的，台上台下共同参与其中，真正体现了心与心的碰撞，情与情的交流，是一次师生共同成长的生命升华的历程。

校园心理剧是心理教育非常有效的手段，陈燕老师能够在课堂上运用心理剧的形式，把起初孩子不理解母亲的爱护，对母亲逆反，最后通过梦中死去，发现母爱的深厚，痛苦后悔，淋漓尽致地展现出来，给人以强烈的心灵震撼。最后，孩子的一句"妈妈，我错了！我好悔啊！"扣人心弦，振聋发聩，给人以无限的心理冲击。

课堂呈现了高品质心育课堂高尚、本真、丰厚、灵动的鲜明特点。在观后的分享中，教师以自己的亲身经历交流，不但表现了对作品的深刻理解，而且表现出了浓厚的母爱情怀。整个课堂心与心深层互动，呈现出教学本真的规律。情感内容厚重而深刻，问题呈现灵动而有序。《母爱一直在线》以问题驱动引发，灵活运用心理教育技术与手段，打造了一堂经典的动脑动心动情的心育课。

养学生明慧之心
——高品质课堂典型样本之《锦瑟》①

白晓辉

【内容定位】

《锦瑟》是高中语文教材必修三第二单元第7课《李商隐诗两首》中的一首。这个单元指导学生学习唐代诗歌。李商隐是晚唐诗人，一生在政党之争的夹

---

① 白晓辉，汉语言文学专业，教育硕士，大连市一〇二中学高级教师，《锦瑟》一课荣获教育部2016—2017年度"一师一优课 一课一名师"活动部级"优课"，辽宁省一等奖。

缝中求生存，抑郁不得志，诗歌较多抒发个人情怀。《锦瑟》是他的代表作，辞藻华美，感情浓烈，幽怨深曲。学习这首诗，须结合时代背景和诗人的人生经历来探究诗歌的多义美。

本课主要内容：学习晚唐诗人李商隐的代表作，初步了解李商隐的诗歌风格。本课的核心问题：探究《锦瑟》的多义美。本课学习的重点：多角度多方法鉴赏诗歌，培养学生赏析诗歌的能力。本课学习的难点：理解本诗多义的主题和丰富的情感。

【学情分析】

这是本单元最后一课，前面通过对李白、杜甫、白居易等盛唐、中唐名家诗歌的学习，学生对唐代诗歌风貌有了一定的了解，基本能够赏析诗歌中的精彩诗句。这堂课的设计，以学生自主学习为主，教师引导为辅，共同探究《锦瑟》这一千古诗谜。学生可以各抒己见，不拘一格，大胆想象，还原诗人的心境，培养其探究能力。学生在学习过程中可能会遇到的问题是难以理解本诗的主题以及诗中典故的深层意蕴。

【思路梳理】

本课以问题为引领，以学生自主探究为主，架构逐层递进的三大板块：第一板块是知人论世，走入李商隐的人生履历，由他名字的含义，他的抱负到他一生的颠簸沉浮，初步触摸诗人的内心情感，这一板块主要是从宏观的角度，引导学生养成良好的鉴赏诗歌的习惯，要回到诗人所处的时代，还原诗人的人生经历，感同身受，会更深入地体会诗歌之美。第二板块是通过朗读体会诗歌的音乐美，体会古典诗歌平仄、抑扬、韵律美。这一板块是从诗歌音乐性的角度带领学生感受诗歌的韵律美。第三板块是逐层赏析诗歌。这一板块将带领学生深入思考，展开想象，从炼字、意象、情感多角度赏析诗歌之意蕴美，旨在鼓励学生大胆探究，走入诗人内心世界，感受诗人情感变化。

【核心问题】

多角度赏析《锦瑟》。

【教学目标】

（1）知人论世，了解李商隐生平，探究其名字的含义。

（2）探究《锦瑟》主题的多样性，理解作者在诗歌中表达的情感，赏析《锦瑟》多义之美。

（3）培养学生多角度解读诗歌的能力，提高学生阅读古典诗歌的兴趣。

【教学过程】

环节一

子问题：了解李商隐生平，探究其名字的含义。

问题情境1：简介李商隐。

解决策略：

（1）温故知新，培养学生探究兴趣：我们每天诵读《诗经》发现，《诗经》中常常琴瑟并举，如"窈窕淑女，琴瑟友之"；"琴瑟在御，莫不静好"；"我有嘉宾，鼓瑟鼓琴"等。琴瑟和鸣，音韵和谐，预示着爱情和顺，宾主融洽。假如只弹奏瑟，没有琴的和鸣，会产生怎样的效果呢？今天，我们一起来探究李商隐的《锦瑟》。谁给大家简单介绍一下李商隐？

（2）学生自由发言，简介作者。

（3）结合PPT的李商隐简介，补充完整对作者的认识。

问题情境2：《礼》曰："子生三月，父亲名之，既冠而字之。名所以正形体、定心意也；字者所以崇仁义、序长幼也。夫人非名不荣，非字不彰，故子生，父思善应而名字之，以表其德、观其志也。"那么李商隐的名和字有什么深意呢？

解决策略：

（1）学生讨论、探究，自由发言。

（2）教师和学生共同探讨：商隐，商山隐者之意。义山，慕商山隐者之高义。李商隐的父亲给他起这个名字，是希望儿子能够像商山四皓一样，在国家需要时挺身而出，济世安民，然后急流勇退。他的一生是否达到了父亲的期许呢？我们来看崔珏对他的评价（崔珏《哭李商隐》）："虚负凌云万丈才，一生襟抱未曾开。"

李商隐生逢晚唐末世，朋党争权，他又夹在牛李党争之中，一生不得志，但在诗歌史上却有着举足轻重的地位。今天我们学习的《锦瑟》就是他的代表作。

环节二

子问题：如何感受《锦瑟》音韵意境之美。

问题情境1：《锦瑟》被称为"千古诗谜"，它到底是一首怎样的诗呢？

解决策略：

（1）教师介绍《锦瑟》及名家评语，激发学生探究欲望。

（2）《锦瑟》是一首神奇又神秘的诗，说它神奇，是因为读过这首诗的读者无不为它的美而倾倒；说它神秘，是因为从古至今没有人能读懂它真正的含义。如梁启超所评（梁启超《饮冰室合集》）："义山的《锦瑟》等诗，讲的什么事，我理会不着。拆开来一句一句叫我解释，我连文义也解不出来。但我觉得它美，读起来令我精神上得到一种新鲜的愉悦。须知美是多方面的，美是含有神秘性的。"

问题情境2：如何感受这首诗的音韵美。

解决策略：

（1）学生练习朗读。

（2）学生诵读，体会音韵美。

环节三

子问题：你最喜欢《锦瑟》的哪一联？为什么？

问题情境1：首联美在哪里？

解决策略：

（1）学生交流讨论赏析，师生点评。

（2）教师和学生交流自己的理解：

我关注的是"思华年"这三个字。他人生最华美的一段时光是指哪一段岁月呢？

是江南吗？

江南，如诗如画，李商隐的童年就是在这里度过的。他每天在烟波旁读书，在碧柳下习字。江南是那样的宁静美好，这一段日子是他生命中的华美时光吗？

是玉阳山吗？

玉阳山风景秀美，清幽宁静。李商隐在十六岁时来这里学了一年的道教经典。道教经典中奇幻浪漫的传说深深地打动了这个多愁善感的少年的心，他那么喜爱那一段岁月，所以用玉阳山下一条清澈的溪水做了自己的号——玉溪生。

是令狐楚将军幕府吗？

从玉阳山下来，他来到令狐楚将军的幕府。令狐楚将军很欣赏李商隐的才华，像对儿子一样精心培育他。李商隐在诗中写道："将军樽旁，一人衣白。十年忽然，蜩宣甲化。"

也就是在将军家的酒宴上，一个少年白衣胜雪地站在将军身旁。他在将军府待了将近十年，这期间，他像蝉蜕旧壳一样地获得了新生。这是他的锦瑟华年吗？

是长安登进士第吗？

孟郊在《登科后》中写道："春风得意马蹄疾，一日看尽长安花。"他的华美时光是登科后在曲江盛宴上的无限风光吗？

琴瑟在御，莫不静好。

他是想起了他的妻子吗？那个兰花一样的女子，清香优雅，不管他有多么落魄，她都不离不弃，带给他安稳的幸福。

当往事如流水般滑过心头时，他是怎样的心情？我们来看下联。

问题情境2：谁来赏析颔联？

解决策略：

（1）学生交流讨论赏析，师生点评。

（2）教师同学生共同交流自己的理解：

他在疑惑吗？少年锦时的轻狂，在官场中追名逐利的自己，就像这只蝴蝶吗？栩栩然地飞舞，却一无所获。累了，倦了，梦醒了，家徒四壁，孑然一身。

在子规的啼鸣声中，他可是想到了自己名字的含义？天下有道则现，安邦定国；无道则隐，独善其身？他可是觉得现在不如归去？这一联作者运用典故，不着痕迹地表达了自己内心的迷茫与忧伤。

问题情境3：颈联美在哪里？

解决策略：

（1）学生讨论、交流、赏析，师生共评。

（2）教师和学生一起交流自己的赏析。

苍茫的大海上，一轮明月挂在天空。它如此皎洁宁静，又如此凄清孤寂。它寄托了多少豪杰梦想，故园情怀，我不知道他的思绪，只见到，月光下滚落的泪，颗颗如珠。

要有多少隐情终至无言的时候，才会黯然化为珠泪？

又是一个不眠夜。当煦暖的阳光再次洒满大地，远处蓝田山上，玉的精光冉冉上腾，若隐若现……

问题情境4：谁来赏析尾联？

解决策略：

（1）学生交流赏析，教师点评。

（2）教师解读：欲将心事付瑶琴，知音少，弦断有谁听？

（3）学生齐读《锦瑟》。下课。

【案例评析】

这是一堂立足于文化意义下的高品质课堂，师生同心携手经历了一段活生生的生命历程和静悄悄的文化之旅。课堂充分挖掘了课程的文化价值，彰显了教师的育人功能，凸显了学生的主体地位。这是一堂兼具文化性、创新性和艺术性的高品质诗歌鉴赏课。

首先，这堂课充分彰显了语文课堂的文化价值，利用语文学科独有的文化价值发展学生的核心素养。诗歌是中国古典文学的瑰宝，鉴赏诗歌是传承并弘扬传统优秀文化的一种有效方式。课堂上师生视通古今，思接千载，研读文本涉及的文化经典有《诗经》《礼记》《庄子》《汉书》《博物志》；名家评论有崔珏、戴叔伦、梁启超等；鉴赏角度有对"玉文化"的发掘；对"杜鹃"意象的文化解读；等等。这些都充分显示出中华文化之博大精深及中华优秀传统文化对学生的熏陶渐染。

其次，本堂课富于创新性。创新，是一个民族发展的不竭动力。课堂教学要注重培养学生的创新思维。从这堂鉴赏课来看，其创新性一方面体现在教学设计的新颖独特上：教师能够抓住李商隐名、字的含义，作为一条线索贯穿全诗，知人论世解读诗歌，教师不拘泥于成见，对诗歌有独创性的见解，为学生起了很好的示范作用。另一方面是学生对文本提出创新性理解和独到的想法，如联系《诗经》解读"玉文化"；"沧"字的解读；"泪"的情感探究等。学生思维活跃，角度新颖，探究深入。

最后，这是一堂富于艺术性的课堂，还充分彰显教师的育人功能，凸显学生的主体地位。教师能够准确地把握课堂节奏，积极鼓励学生多维度解读诗歌，对学生评价及时准确，富于亲和力和激励性。课堂氛围民主、和谐、融洽，有利于调动学生深入探究的积极性。

总之，这是一节充分展示了课程文化价值具有创新性艺术性的语文高效课堂。这堂课的不足之处在于课堂上不断追问与反思的过程欠缺，需进一步提升。

看似在话"酶"，处处在"育人"
——高品质课堂典型样本之《话"酶"》①
刁 蓓

【内容定位】

本节选自高中生物必修一第五章第 1 节《降低化学反应活化能的酶》，一节两课时。对应课标中必修 1 模块内容标准"细胞的代谢：说明酶在代谢中的作用"，对学生在知识层面的要求是达到理解水平。作为本章的第一节，本节为重点内容呼吸作用和光合作用等做了很好的铺垫，能够很好地体现"全面提高学生生物科学素养""倡导探究性学习""注重与现实生活相联系"等新课程理念。

---

① 刁蓓，学科教学（生物）专业，硕士学位，大连经济技术开发区第一中学教师。《话"酶"》一课在 2017 年 12 月 19 日中国教育科学研究院综合改革实验区"高品质课堂展示"活动中获"教学改革创新"一等奖。

作为一节延展课，本课定位在学生已经具备"酶"的相关核心概念的基础上，针对学生科学素养的提高、探究性学习能力的提升以及注重将所学的内容与科学、技术、社会（STS）相联系等几方面，全面地引发学生对于科学本质的深层思考，使学生从生命观念、理性思维、科学探究和社会责任等多方面有所提升。

教学重点：进行对于洗涤产品的作用效果对比的探究实验，理解科学探究的一般方法；深层次理解酶在科学、技术、社会等各个领域中的重要作用。教学难点：科学探究方法的总结以及科学严谨思维的转变；通过对"酶"的探索和深入挖掘，升华对于科学、科学探究以及理性思维的认识。

【学情分析】

知识和能力	第2章：组成细胞的分子（蛋白质、核酸等）。 第5章：细胞的能量供应和利用（酶、ATP等）。
	有探究性学习的体验，有一定的探究能力，但设计探究方案的能力不足。 有实验操作的体验，但对于探究活动的实施和意义理解不足。
学生实际 生活经验	亲身经历过或看到过泡菜的制作、酸奶的制作过程。 在家中洗衣服时使用过加酶洗衣粉。
可能有的前科学 概念	认为有关酶本质的探索科学史仅经历如书中展示的几个过程。 认为按照给出的实验步骤进行实验的操作即为科学探究。
学生认知水平及 最近发展区估测	在实验中，并未形成对照实验的理性认识和科学思维，需要教师给予引导和提示，帮助认同并养成严谨的科学思维习惯。 通过对于酶在各领域中的应用的实例分析，可以理解科学、技术、社会间紧密的联系。

【思路梳理】

本节课在启发式教学的思想指导下，以学生为主体，教师创设情境，采取问题（任务）驱动教学以及实验探究教学相结合的方式，将讲授法、演示法、讨论法等多种教学方法相结合，我设计了"旧知重启引发思考→材料补充开拓思路→实验探究激发潜能→联系实际注重应用→提炼升华提升素养"的主要教学流程，设计问题（任务）来驱动教学、驱动学生思考，设计实验来驱动学生以小组为单位进行探究，教师的角色主要是引导、纠错、解惑和启发。学生在解决问题和完成任务的过程中结合已有的知识和生活经验，构建联系，主动搭建出新的知识框架和体系、产生思维方法和科学观念的冲击，认同理性的思维方法，并且能够在小组合作和探究中体验学习的快乐。

体会物理、化学与生物之间的联系，进行学科间的融合

支线1——你所不知道的科学史　　　任务：画出"酶的探索历程"流程图

酶

支线2——科学探究的一般方法　　　科学态度　　　科学探究的方法与技能

酶的科学史

酶的作用及其影响因素探究（你用对洗衣粉了吗？）　　主线

酶的作用原理

酶的应用（酶工程）——科学、技术与社会

支线3——科学的本质和特征　　　科学的世界观　　　科学探究　　　科学事业

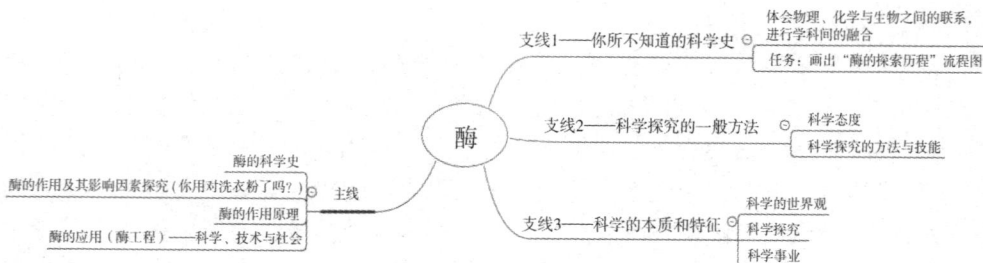

教学逻辑思维导图

【核心问题】

从"酶"的相关知识拓展提高学生的生物核心素养。

【教学目标】

知识目标：举例说明科学家关于酶的探索是丰富而充满挑战的；举例说出酶在生活、医疗、工业等多个方面的应用；概述科学探究的一般方法及其深层内涵。

能力目标：进行科学探究，学会控制自变量，观察和检测因变量的变化；尝试运用科学的语言表达自己观点，并且学会与他人分享自己的成果与经验。

情感态度与价值观目标：认同科学是在不断的观察、实验、探索和争论中前进的；认同科学家善于质疑、创新和勇于实践的科学精神与态度；认同生物科学技术与社会生产、生活的密切联系；养成设置对照实验的科学思维习惯。

【教学过程】

环节一：酶的科学史（补充）

子问题：对酶的发现史进行补充。

问题情境1：播放英文歌曲《Enzyme Song》，并提示学生在歌曲和动画中寻找尽可能多的关于酶的知识。

解决策略：

学生带着问题欣赏歌曲，结合歌词与动画、图片等体会、思考并开动脑筋，找出歌曲中与酶相关的知识内容。以小组为单位汇报歌曲中有关"酶"的知识点。

问题情境2：引导学生回忆酶的发现史（用流程图的方式在学案中表示）。提问：了解科学史后的你，有什么感受？

解决策略：

出示四段因为酶获得诺贝尔奖的重大发现的资料。请学生将内容加入到流程图中，进行小组交流。小结并引导学生认同酶在科学发展领域中的重要性、认同科学家探索历程的艰难及坚毅的品质。

环节二：实验探究——你用对洗衣粉了吗？

子问题：科学探究技能的培养。

问题情境：请学生举出几个家中常见到的酶，并以洗衣粉为例，设计实验，解决问题：市面上哪种加酶洗衣粉的效果最好，它们又对哪种材质、哪种污渍的洗涤效果最好？实验中有哪些可以改进的步骤，你还能从哪些方面更加深入地探究？

解决策略：

给出基本实验材料及用具，以列表的方式列出实验过程。引导学生发现自变量、因变量、无关变量、单一变量、对照实验等实验探究中的概念和思想。

播放自己录制并通过喀秋莎视频软件制作的实验视频和结果，学生仔细观察后，以小组为单位讨论，充分发动批判性思维，对演示实验中的步骤进行补充和改善，得出结论并分享收获，体会科学探究的方法，形成严谨的科学态度，之后发散思维，对实验材料的材质、洗衣粉中的成分等多方面进行深入探究。

环节三：酶与生活

子问题：利用酶的相关知识解释生活中的现象。

问题情境：通过图片、文字、视频动画等展示生活中常见的几个现象，并对现象进行相应的解释。

解决策略：

利用幻灯片出示四个生活中常见实例（①大宝 SOD 蜜中超氧化物歧化酶的功效。②苹果、土豆等在空气中因多酚氧化酶而氧化变色以及红茶、绿茶的制作工艺中茶多酚的氧化。③酵素与酶的关系）并依次解释。

环节四：小结与提升

子问题：梳理本节课的重点、难点以及核心素养的体现。

问题情境：在知识方面，本节课所体现的主线内容；在核心素养方面，本节课所体现的支线内容。

解决策略：

利用 xmind 与斧子软件结合的课件展示本节课的主线，结合板书，对本节课的内容进行总结。

主线：酶的科学史—酶的作用及其影响因素的探究—酶的作用原理—酶的应用。

支线1：从科学史的探索中，学会通过思维导图来梳理知识内容，体会学科间的融合，并认同科学家在探索中付出的努力。

支线2：体验科学探究的过程，深层次地理解科学探究的思维、技能和方法。

支线 3：形成理智的科学观念，思考科学的本质和特质，其与技术、社会的关系，并能够开始注意锻炼理性的思维方式，能够在遇到问题时通过思考做出正确的取舍并采取最适当的行动。

【案例评析】

一首声情并茂的英文歌曲《Enzyme Song》将色彩斑斓的"酶的世界"展现得淋漓尽致，《话"酶"》一节，从课程伊始，就将英文、音乐、美术图形、生活实际与本节课的主题——酶联系到了一起。

在孩子们的眼中，生物学科的学习本就不该仅仅是书本上的一条条概念，抑或是试卷中的一道道习题。作为一节优秀的高品质课程，本案例从科学史的实例补充、设计实验、改进实验、与生活实际相联系等多个环节体现了学科的文化价值：一条主线包罗了有关酶多彩纷呈的相关内容，三条支线提升了学生的学科核心素养；多处用到的视频、动画、图片等信息化资源，融合着历史、音乐、化学等多个学科，既能为学生将抽象化的概念具体化提供帮助，也符合学生立体化螺旋上升的认知规律。

在本案例的设计中，我们可以看到刁老师精心设计的充满开放性的撰写思维导图环节，使拥有不同学习能力的学生都能学有所得；由于篇幅有限而未能展示出来的实验设计环节由一系列问题串驱动，逻辑清晰、环环相扣，给予学生适当的支架，活跃气氛，也激活思维；带着灿烂笑脸所给出的一句句鼓励的话语更是能够激起学生充分思考、开动脑筋的学习动力。

本节课最感人之处，不仅在于学生收获了多少生物学概念，而且在于看似在《话"酶"》，却处处在"育人"。这便是老师和高品质课堂想带给孩子们最珍贵的礼物。

高品质课堂

专辑二 塑造学生品格与意志
——立足教学意义，打造本真课堂

本真的课堂概指教学过程与活动机制的本真：教学目标要与教学内容相吻合，教学策略要与教学内容和教学目标要相呼应，教学过程中，『以学定教』与『以教导学』要相统一；教师在挖掘、展开与呈现教学内容时，要在深刻反映学科本质内涵和育人价值的前提下，尽力将抽象的结构化知识转化为具体的情境化问题，以此让学生经历对教学内容的解构与建构过程，由此指向学生在三维目标维度下的整体性目标达成。

——选自《高品质课堂的塑造》（李铁安著）

高品質課堂50个典型样本

语文即生活，生活即语文
——高品质课堂典型样本之《三个儿子》①

杨　鸤

【内容定位】

《三个儿子》是小学语文二年级下册第六单元的第三篇课文，本单元主题是向品质优秀的人学习。本课中的三个儿子看到他们的妈妈拎着沉重的水桶走来时，力气大的只顾着翻跟头，嗓子好的只顾着唱歌，对妈妈手中的水桶视而不见，而那个"没有什么特别的地方"的儿子，却跑到妈妈跟前，接过了沉甸甸的水桶。老爷爷说他只看到一个儿子，因为他深知，这个"没有什么特别的地方"却能帮助妈妈拎水的儿子才是真正的儿子。

本课重点：认识生字，学写两个生字。本课难点：理解老爷爷的话。

【学情分析】

通过两年多的小学学习，学生识写了更多的汉字，掌握并能够运用识字写字方法自主互助进行识字写字，所以本课在自主学习的基础上，利用"快乐学堂资源包"进行本课生字的巩固检测、拓展应用。写字教学，由学生自主观察发现，并运用规律写好字。阅读理解，这个故事很容易理解，不必逐字逐句地泛泛地讲解，深挖细抠，只需反复朗读课文引导学生讨论并明白"明明有三个儿子，为什么老爷爷只看到一个儿子"。

【思路梳理】

二年级的主要任务是识字写字，本课采用随文识字、互助学习等方式进行生字的学习。选取有代表性的两个字"拎""胳"进行对比学习，发现规律，并运用规律，把字写得美观大方。这是一篇十分浅显的课文，但是浅显的文字中却包含着朴素而深刻的道理，那就是"为人子，方少时，孝与亲，所当执"。在引导学生熟读课文的基础上，抓住"明明有三个儿子同时在眼前，为什么老爷爷说只看到一个儿子"这一问题引导孩子读书讨论。读懂课文，知晓道理，见贤思齐。

---

① 杨鸤，汉语言文学专业，高级教师，大连市语文骨干教师，辽宁省教科研骨干教师。现就职于大连市金普新区春华小学。《三个儿子》一课荣获教育部 2015 年度"一师一优课　一课一名师"活动部级"优课"。

【核心问题】

如何理解老爷爷的话？

【教学目标】

（1）认识6个生字，会写2个字。

（2）朗读课文，读出人物对话的不同语气。

（3）体会理解老爷爷的话，懂得"为人子，方少时，孝与亲，所当执"的道理。

【教学过程】

环节一

子问题：学习本课生字。

问题情境1：熟读课文，读准字音，读顺句子。学习本课生字。

解决策略：

（1）自读课文，注意预习时勾画的生字词，读不准的地方，请教他人后，再多读几遍。

（2）练读词语—指读正音—摘掉拼音帽子读词语。

（3）互查生字条，分享好的识字方法。

（4）进入"快乐学堂"自学资源包，完成必答题（形近字组词、查字典、近义词填空……），再自主选择字词学习模块（字源字理、扩词、偏旁的奥秘……）进行复习巩固和拓展延伸。

问题情境2：发现运用规律，美观大方地书写本课生字。

解决策略：

（1）观察要写的2个字，交流自己的发现。

（2）汇报交流。

字形分析：拎字右半部分，撇收捺展。"拎"与"胳"对比发现共同规律。

书写规律：左右结构，左让右，穿插避让。

（3）强调写字姿势，运用规律，每个字描一个，写一个。

（4）认真观察，视频展示台展示共性问题，讨论分析原因，在视频展示台上原字改写，即范写一个。

（5）提出一个比一个有进步的要求，再次书写。

环节二

子问题：如何理解老爷爷的话？

问题情境1：体会妈妈夸奖孩子的语言，并能够有感情地朗读。

解决策略：

（1）接读课文。

（2）这是三个怎样的儿子？读1～6自然段，找到相关语句，再多读几遍。

①交流三位妈妈的话。体会语气的不同；②自己练习读一读，结合生活实际，体会并表现妈妈夸奖孩子的语气；③指读两人。

（3）三位妈妈边谈论着自己的儿子，边拎着水桶往家走，这桶水可真重啊！课文中的哪些话，让你体会到妈妈拎着这桶水很辛苦？

①指读，随文识字（添加底纹的字为本课生字）。

一个妈妈说："我那个儿子既聪明又有力气，谁也比不过他。"

又一个妈妈说："我那个儿子唱起歌来好听极了，谁都没有他那样的好嗓子。"

另一个妈妈什么也没说。

那两个妈妈问她："你怎么不说说你的儿子呀？"

这个妈妈说："有什么可说的，他没有什么特别的地方。"

一桶水可重了，水直晃荡，三位妈妈拎着沉甸甸的水桶回家去……

②边想象三位妈妈的语气，边练习读，勾画让你体会到水桶沉甸甸的词语。

③指读一人。同学间交流。

④再次练读。

⑤分角色朗读这个小片段。

⑥再自己读读"一桶水可重了，水直晃荡，三位妈妈拎着沉甸甸的水桶回家去……"

问题情境2：理解老爷爷的话。

解决策略：

（1）默读课文9～13自然段，用直线勾画出三个儿子是怎样做的。

（2）一人到台前画（大屏展示，对照）。汇报指读一人。

①这一段话运用了（勾出）"一个……一个……另一个"，介绍三个不同的事物，就可以用这个句式。试着说一句话。

②拓展练习："一只……一只……另一只"。

③总结：你发现用这种句式的好处了吗？（有条理，让人听得清楚明白）

（3）运用"一个……一个……另一个"再读三个儿子的表现！

一个孩子翻着跟头，像车轮在转，真好看！三个妈妈被他迷住了。

一个孩子唱着歌，歌声真好听。

另一个孩子跑到妈妈跟前，接过妈妈手里沉甸甸的水桶，提着走了。

（4）思考老爷爷的话。质疑：只看到一个儿子，为什么？

（5）与同桌交流自己的看法。

（6）生生对话交流。怎样算得上是真正的"儿子"。

问题情境3：在"帮妈妈拎水桶"情境中巩固生字。

解决策略：

（1）遇到这样的事你会怎样做？

（2）做游戏：帮你妈妈把水桶拎回家。（课件：大屏幕水桶上标示本课生字，答对了可以把水桶提回家）

环节三

问题情境：体会"孝"的含义。

解决策略：

（1）想对三个儿子说些什么？

（2）观察甲骨文"孝"字，说说"孝"字的含义。（年轻人背着老人走路）

（3）讨论：为一首小诗补充最后一句。

乌鸦反哺，

羔羊跪乳，

为人之本，

……

（孝敬父母）

（4）作业：把"孝"字的含义和《三个儿子》这个故事，讲给爸爸妈妈听。

【案例评析】

看了杨老师的整篇案例，由衷地为她的成长感到高兴。这节《三个儿子》通过层层选拔，在2015年从全国两千多节同课异构的现场教学中脱颖而出获得部级优秀课的荣誉称号。仔细分析其中的缘由，我觉得就是这节课学生省时高效地完成了学习目标，老师从从容容地完成了教学目标，这与杨老师坚持以学定教、顺学而导，坚持从读中识记生字、领悟语言、体会文章内涵是分不开的。

1. 识记生字有层次

低年级识字写字是每节课的重点，可有时我们会有这样的发现，上一节课认识了的字，下节课就忘记了，或者这个字在这里认识，换个地方就不认识了，其实究其原因是"字"与"文"分离了，造成学生不能很好地理解生字词的意义和语言色彩，换言之就是强行地退去了文字的语言环境，学生不知道这个字放到文章中去会是什么样子。这节课的生字"甸、既、晃"都比较生僻，孩子们是怎样学的呢？就是读啊读啊读！在读中，孩子们格外关注老师标红的这几个字，看得多了，眼熟了，就会了。接着在资源包里，老师还让句子中出现这些字，语境换了，是对字的巩固，更是对这个字其他意思用法的拓展，还没完呢！对于更有能力的同学，资源包里的字源字理是更有滋有味有营养的知识。

2. 读文感悟见升华

《语文课程标准》指出：要让学生充分地读，在读书中整体感知，在读中有所感悟，在读中培养语感，在读中受到情感的熏陶。我仔细梳理了本文的读书时间，各种读接近二十分钟，文章真的是读会了，读熟了，读懂了，读到心里去了，我们看到的"水到渠成"，其实就是让学生在阅读中感受、理解、体验与文本发生"碰撞"，产生思想火花。反思自己，自然而然地把"孝敬父母"注入生活内容，进行生活教育，懂得要孝敬父母的道理，真的就是"读书百遍"之后的"其义自见"了。

3. 知识方法可兼得

杨老师给孩子们指导"穿插避让"非常生动形象，在学生通过观察发现规律后，杨老师用了开车来进行比喻：当你看到前方来人时，应该相互避让，方能顺利通过，如果发现可以"穿插"的位置，要合理行进，找到最合适美观的书写位置……平时写字也是一样，笔画与笔画之间，偏旁与偏旁之间要相互避让，可以先试写几个，找到最美观的书写方式。紧接着就让孩子们再次试写，而且按照这个规律，孩子的字真的是一个比一个有进步。既学会了这个字的写法，又明白了这种字的写法，更有谦和礼让的德育渗透，真是"鱼"和"渔"兼得。

烹文煮字食言色，悦读妙书化童心
——高品质课堂典型样本之《走进乡村　走进田园》①

焦长英

【内容定位】

"展示台"是"语文园地中"的四大板块之一，是激励学生自主学习、在生活中学习语文、给学生提供展示自己、与同学互相交流自己成果的重要平台。

语文课标对综合性学习从"会提问题、观察分析、资料搜集、表达方式、活动组织、合作讨论"等方面逐步提高要求。本次"展示台"是园地六综合性学习的展示，是先与本组课文阅读教学穿插进行，然后在语文园地中安排"口语交

① 焦长英，汉语言文学专业，大连市金州区红旗小学语文教师。《走进乡村　走进田园》一课荣获教育部 2017 年度"一师一优课　一课一名师"活动部级"优课"。

际""习作"最后安排"展示台"这个栏目，展示学生综合性学习的成果。是对学习中观察田园风光、了解农作物生长、调查农村生活变化、体验乡村生活的延伸，引导学生开展观察、了解乡村景物和生活的活动，有目的地搜集材料，感受田园之美。

本课核心问题：如何通过搜集并展示资料，感受乡村、田园生活的美好。本课学习重点：有条理地口头叙述，或用书面语言描绘有关农村景物和农村生活情况，表达出对田园风光的感受或活动过程的见闻。本课学习难点：会生动地说、写有关农村景物，感受农村生活及田园的美好。

【学情分析】

对于四年级的学生而言，对乡村生活有一定的认识。生活经验，为学生"走进田园"提供了铺垫。文本阅读，使学生产生"走进田园"的渴望。

当然，还有两个不利因素：一是现实与文本之间的距离，二是活动与语文之间的距离。他们"用"语文的意识仍然比较淡薄，常沉湎于活动与游戏中。因此，教师要引导学生与真实的农家生活"真情拥抱"，增强学生珍爱田园的情感。引领学生发展自己搜集信息、合作探究、观察表达、口语交际等语文能力，培养综合的语文素养。

【思路梳理】

为落实语文综合性实践活动课的任务，兼顾文本、教者、学生和编者的意图等因素，本课以"回忆主题—小组交流—集体交流汇报展示"三大板块进行综合实践成果展。

第一板块是让学生回忆每课的主题，汇报积累的优美词句，为运用优美的语句进行交流做了铺垫。

第二板块是小组内交流，展示成果。激发学生搜集资料、主动学习的兴趣。学生自发成立了十多个活动小组：有积累小组、搜集图片小组、故事小组、诗歌搜集小组、歌唱小组、手抄报小组、动手制作小组、谚语搜集小组等。学生们将课堂知识延伸到课下，学习资源不断扩大。社会、生活、自然都成了他们学习的源泉。

第三板块是最重要的交流展示环节。我以学生的展示为主导，调动学生的情感与实践，深化学生的情感体验。课堂成了学生展示自我的平台，恰当利用白板拖拽功能、书写功能、视频、音频、图片、展示台、资源包、微信上传图片等方式，学生们积极有条理地交流及展示。教师的指导始终跟踪学习过程，解决学生在展示过程中遇到的困难和问题，使他们感受学习的快乐，享受成功的喜悦。

【核心问题】

如何通过查找、搜集、展示资料，感受乡村、田园生活的美好。

【教学目标】

（1）学会观察、发现乡村及田园景物的特点。

（2）学会在活动中提出问题，有目的地搜集资料。在活动中学会合作，培养创新精神。

（3）进一步感受乡村生活的欢乐和美好，用优美的语言表达自己对乡村生活的喜爱与向往之情，激发学生对乡村生活的热爱。

【教学过程】

环节一

子问题：回忆单元的大主题、本单元中四篇课文的主题。

问题情境1：本单元的主题是什么？本单元中每一课的主题分别是什么？

解决策略：

情境叙述，并出示每一课的主题画面，概述各篇文章主题。

问题情境2：回顾本单元四篇课文的精彩语句，学生背诵积累展示。

解决策略：

（1）回想第六组课文中精彩、优美、印象深刻的好词佳句，并背诵。

（2）引导总结积累的这些佳句的特点：抓修辞语句、描写优美的语句进行积累。

环节二

子问题：明确并梳理展示台的具体要求。

问题情境：你要展示什么，怎么展示。

解决策略：

（1）读书中的提示。

（2）学生说说教材中要交流的内容。

（3）教师相机在白板上拖拽四条交流要求。

交流内容：①展示图片、照片，介绍农村的自然风光或感受；②农村生活故事；③某种制作介绍；④搜集古诗、朗读自写的小诗。

（4）明确交流的要求：条理清晰、说清重点、语句流畅。

环节三

子问题：交流搜集的资料、成果，了解乡村、田园的生活。

问题情境1：小组内交流搜集成果。

解决策略：

（1）学生把这一周的综合性学习成果，如纸质的文本、图片等，PPT等电子资料，摘抄、笔记、采访记录等实物，在小组内交流。

（2）老师对各组的学习态度、小组交流及合作情况进行小结。

问题情境2：集体交流自己对田园生活、乡村生活的感受。

解决策略：

学生从以下几方面交流综合实践成果：

（1）图片板块汇报：①纸质照片（学生在展示台上展示纸质图片）；②电子图片：A. 学生用微信上传图片，并面向全体介绍；B. 链接资源包。（学生用喜欢的方式，结合自己的学习资源包，进行交流汇报：按分类如家乡的、田园的；按地点如可讲解、可抒情、可配乐、可小组、可找好朋友）

（2）故事汇报：学生讲述自己经历的、听到的、看到的乡村故事。

（3）手工制作：①贝壳作品展示；②口哨制作及视频；③自制的灯笼、自写的对联；④布贴画。

（4）古诗与自创的诗：①汇报古诗：可赏读作者、背景、诗意；还可配乐朗读、吟诵、齐背诵；②汇报自己写的诗：说说自己的创作原因、表达的情感，可感情朗读，也可配乐读一读；③集体评价。

问题情境3：课堂总结，布置作业。

解决策略：

（1）学生说收获。

（2）总结：希望同学们在享受活动的快乐中，发现更多的精彩，并积累更多的语言。

（3）布置作业：①阅读感兴趣的乡村的书籍，并积累优美词句；②走出课堂更深入地观察、发现乡村的人、事、物……

【案例评析】

这节课给了学生充分的活动空间和时间，值得肯定的方面很多。

1. 主题明确、过程精彩

学生的综合实践活动成果汇报，主题明确，内容丰富。如图片讲解，学生用美文形式进行，培养了学生感受画面意境、欣赏美文的能力。古诗板块的展示，学生能用配乐吟诵及讲解的形式，说明孩子具备了欣赏古诗的能力。在感受诗的意境美的同时，增进对田园风情的理解，激发学生对古诗词的热爱。大量的课外阅读又拓展了学生交流的内容，两者形成了不可替代的良性循环。学生的资源包放在电脑上，方便学生互相交流信息，做到资源共享。教师运用现代化教育技术服务于课堂教学，多媒体的人机互动，激发孩子的表达欲望和上进心，这也体现了高品质课堂的交互性。

2. 多元自主，培养能力

这次活动为学生提供了多元自主的学习机会，体现了小组的合作性，培养了学生的创新能力和实践能力，提高了解决实际问题的能力，每个学生都经历了"他助—互助—自助"这一变化过程，收获颇丰。学生搜集和整理资料的能力得到提高；学习不再局限于书本知识的传授，而是回归生活，立足实践。这种真实的体验和情感的内化是任何课堂教学所无法给予的。

3. 教学相长，师生共进

课上，教师为学生搭建多种平台展示，学生的主体地位凸显。教师只是辅助者，用恰当的点评与适时的指导激发了学习的兴趣，促进了学生自主、合作、探究的学习方式，使学生开阔了眼界，提升了能力，语文素养得到提升。

普罗塔克曾经说过："儿童不是一个需要填满的罐子，而是一颗需要点燃的火种！"这节课正是点燃火种的引线。这是一节高尚、本真、丰厚、灵动的高品质课堂。

观察、探究、创新——为学生铺就成长之路
——高品质课堂典型样本之《化石告诉我们什么》①

韩春蓉

【内容定位】

《化石告诉我们什么》是小学科学六年级下册第三单元《进化》的第二课。本单元是依据《科学（3—6年级）课程标准》生命世界中关于生物进化的内容要求来建构的，这是在学生已经学习了生物的繁殖、遗传和变异现象的基础上进一步认识生物进化的重要单元。《化石告诉我们什么》是本单元的重点，计划用两课时来完成，本案例是第一课时。化石，是经过地质作用，保留在地层中的古生物遗体、遗迹或遗物。一万个生物死亡后，大概只有一个有可能成为化石，它们是生物进化的重要证据，也是人类认识远古生物的重要线索，因此我们对进化的探究就从研究化石开始。本课主要引导学生了解什么是化石、化石是怎么形成的、化石的作用以及由化石而引发出的一些问题与困惑。为学生进一步理解达尔文以自然选择为核心的经典进化理论打下基础。

---

① 韩春蓉，汉语言文学专业，高级教师，大连市金普新区教育科学研究院科学研训员。《化石告诉我们什么》一课在2016年7月全国小学科学优质课大赛中获一等奖。

本课教学重点：知道化石是研究生物进化最直接、最可靠的证据。本课教学难点：分析不同年代地层中的化石，理解生物进化趋势是由低级到高级，由简单到复杂的基本观点。

【学情分析】

六年级是小学阶段的最高年级，学生的认知特点是在形象思维的基础上有一定的抽象思维能力，学生的自我意识较强；化石是人类认识远古生物、研制地质运动的重要依据和线索。少数学生平时通过各种渠道对化石产生了一定的兴趣，有一定的了解，但是大部分学生对"化石"比较陌生，而且从未思考过有关化石的问题；同时由于很多学生进入青春期或青春前期，所以一般在课堂上爱发言的学生比中低年级少了，但是他们依然有强烈的好奇心，喜欢接受有趣的事物，在教学中可以充分利用搜集到的信息，发挥他们自主探究的欲望。

【思路梳理】

本课"从人认识事物的正常逻辑思维出发"，架构认知过程两大环节。

第一环节，认识什么是化石及化石的形成过程。首先通过观察多块化石，找出它们的不同与相同，分析交流，达成共识：化石是在地质作用下，保留在地层中的古生物遗体、遗迹或遗物。其次，看图分析、猜想，讨论交流化石形成的过程，即生物死亡后被掩埋，经过地质作用被矿物化，最终变成岩石。

第二环节，知道化石是研究生物进化最直接、最可靠的证据。首先观察一块化石，看它能告诉我们什么信息。在这个过程中，指导学生观察的方法。学生有了观察方法，再去观察不同时期的化石，比较、分析它们的身体结构、生活环境、生活习性等方面的特征，认识生物进化的趋势。

【核心问题】

化石是在地质作用下，保留在地层中的古生物遗体；知道化石是研究生物进化最直接、最可靠的证据。

【教学目标】

（1）通过观察、比较、分析多块化石，知道什么是化石以及化石形成的过程。

（2）通过观察、比较、分析不同时期的化石，知道化石是研究生物进化最直接、最可靠的证据。

（3）意识到对问题的解释可能是多样的，科学结论都是有事实依据的。

【教学过程】

环节一

子问题：认识什么是化石及化石的形成过程。

问题情境1：观察化石标本（图片），是什么生物的化石？它们有什么不同？又有什么共同的特征？

解决策略：

（1）分组讨论交流化石的异同。

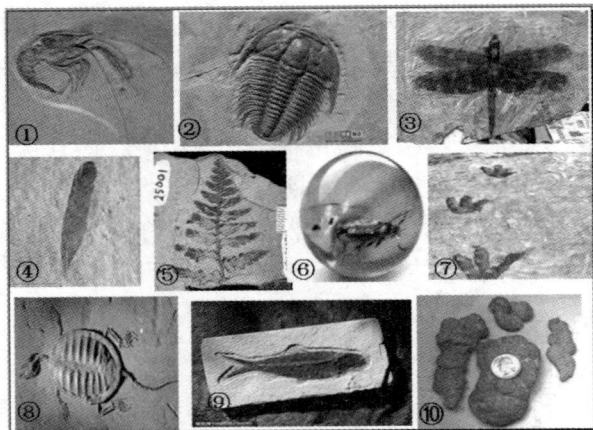

（2）归纳总结出什么是化石，即化石是经过地质作用，保留在地层中的古生物遗体、遗迹或遗物。

问题情境2：

据说一万个生物死亡后，大概只有一个有可能成为化石。化石这么神奇，你猜猜它是怎么形成的。

解决策略：

师生交流：

最终达成共识：

1. 当动物死亡后，软体组织被分解，骨骼、牙齿等坚硬组织被保存下来。

2. 随着时间的推移，这些坚硬组织被沉积层包围，并被矿物化。

3. 数万年后，由于地壳运动的作用，已经形成的化石上升到接近地表的地方。

环节二

子问题：化石的作用。

问题情境1：人们说："化石是会说话的石头。"你知道是为什么吗？那它们会告诉我们什么呢?

解决策略:

(1) 带着问题观察一块化石:

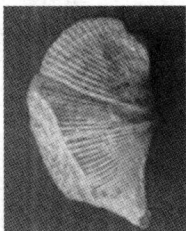

(2) 问题:

它活着的时候:它身体是什么样子?它生活在什么样的地方?它会运动吗?它跑得快还是慢?它吃什么?它怎样捕食?它有天敌吗?它怎样保护自己?它怎样繁殖后代?……

(3) 学生分组交流后汇报:让学生说明判断的依据,即它的形态、结构等。

(4) 达成共识。

化石告诉我们:生物的样子;生物生活的环境;生物的生活习性。

问题情境2:观察不同时期出现不同生物的表格,化石告诉我们什么了?

解决策略:

(1) 观看视频:判断化石年代的方法(测量碳14同位素衰变的方法可以判断生物死亡距今的年限)。

(2) 科学家通过对化石放射性同位素的测定知道,不同时期出现了不同的生物。

大约距今5亿年前	大约距今4亿~5亿年前	大约距今2亿~4亿年前	大约距今1亿年前

（3）我们从不同时期选出一种生物代表，然后用我们刚才的观察方法，分析比较一下，看看化石会告诉我们什么信息。

时间 （大约）	化石	身体结构	生活环境	生活习性	这些化石又 告诉我们什么
1 亿年前					
2 亿~3 亿 年前					
4 亿年前					
5 亿年前					

（4）达成共识：化石告诉我们——生物进化的趋势是由简单到复杂，由水生到陆生，由低级到高级的过程。

【案例评析】

不得不说，这是一个丰富的课例，其中包含了对生命科学的求知，对探究方法的引导，对信息的归类总结，对规律的应用实践，教师好似有一双无形的"推波助澜"的手，带领学生抽丝剥茧，探秘解密，把韩老师身上对科学的钻研与热爱体现得淋漓尽致。韩老师的科学课堂追求"简约而不简单"，让学生在"自主、合作、探究"中获取科学知识、发展实践能力、提升科学素养。

简约不等于简单——科学课堂教学的主旋律

简约教材，敢于取舍。新课程要求教师不再单纯地"教教材"，而是"用教材教"，这为教师对教材进行加工和取舍提供了理论依据。教材中的"做化石模型"活动换成了"认识化石的形成过程"，增加了"观看碳14放射性同位素视频了解判断化石地层年代的方法""认识化石的作用，了解生物进化的趋势"，提升了学生的思维能力。教师敢于取舍，简约流畅的课堂教学旋律使科学教学更为有效。

简约情境，聚焦主题。开课直接从"恐龙的图片导入到观察化石，归纳化石的概念"简约地导入情境，直接揭示了本课研究的主题和内容，为学生探究节约了时间，体现了简约课堂的理念。

简约而不简单——科学课堂教学力求高品质

有效研讨，建构概念。科学探究活动是小组合作活动，小组成员之间的研讨交流十分有效。探究过程中的观察发现和研讨交流，激发了学生认知上的冲突。通过辨析、梳理，帮助学生在纷乱的事实中找出规律，引导他们的思维向更深处发展，有效的交流研讨也促进了学生在探究活动中发现和建构科学概念。

有效引导，层层推进。通过教给学生观察分析一块化石的方法，让学生像科学家一样，直观地观察、分析化石，看它给我们提供了什么信息。然后用这种方法去观察很多化石，看它们给我们提供了什么信息，分析这些信息，归纳总结出规律。顺理成章地使学生了解了化石的作用，知道化石是研究生物进化最直接、最可靠的证据；理解了生物进化的趋势。教学过程中也体现了我们的科学课，不仅要教科学知识、概念，而且要教技能和方法。进而使学生的思维发展更有逻辑性、更深刻。

课堂上，无须教师多言，丰富的教学资源使学生迸发了无尽潜能，大家独立思考，小组合作，观察分析，猜测验证，这是对学生能力的尊重，也是教师专业能力的体现，是可谓"高尚"；导入别出心裁，环环相扣，兼顾学生的最近发展区，有创新有拓展，有探索有总结，是可谓"丰厚"；将课堂交给学生，以学生的眼睛去看、去品，用学生的嘴去说、去评，以适度引导为法，以培养能力为主线，让课堂成为流淌的知识线，让课堂迸发了无限生机，是可谓"灵动"；让高年级学生同样兴趣盎然，流露出童真童趣，这不就是"本真"吗?!

简约的课堂，不是简单的课堂，而是有思维深度的课堂，体现了以学为本的思想，蕴含了"高尚、本真、丰厚、灵动"的高品质课堂的真谛。一节"开拓式"的课例，把思与行连接于一体，把表与里连接于一体，把本与变连接于一体，正是这种整合思想，让课堂焕然一新，让教师成就教育。

文化的渗透，焕发数学之美
——高品质课堂典型样本之《神奇的莫比乌斯圈》①

阎 舒

【内容定位】

《神奇的莫比乌斯圈》是小学数学第十二册《数学好玩》中的内容，本课的主要内容是在动手操作中经历并探索莫比乌斯圈的神奇特征，学会制作简单的莫

① 阎舒，低维拓扑专业研究生，硕士学位，大连经济技术开发区红星海国际学校数学教师。《神奇的莫比乌斯圈》荣获全国第二届小学数学文化优质课大赛暨课堂教学观摩研究会一等奖。

比乌斯圈，了解莫比乌斯圈的特征，感受数学活动的趣味性以及探索性，从而进一步激发学生学习数学的兴趣，了解数学给社会生活带来的进步与发展。具体包括三部分内容：认识莫比乌斯圈，探索沿莫比乌斯圈的二分之一处剪开后的图形特征，莫比乌斯圈的应用及拓展。这个课程内容中蕴含了丰厚的数学文化价值。本课"拓扑学"知识的内容是对教材中"几何"部分的一个拓展延伸，培养学生的空间观念、数学思维、数学观察力、想象力、创造力的同时让学生初步领会"观察、猜测、想象、验证"的学习方法，在探索中激发学生学习数学的兴趣。

本课的核心问题：经历制作莫比乌斯圈的过程，在动手操作中培养学生思考探究能力。本课学习重点是认识莫比乌斯圈及其特征。本课学习难点：探索莫比乌斯圈的特征。

【学情分析】

本节课的内容在小学数学课本六年级中以《数学好玩》的课程形式出现，其实对于六年级的学生而言，认识了基本的平面图形以及立体图形，了解了垂直等几何概念，基于学生对动手操作很感兴趣，故对于绝大多数孩子来说课程内容并不难理解与接受，相反，充满了乐趣以及好奇。但是对于个别同学来说在制作中一端翻转180°可能会有困难，需要老师的关注与指导。

【思路梳理】

本节课主要通过三个环节，以问题为引领，让学生在自主参与的同时促进其空间想象能力以及学会探究学习，合作分享。

第一个环节，主要让学生通过帮助解决"小蚂蚁不越过边界而连续地直接爬到奶酪旁边"这一问题，尝试制作出莫比乌斯圈，从而开启探索莫比乌斯圈的特征，认识莫比乌斯圈的过程。这一环节通过一个问题引领，使得学生自主参与到探究学习当中，在探索莫比乌斯圈特征的过程中通过画一画等方式促进其空间想象能力以及合作分享能力。第二个环节，在认识和了解了莫比乌斯圈的基础上，进一步去探究莫比乌斯圈二分之一处剪开后的特点，打开学生的思维空间，基于之前的学习经验，让学生再一次走进探索学习当中。第三个环节，使学生了解到莫比乌斯圈的发现在生活中的使用，进而了解到数学与生活之间的关系与联系，感受到数学对人类生活的帮助与改变。在最后又留了一个课外延伸题，就是继续探究莫比乌斯圈三分之一处、四分之一处……剪开后的图形是什么，与此同时，还介绍了"拓扑学"中另外一个有趣的图形"克莱因瓶"，从而进一步激发学生的好奇心、探索欲，引领学生继续对莫比乌斯圈的探究。

【核心问题】

探索并发现莫比乌斯圈的特征。

【教学目标】

（1）学会制作简单的莫比乌斯圈，了解莫比乌斯圈的特征。

（2）在动手操作中经历探索莫比乌斯圈神奇特征的过程，发展学生空间观念。

（3）感受莫比乌斯圈的神奇，体会数学活动的趣味性和探索性，培养学生的探索精神和探索意识。

【教学过程】

环节一

子问题：探索莫比乌斯圈的特征。

问题情境1：制作莫比乌斯圈。

解决策略：

（1）出示问题：能否制作出一个圈，使得小蚂蚁不越过边界而连续地直接爬到奶酪旁边？

（2）独立思考，同伴互助，动手操作尝试着制作出莫比乌斯圈。

问题情境2：认识莫比乌斯圈。

解决策略：

（1）学生自主操作，用彩笔画一画，验证制作的圈只有一个面以及一条边。

（2）播放视频：介绍莫比乌斯发现莫比乌斯圈的过程。

环节二

子问题：探索沿莫比乌斯圈的二分之一处剪开会是什么图形。

问题情境3：如果我们沿着莫比乌斯圈的二分之一处剪开又会得到什么图形呢？

解决策略：

（1）学生观察、猜测。

（2）动手操作，实际去验证。结论：沿莫比乌斯圈的二分之一处剪开得到了一个更大的圈。

（3）学生思考：得到的这个更大的圈是莫比乌斯圈吗？

（4）学生通过用彩笔画一画，验证得到的圈不是莫比乌斯圈，而是一个普通的圈。

（5）延伸：如果沿着莫比乌斯圈的三分之一处剪开，会是一个怎样的图形呢？

环节三

子问题：莫比乌斯圈在生活中的应用以及拓扑学知识的拓展。

问题情境1：一个看似简单的小纸圈竟然这么神奇，其实，它不光好玩有趣，在我们生活中还经常能看到它。

解决策略：

利用课件播放，介绍莫比乌斯圈的应用：在商标的设计中我们能看到它的身影，在美术作品中、在建筑中，尤其是在工业设计中，人们将莫比乌斯圈的原理应用到了传送带的制作中，大大降低了磨损，提高了使用寿命。

问题情境2：莫比乌斯圈只有一个面和一条边，那会不会有这样的一个图形，它只有一个面却没有边呢？

解决策略：

利用课间展示，介绍克莱因瓶。

【案例评析】

《神奇的莫比乌斯圈》一课，在进行授课时尽量将这节课所体现的数学的文化价值展现出来，最大限度地促进了学生的思维能力、空间想象力、抽象能力以及创新能力的发展。

首先，"神奇的莫比乌斯圈"是小学数学教材中的经典内容。

本课在设计时大胆创新，重组教材，对这一经典内容进行了巧妙的重构，融知识性、趣味性、科学性于一体，使学生对本节课的内容产生了极大兴趣，增强了学生的数学理解，同时也促进了学生数学学习与思维的发展。

本节课的导入，用了这样的小实验：用了同样的两个圈进行垂直的粘贴后，沿着中线剪开，竟然得到了一个正方形。导入的新颖与独特，起到了调动、激发学生学习兴趣的作用，在让孩子对此实验进行观察想象的同时发展了学生的数学空间想象力，也为后面研究沿莫比乌斯圈中线剪开做了铺垫。

本节课的创新还体现在对教材结构的重组上，打破教材以及以往对本节课内容的讲授结构，让学生经历数学家莫比乌斯发现莫比乌斯圈的过程，进而开启对莫比乌斯圈的制造以及特点的探究。"发现小蚂蚁的困惑""制作莫比乌斯圈""探究莫比乌斯圈的特点""探究沿莫比乌斯圈中线剪开""莫比乌斯圈的应用"，让学生经历完满的学习探究过程，增强学生对本节课知识的理解。

其次，本节课以问题解决为导向，发展学生的灵动思维。

学生课堂上的思维状态和参与程度，是衡量一节好课的重要标准。本节课通过以问题解决为导向，具体问题具体分析，让学生经历"观察—思考—猜想—验证"的学习过程，学生的表现异常精彩，积极参与，思维活跃，时而凝神思考，时而热烈讨论。尤其是在研究沿莫比乌斯圈中线剪开时，学生动手操作后对结论产生了分歧，一部分同学认为得到一个更大的莫比乌斯圈，一部分同学认为得到了一个更大的普通的圈，老师的引导使得学生懂得所有的猜想、猜测都需要实际验证来得出正确的结论。

让课堂成为师生对话交流的舞台
——高品质课堂典型样本之《秋天的图画》①

王晓松

【内容定位】

《秋天的图画》是语文二年级上册第一组的课文。本组教材是围绕秋天的专题来组织的。本课是这组课文中的第一篇，是一篇描写秋天丰收美景的散文。作者运用比拟的手法描画了金黄的梨、红红的苹果、金黄的稻海、燃烧的火把所构成的丰收的热闹情景及人们的喜悦之情。整篇课文句式错落有致，读来朗朗上口，很适合低年龄段儿童的朗读训练。可引导学生自主学习，在反复朗读中欣赏、体会。

本课的核心问题：抓住文中描写秋天景物特点的词句感受秋天的美好，学习描写秋景的方法。本课重点：认识八个生字，初步感受秋天的美好景象，积累描写秋天的词句。本课难点：在感情朗读中，体会对勤劳人们的喜爱、赞美。

【学情分析】

刚刚升入二年级的学生在生活中对秋天有了初步的认识，在《识字一》的学习中积累了描写秋天的词语，为本文的学习起到了很好的铺垫作用。但是，现在的孩子很少能接触到真正的田野，加上低年级学生的心理特点和认知特点，决定了他们不能长久地集中注意力学习，需要老师不断地用各种形式激发他们的学习兴趣。利用现代媒体手段帮助学生理解文本，学习语言。

【思路梳理】

本文所学的词句多是描写秋天的，句式错落有致，很有特点。如何创设一个情境让学生乐学、善学并学以致用呢？结合二年级学生形象思维发展优于抽象思维的认知特点，我重点利用电教媒体使用图文结合、想象画面的方法开展教学。

开课由二十四节气中的白露引起孩子对秋的兴趣，说一说自己感受到的秋天。在学生谈兴正浓时，我又出示美丽的秋景视频。生动形象的画面，悦耳动听

---

① 王晓松，小学教育专业，汉语言文学硕士，大连市金普新区龙王小学教师。《秋天的图画》一课荣获教育部 2017 年度"一师一优课　一课一名师"活动部级"优课"。

的背景音乐，瞬间把学生带入轻松愉悦的学习氛围中，拉近了学生与课文的距离，为接下来的学习课文奠定了很好的情感基础。

识字是低年级语文教学的重点，为了让学生更好地理解字义、区分字形，我充分利用了图片形象直观的优势。（播放视频）直观的图片与字形字义相对应，加上朗朗上口的儿歌让学生在第一次识记"梁"字时就打下深刻的烙印，解决了本课的识字难点。之后我又设计了"摘苹果"的游戏，借助多媒体的操作功能让学生到前面亲自摘下写有生词的苹果，极大地激发了学生的识字兴趣，同时也检测了学生的识字情况。

课文中，有许多好词佳句适合学生积累运用。如果教师只是干巴巴地讲解，并让学生死记硬背，学生即使暂时记住了也不能很好地运用。因此在教学中插入大量与文章内容相对应的画面，巧妙运用多媒体信息量大、图文并茂、化难为易，很好地突出了教学重点，渗透了学习方法，提高了学习效率。

在和孩子们一起欣赏了秋景，有感情地朗读背诵课文之后，顺势迁移：秋天的图画里还有许多美丽的景物，如果让你画一画，你会在图中画哪些景物呢？学生在图片和板书的帮助下很快就用优美的词句说出了自己眼中不同的秋天。

【核心问题】

如何抓住描写秋天特点的词句理解感受秋天的美好，积累描写秋天的词句。

【教学目标】

（1）能认识"图、梨"等八个生字，会写"波、浪"两个生字。

（2）能结合生活实际，运用图文结合等多种方式了解文中词句的意思，并在朗读中感悟到是勤劳的人们使秋天更美丽。

（3）能借助拼音正确、流利、有感情地朗读课文。对秋天，对勤劳的人们产生喜爱赞美之情。

【教学过程】

环节一：视频导入　走近秋天

子问题：初步感知秋天美景。

问题情境：秋天来了，我们身边有哪些变化呢？

解决策略：

（1）出示24节气图，介绍白露。它是第15个节气。从这天起，天气转凉，秋天来了。

（2）交流：我们身边还有哪些变化呢？

（3）播放视频欣赏秋景图，再次感知秋天。

环节二：图文结合　快乐识写

子问题：认读书写生字。

问题情境1：大声读课文，读准字音、读顺句子。

解决策略：

（1）大声读课文，读准字音、读顺句子。遇到不认识的字，借助拼音多读几遍。

（2）出示带拼音词：①自己练读，边读边想——哪些字的读音需要注意；②指名领读，及时正音。

（3）出示去拼音词：①同桌相互读一读，教一教；②开火车读，了解认读情况。

（4）识记单字：①小组互查互教；②汇报交流难字识记方法（渗透偏旁识字法，图片理解区分"粱"和"梁"）。

（5）巩固识字游戏：摘苹果。

问题情境2：怎样才能写好本课的四个生字？

解决策略：

（1）出示要写的"波、浪"两个生字，观察字形结构和笔画长短等方面。

（2）交流发现。（重点是：结构左窄右宽）

（3）学生尝试书写，指两人板写。

（4）师生共同评价板写两人。指出问题范写。

（5）每个字再写一个。

环节三：读秋悟秋　积累语言

子问题：朗读品悟秋景，积累语言。

问题情境1：秋天的图画里都有什么呢？

解决策略：

（1）轻声读课文，看看秋天的图画里都有什么？用横线画出来。

（2）合作学习：秋天的图画里有这么多美丽的景物，你最喜欢谁？为什么？

①看图片、结合生活实际理解"梨黄黄的，高高挂在枝头像灯笼"，并指导抓重点词朗读。

②看图片理解"苹果圆圆的红红的像脸颊"，并指导感情朗读。

③看图理解"稻海"，学习语言：稻田一望无际就像是大海一样，叫——"稻海"。拓展：云海、人海、花海……

④出示高粱图片，做举火把动作理解朗读"高粱"一句。

问题情境2：谁使秋天这样美丽？

解决策略：

（1）自由交流。

（2）指名回答。.

问题情境3：如此美丽的秋景，能留在自己的脑海中吗？

解决策略：

（1）看着画面和板书，自己练习。

（2）指名背诵。

（3）合作背诵（喜欢哪句就背哪句）。

环节四：图片拓展　迁移运用

问题情境：秋天的图画里还有许多美丽的景物，如果让你画一画，你会在图中画哪些景物呢？

解决策略：

（1）出示秋景图。

（2）学着课文里的写法来说一说。

【案例评析】

在本课教学中，王老师能根据学生的实际情况，结合课标及教材内容通过视频再现秋天的图画，让学生充分交流感受、利用图片理解朗读。整节课以学定教、顺学而导，层次清晰。始终把学生摆在课堂的中心，真正体现了学生是课堂的主体，教师是活动的组织者和引领者。让课堂成为师生对话交流的舞台，显示了教师较扎实的教学基本功，课堂实现了高效。

1. 真真实实教语文

阅读教学的重要任务之一是语言的积累和运用，本堂课老师十分注重训练学生理解、积累、运用语言的能力。语文课堂上教师应教会孩子用语文来思考，用语文来说话，通过深刻理解而达成系统的语文知识结构体系。本课从识字教学中"梁"字的字源字理讲解，到朗读品悟环节中"稻海"这样重点词语的理解、拓展运用，一直到返顾整体中学生在朗诵课文的基础上学习运用书中的句式来说说自己眼中的秋天，说秋天里的其他美景，层层深入，脚踏实地引导学生理解、感悟、运用语言文字。如果我们的语文课堂都能这样让孩子一课一得、一步一得，无疑会促进学生语言的积累，提高学生的语文素养。这样的语文课堂自然是扎实有效的真语文课堂。

2. 将丰厚的文化底蕴、品行教育孕育于课堂教学之中

本课教学中，我们可以看到老师丰厚的文化底蕴，老师的每一句话、每一个

动作、每一个眼神都不是漫无目的的。每一个问题的设计都蕴含着对学生思维的启迪。尤其是本课中对勤劳的劳动人民的赞美,教师巧妙地贯穿于教学过程之中。让孩子自己感悟体会,生出自己的理解,让品德教育孕育于无形。

3. 寓教于乐利用媒体实现灵动和谐的课堂

纵观整堂课,我们看到老师结合文本特点和二年级学生的学情,本着"化难为易,化枯燥为乐趣"的教学理念,利用媒体创设情境,让学习活动充分展开,让学生充分利用课文学语文,促使学生乐于学习、善于学习。老师教态自然,笑容可掬。当学生的表达充满稚气时,她和大家一起笑;当学生答得不理想时,她轻轻地抚摸着孩子的脑袋,用富有启发性的语言引导学生思考;当学生小组讨论时,老师会走下讲台融入学生中,与学生交流并给予指导和评价……她还不时表扬学生,孩子们也大胆地和她展开互动。整堂课学生都处在一种自由、平等、和谐的氛围之中。

注重"引""扶""放"的隐形教育过程
——高品质课堂典型样本之《Today is Halloween》①

李　秀

【内容定位】

本课是五年级上学期第九册 Module 3 Unit 1 的教学内容,本模块的主要功能是描述节日,本课介绍国外的传统节日 Halloween。五年级的学生曾在二年级时学过 Christmas 和 New Year 的相关知识,本课的内容从 Halloween 这个节日的时间、特点、节日活动来具体了解这个西方特有的节日。

本节课的核心问题就是指导学生在文本学习的基础上,利用四要素思维导图来介绍一个节日。其教学重点:学生通过对话学习理解 Halloween 的节日习俗,并用自己的语言介绍这个节日。教学难点:学生能够围绕 festival 展开拓展学习,理顺介绍节日的四个要素 when、where、how、what 并在学习 Halloween 节日描述的基础上,介绍一个中国的传统节日。

【学情分析】

五年级的学生英语学习时间比较长,有一定的英语学习能力,能够通过听、

---

① 李秀,教育管理硕士,大连市金普新区北京小学华润海中国分校教师。《Today is Halloween》一课,2017 年 9 月在陕西省西安市举办的首届全国中小学好课堂展示活动中荣获一等奖。

读方式获取文本中的信息要点，他们思维活跃，乐于表现，能够用自己学过的语言知识表达自己的观点。随着社会的进步，学生对于 Halloween 的话题也比较熟悉了，有参与过 Halloween 节日活动的经历，愿意穿着节日的服饰进行表演，能说出 "Trick or treat?" 的经典句子，但对于整个节日的习俗、特点等相关常识，他们还需要做进一步学习，进而能用自己的语言简单介绍这一节日。

【思路梳理】

（1）视觉冲击。教师通过穿戴节日服饰与播放独具特色的节日视频材料为学生创设接近实际生活的真实情境，让学生在仿真的情境中感受 Halloween 的节日氛围与节日习俗，给他们表演与展示的机会，吸引学生注意力，唤醒他们的学习欲望。教师采用自制的 Halloween 糖果奖励（糖纸内包含一块糖和一张写有某个中国节日介绍的小纸条），激发学生学习热情的同时也为了后续的制作 poster 做准备。

（2）思维训练。在进行文本学习时，教师让学生带着问题进行听力练习，获取精准的信息加深对文本的印象。学生根据教师的问题链进行知识的梳理与理解，进行思维训练。学生通过对话语言的学习精准理解文本并应用在 Halloween 这一节日里的经典语句，进而提炼出介绍一个节日的四个要素即 what、when、where、how，理清思路，抓住主线，发散思维，掌握其相应的答语。

（3）文化理解。Halloween 是西方的独特节日，与中国的节日有着截然不同的习俗，本课指导学生用英语表述、情境再现的方式学习一个西方节日。在此基础上，进行中西方文化的对比与分析，让学生在四要素的框架之下，简单介绍一个中国传统节日的，感受中国节日的习俗，丰富学生的人文底蕴，又能开阔他们的国际视野。

【核心问题】

如何用一般现在时介绍一个节日的基本特征？

【教学目标】

语言目标（Language skills）：理解并运用 Today is Halloween；学生能够听懂、说出、认读单词：trick or treat、give、festival、scary、mask、neighbour、night 等词汇。

能力目标（Abilities）：学生能通过朗读课文，获取相关信息并回答问题；学生能用 It's …people do … 等句式介绍万圣节及自己喜欢的一个中国节日。

情感目标（Objectives of emotion and attitude）：乐于接触外国文化，体会中外文化的异同。

【教学过程】

环节一：初识 Halloween

子问题：What is Halloween?

问题情境1：学生通过教师穿戴的特殊服饰，感受节日的氛围。

解决策略：Teacher wears a hat and a cope to greet with the kids.

问题情境2：学生通过视觉音效，感受节日的特点。

解决策略：Watch a short video about Halloween.

环节二：了解 Halloween

子问题：What do they do at Halloween?

问题情境1：通过儿歌视频材料，感受 Halloween 的氛围，以及在 Halloween 这天孩子们说的话。

解决策略：Listen to a lovely chant and then follow to chant.

问题情境2：通过课文视频材料，深入了解 Halloween，包括节日的时间、习俗等。

解决策略：Listen and check T or F. Listen and repeat.

环节三：介绍 Halloween

子问题：Can you introduce Halloween?

问题情境1：通过问题链，带领学生进行重点词语的巩固练习，并提炼出介绍一个节日需要涵盖的因素。

解决策略：Answer the questions；try to introduce Halloween with the help of the Mind Map.

问题情境2：通过情境再现，让学生离开座位，表演在 Halloween 这天去邻居家讨要糖果的情境。

解决策略：Act out "Trick or treat?".

环节四：介绍一个中国节日

子问题：What Chinese festival do you know?

问题情境1：通过呈现的图片，鼓励学生说出中国传统的节日及其习俗。

解决策略：Read and guess the Chinese festivals；introduce your favourite festival.

问题情境2：通过学生手中糖果里的字条信息，汇总成 Chinese festivals 的短文简介，对比中西方节日的差别。

解决策略：Read and make up a poster；compare and share.

板书设计：

Today is Halloween.

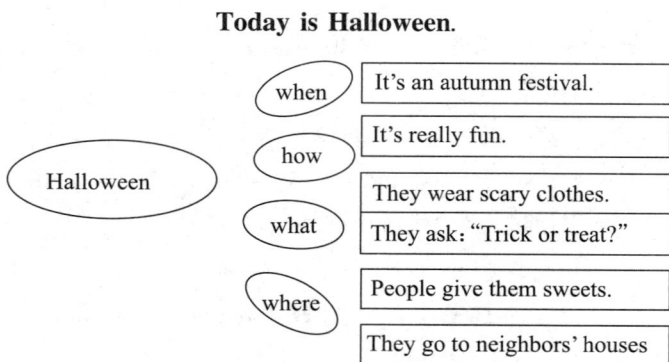

【案例评析】

李秀老师执教的《Today is Halloween》一课，在陕西省西安市举办的首届全国中小学好课堂展示活动中获得评审专家的认可，赢得与会教师的赞誉，并荣获一等奖。

课堂是教师展示风采的舞台，是学生展现自我的平台。整节课教师充满热情，学生充满激情，课堂充满温情。李秀老师在课上自然大方，亲切和蔼，用激励性评价和眼神、手势等身体语言鼓励学生大胆说英语。她能够从学生的学习出发，构建学生成长与语言知识点的联系，搭建书本学习与思维训练的桥梁，关注学生的英语学科核心素养，促进学生的进步。

1. **创设教学情境帮助学生更好地理解节日习俗**

本节课教学目标的设定科学合理，落实三维目标；教学活动设计实效有意义，学生主动参与意识；调动学生的积极性到激励学生参与教学有方法。任课教师努力为学生创设近乎真实的节日氛围，从服饰面具到视频材料都给学生以良好的第一印象，让他们初步对万圣节有粗浅的了解。创设的情境，营造的氛围激发学生英语学习的兴趣，唤起他们的求知欲，为后续的课堂学习做好铺垫。课中，教师为学生提供可以在万圣节当时穿着的服饰，部分学生在万圣节欢快的歌曲中走进同学中，走近评委教师讨糖，在仿真的环境中感受节日氛围，真正体会节日习俗。

2. **开展任务型教学帮助学生更好地理顺学习思路**

为了帮助学生更好地理解学习内容，掌握重点知识。课上教师采用问题链的形式，引导学生深入思考。让学生在听、读的过程中理顺思路，在回答问题的过程中拓展思维。进而根据板书内容，帮助学生提炼出介绍一个节日的四个要素，提升学生概括与归纳的能力，并由此进行另一个节日的描述，有效开展教学，进行知识的迁移，提高学生的综合口语表达能力。同时，在学完西方万圣节的节日习俗之后，教师还布置了一个帮助玲玲完成介绍一个中国节日的任务，学生们带着任务进行了语言的巩固练习与拓展应用，很好地解决了本课学习重点。

3. 对比中西方文化帮助学生更好地了解文化差异

这节课的内容是能借助一般现在时的语法结构来介绍西方的万圣节，一个特殊的节日，与中国的任何一个节日都不同。任课教师在万圣节糖果中藏有玄机，鼓励学生主动求知。引领学生对比中西方节日的差异，感受不同节日习俗，培养学生的国际理解意识，并鼓励学生做宣传中国文化的文化使者。学科教学中融入德育渗透，进行德育教育，真正教书育人。

在"有问题 有互动"的课堂文化中自主探究
——高品质课堂典型样本之《花钟》①

赵雅君

【内容定位】

《花钟》是小学语文第五册第三组首篇课文。本文思路清晰，文质兼美，按"归纳现象—揭示原因—实际运用"的思路，说明不同的花会在不同的时间开放及其原因。课文充满趣味又体现出汉语表意的丰富，对学生体会关键词句表情达意的作用，是很好的学习载体。

核心问题：品悟鲜花开放的不同表达方式，学习用不同的说法表达同样的意思。学习重点：通过有感情朗读，抓住重点词句、联系生活理解词语，感受汉语表意的丰富性。学习难点：在理解课文的基础上，朗读和背诵自己喜爱的部分。

【学情分析】

三年级上学期，学生能借助字典独立识字；作为中段的起始，学习归纳主要内容处于起步阶段；学生对花有感性的认识，有自主探究的欲望，但不知道美在何处，因而积累课文优美词语的主动性不强。

【思路梳理】

本课的设计，依据课标，立足语文素养提升，突出学生在"有问题、有互

---

① 赵雅君，大连市金州区城内小学教师、副书记兼副校长。《花钟》一课在 2012 年 9 月中国教育科学研究院第十四届小学优质课观摩评审中，获国家级一等奖。

动"的课堂文化中自主探究，达成教学目标。主要体现在三个板块。

　　读文识字——以学定教，先学后教。在学有疑难处突出"用字理，归类识"，图文结合突出汉字之美，为品读奠定基础。

　　主要内容——充分放手，学生归纳；全班交流，说明想法；回归验证，提炼方法。

　　品读积累——聚焦第一自然段，通过抓住重点词语、对比感受、有感情朗读等方法解决问题，体会语言美；以"水在流淌"为素材，进行语言训练，表现语言美；最后拓展延伸，学生通过做花钟，介绍花钟，深化美的感受，积累语言。

【核心问题】

品悟鲜花开放的不同表达方式，学习用不同的说法表达同样的意思。

【教学目标】

（1）正确认读"怒、暮、燥"等8个生字，学习运用多样的句式表达。

（2）正确、流利、有感情地朗读课文，结合语境理解词语。

（3）读懂课文内容，养成留心观察周围事物的习惯。

【教学过程】

环节一

　　子问题：以形声法为主，归类识字，初步读通课文。

　　问题情境1：出示各类鲜花开放的图片，板读"花钟"，追求：你有什么疑问？

　　解决策略：

　　学生带着问题读文，反馈：在第几自然段找到的，试着说说课文主要内容。

　　问题情境2：交流如何记忆难记的字。

　　解决策略：

　　学生再读文，小组查生字词，全班交流难记的字。根据生字特点，预设如下。

　　①学生可能说了一个用形声法识记的生字，比如"怒"：我用形声法记住"怒"字，上面的奴和怒读音很像，下面的心表示心情，心里发怒了。

　　②师顺势引导学生用形声法归类识字：还有哪些字也可以用形声法记？

　　暮：上面的莫和暮读音很像，下面的日表示太阳落山的时候就是傍晚。

　　燥：右面的桑和燥读音一样，左面的火字旁表示火烧得很干。

　　雅：左面的牙和雅读音很像，右面的佳表示和鸟有关。雅：文雅、温文尔雅、高雅、雅俗共赏……师顺势出示鸟儿飞翔的照片，说："看，鸟儿的姿态总是那样的优雅。"

致：左面的至和致读音相同，右面的反文旁表示和手的动作有关。师顺势做"致谢""致意"的动作，说："对呀，看致谢、致意都要用手。"

③巩固识字。

环节二

子问题：品悟课文用不同的说法来表达鲜花的开放，并试着运用。

问题情境1：指名读第一自然段正音，其他同学边听边思考：这一段主要写了什么？

解决策略：

学生独立思考，全班交流，可能找到本段的中心句，也可能根据内容自己发现：一天之内，不同的花开放的时间是不同的。

问题情境2：课文里没有直接说"牵牛花开了"，你怎么知道它开花了呢？

解决策略：

（1）学生默读课文，圈点勾画：在什么时间，什么花开放了？

（2）小组合作学习。

（3）全班汇报：抓住"吹起了小喇叭""欣然怒放""苏醒""舒展""含笑一现"等词说说课文是怎样表达花开放的，教师相机出示花朵开放的图片，学生感受词语的准确运用。

问题情境3：对比两种句式，体会用不同的句式表达鲜花开放的效果。

解决策略：

（1）教师：老师就把它们都改成"开了"，你觉得哪个好？为什么？

（2）学生交流体会：这样写太枯燥了，没有课文那样生动，总是重复一种说法，一点意思也没有……

问题情境4：有感情朗读九种花的开放。

解决策略：

（1）学生试读：课文能用不同的说法，表达鲜花的开放，非常生动有趣，你能读出来吗？

（2）学生评读：评出不同的花用不同的语气读。

（3）练读：自己练习读读，一会儿我们配上音乐。

（4）指名读：谁愿意配乐读？（学生配乐读，全班学生欣赏各种鲜花盛开的画面）

问题情境5：运用方法，形成能力。

解决策略：

（1）作者写花开，用了不同的语言，表达同一个意思。我们也来学学这种方法。

（2）大屏幕出示：水在流淌。（用不同的说法说一说）

（3）你平时观察到的水会在哪些地方流呀？用其他说法让我们也能知道水在流。

环节三

子问题：回归整体，归纳主要内容，积累语言。

问题情境1：学懂第二自然段。

解决策略：

默读第二自然段，边读边画；全班汇报交流。

问题情境2：学生做花钟，说花钟，积累语言。

解决策略：

（1）请你仔细读读第三自然段，了解花钟是怎么做的，再结合第一自然段的内容想一想，这些花该种在哪儿呢？

（2）学生小组合作，做花钟。

（3）学生汇报，结合大屏幕，用第一自然段的语言，介绍花钟的功能。

问题情境3：课文有三个自然段，我们全学完了，现在想一想：课文主要写了什么？

解决策略：

（1）师生共同总结：把各段的意思连起来就是主要内容。

（2）课后继续读书，继续观察研究。

【案例评析】

一节课看下来，非常舒服。孩子们在看花钟、读花钟、做花钟的轻松氛围中收获成长！

1. 体现了高品质课堂教师育人功能的科学性

始终围绕"问题"展开教学，并能基于问题解决采取适切的教学方式。赵老师不但多次给孩子们提问、质疑的机会，让课堂始终"有问题、有互动"，更可贵的在于侧重让学生习得方法。摒弃"对不对""好不好"之类的提问，引导学生发现"从题目切入""从主要内容切入""从关键词句切入"，那些能提出问题的孩子，总会得到老师热烈的鼓励。

2. 在目标达成度上，凸显了学生的主体地位

识字环节，赵老师引导孩子用字理识字法发现汉字的美，从热爱汉字开始，感受母语形声传意的特点，这是回归学科本源的思考；学习"用不同句式表达一个意思"，在感受语言的同时，顺势拓展语言，学生情动而辞发，不吐不快，学

练有效跟进；学习归纳主要内容的方法时，学文伊始学生自主尝试，学文后回归整体再说主要内容，充分经历完满的学习过程，使学生"知其然"并"知其所以然"。

3. 育人性也是本课不容忽视的亮点

教师全身心地投入，关注不同层次学生的状态，"假如是我的孩子 假如我是孩子"是从课堂上能感受到的——教师备课时的情怀和视角，为成就一节高品质的课奠定了基石，也因此课堂的生成适切而饱满！

以问题主导课程进度
——高品质课堂典型样本之《美国》①

吴 雪

【内容定位】

《美国》一课选自《地理》七年级下册第九章第一节。

从这节课开始教材将带领学生进入我们生活的地球的另一个半球——西半球，美国是西半球人口最多的国家，是当今世界唯一的超级大国，它在经济、科技和军事等许多领域都处于世界领先地位，是世界农业大国，同时也是世界最发达的工业国家，国家特点十分突出。因此，在区域地理的学习中，美国具有极强的学习研究价值。

七年级下册主要学习区域地理，教材开篇以亚洲为例，展示学习区域位置范围、地形、气候、河流、湖泊等自然条件特点的方法，美国在教材中是世界区域地理教学的第十个区域。区域地理的学习"有法则通"，学习《美国》一课一方面运用学习区域地理的一般方法学习美国的自然概况，另一方面深入理解美国自然条件与农业及农业地区专业化生产的相互关系。

《地理课程标准（2011版）》对本节课的要求：①在地图上指出国家的地理位置、领土组成和首都；②根据地图和其他资料说出国家的种族和人口（或民族、宗教、语言）等人文地理要素的特点；③运用地图和其他资料概括国家自然条件的基本特点，联系国家的自然条件特点简要分析该国因地制宜发展经济的实例。

---

① 吴雪，学士学位，大连经济技术开发区第六中学教师，教导主任。《美国》一课荣获教育部2014年度"一师一优课 一课一名师"活动部级"优课"。

教学重点：说出美国典型的自然地理特征；归纳自然环境与农业生产的关系。教学难点：概括自然环境与农业生产的关系。

【学情分析】

义务教育新课程标准的基本理念是让我们的学生学习生活中有用的地理，学习对终身发展有用的地理。根据新课改基本理念的要求，本节课坚持培养学生发现问题、分析问题、解决问题的能力，注重学习方法的教学。学生不仅学习知识，更重要的是应学会解决问题的方法。在生活中可举一反三，对生活常见现象进行分析，完成地理教学的基本宗旨。

学习本节课学生的起点能力是已经学习了一个大洲、四个地区、四个国家，因此在学生现有的认知结构中，已基本掌握区域地理的学习方法，具备运用各类图表、数据资料分析并总结出一个地区或国家的位置范围、气候、地形等特点的能力，初步理解人类生产、生活与自然环境之间的关系，通过本节课的学习将进一步加固学生对世界区域地理的学习方法的建构。

本节课已是学生学习的第十个区域，学生运用区域地理的学习方法，可以自主学习美国的地理位置、地形、气候特点、河流湖泊，教师本节课点拨的重点在美国自然条件与农业地区专业化生产之间的密切关系，进而树立"因地制宜"发展农业的思想。

【思路梳理】

本节课需要解决两大问题，一是了解美国概况，二是了解美国农业的地区专业化生产与自然条件间的关系。根据课标要求，选用教材内容，以学生现有知识为基础，课程设计以问题情境为推动课程进程的主线，通过创设不同问题情境引发学生积极主动的思考，对设置的问题各个突破，提升学生解决问题的能力，达到新旧知识的融合。教学方法上主要采用自主探究、小组合作探究、游戏教学等方法。

【核心问题】

探究美国自然、人文环境特点及农业地区专业化的形成原因、成就。

【教学目标】

（1）运用世界地图，指图说出美国的领土组成、地理位置和首都。提高从地图中获取信息的能力，养成自学的习惯和使用地图的习惯。

（2）运用人种构成图说出美国人种构成的特点，阐述美国社会存在的种族歧视现象，并形成正确的价值观，说出华人在美国经济发展中的价值。

（3）运用地形图、降水量分布图，指图说出美国的地形特点、降水特点及主要河流和五大湖的分布。

（4）结合美国地形特点、气候特点，运用农业地区专业化分布图，综合分析地形、气候、河流湖泊等自然条件对美国农业地区专业化的影响。在图中指出美国农业带，归纳农业带形成的原因，树立"因地制宜"发展农业的思想。

【教学过程】

环节一

子问题1：美国领土的扩张过程。

问题情境1：你知道哪些关于美国的事情？

解决策略：

（1）教师：出示本节课学习任务。介绍"山姆大叔"（见图1）同时提出问题：你还知道哪些关于美国的事情？

（2）学生：畅所欲言自己知道的关于美国的事情。

问题情境2：美国国旗由哪些元素组成？这些元素都代表了什么？

解决策略：

（1）教师：在学生回答问题情境1的适当时机引导学生说出美国的国旗是"星条旗"（见图2），再提出问题："美国国旗由哪些元素组成？这些元素代表了什么？"过渡到对美国领土扩张过程的探究。

（2）学生：针对美国国旗的组成元素，大部分学生会开始数星星和红白相间的条带的个数，并会思考猜测这些元素代表的含义。

图1　山姆大叔　　　　　图2　美国国旗

子问题2：描述美国的地理位置，指出美国的首都。

问题情境：你知道美国的地理位置吗？

解决策略：

学生自主探究学习。

（1）设计学案。根据学生自主学习的情况适当提供读图思路，引导学生读出图中重要信息，个别有问题的学生详细指导，自主学习结束给学生提供展示的机会。

（2）按照学案提纲要求，运用教材"图9.1 美国在世界的位置""图9.6 美国的地形图"自主学习，分别从半球位置、纬度位置、海陆位置三方面描述美国的地理位置，在图中指出美国的首都。

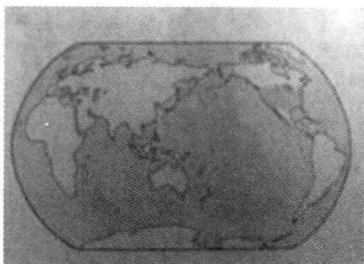

教材图9.1　美国在世界的位置

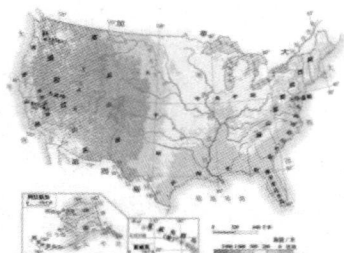

教材图9.6　美国的地形图

子问题3：说出美国人种构成的特点，阐述美国社会存在的种族歧视现象。

问题情境1：美国的土地上生活着多少人？说说美国人口的历史渊源问题。

解决策略：

游戏教学。

（1）教师：精选名人——华盛顿、奥巴马、李政道，同时要主导课堂节奏，推进课堂进程。充分利用言语、表情、肢体动作等在适当时机逐一向学生抛送问题，话语权交给学生，牵引学生思维，逐步理解美国的土著居民为印度安人、美国的全称为美利坚合众国、美国是一个移民国家。

华盛顿

奥巴马

李政道

印第安人

（2）学生：融入游戏，积极回应教师抛出的问题，思考说出华盛顿、奥巴马、李政道三人是什么人种？他们的祖先在美国成立前生活在哪个大洲？美国的全称是什么？

问题情境2：说出美国的人种构成特点及美国社会目前存在的问题。

解决策略：

（1）教师：出示美国的人种构成图（见教材图9.4），搜集资料（唐人街图片、"华人对美国的贡献""美国种族歧视举例"），选取案例——"弗格森事件"（见图3）。为学生提供以上资料作为论据。

（2）学生：运用资料，论证美国社会存在严重的种族歧视问题，分析其原因。树立种族之间应该人人平等的观念。

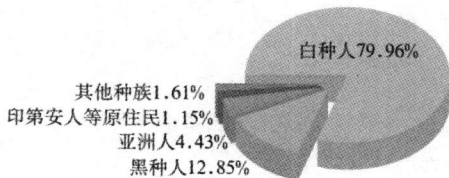

教材图9.4　美国的人种构成

图3　弗格森事件

环节二

子问题：为什么美国会成为农业大国？

问题情境1：原因之一："优越的自然条件"。

解决策略：

小组合作探究学习。

（1）教师：设计学案，布置学生进行小组合作探究。运用多媒体信息技术，以适当方式对各小组的合作探究结果进行检验、汇总。

（2）学生：运用学案探究美国自然条件对农业发展的影响。

探究形式：小组合作式探究。

探究思路：根据学案设计的探究思路，运用教材"图9.6 美国的地形图""图9.9 美国本土年降水量分布"探究美国的地形、降水、河流、湖泊等自然条件的特点，说出美国自然条件对美国农业发展的影响。

问题情境2：原因之二："农业地区专业化生产"。

解决策略：

小组合作探究学习。

（1）教师：分析玉米带、乳畜带形成的原因，归纳影响美国农业带（区）形成的主要因素，总结分析自然条件与农业生产关系的方法，提出"因地制宜"发展的思想，建立科学发展观念。设计学案辅助学生总结灌溉农业区、亚热带作物带形成的原因。

（2）学生：运用教材"图9.10 美国本土农业带的分布"，在图中找出美国主要的农业带（区）。通过对玉米带、乳畜带形成原因的分析总结方法和技巧，查找影响畜牧和灌溉农业区、亚热带作物带形成的主要因素，并归纳总结畜牧和灌溉农业区、亚热带作物带形成的原因。

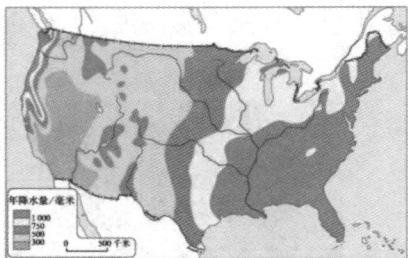

教材图 9.9　美国本土年降水量分布

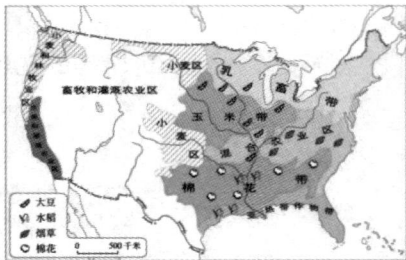

教材图 9.10　美国本土农业带的分布

问题情境 3：原因之三："机械化生产"。

解决策略：

（1）搜集相关资料、图片、视频等素材，感受美国农业的高度机械化。

（2）小结课堂。

【案例点评】

《美国》这节课首先教师投入了极大的热情，教师再通过设置一系列的问题，调动了学生的热情。例如，"你知道哪些关于美国的事情？""美国国旗的元素代表什么含义？""美国的位置在哪？"等等，问题的设置符合学科逻辑，符合学生的认知规律。教师始终围绕"问题"展开教学，让学生的思维行走在问题解决的道路上。

学生对教师提出的每个问题都表现出了浓厚的兴趣，积极思考，并且能够充分表达自己的观点，课堂氛围轻松和谐。如果说在这节课还有哪些可以再进一步改进的地方，个人觉得教师可以让学生解决问题的过程更加丰满一些，教师完全可以再放手一些，让学生提出问题，谈谈想法，甚至可以鼓励学生针对问题不断地展开追问，让学生的思考过程更加完满。这节课其实可以对学生思维方式的研究和开发再提升一个层次。

《美国》这节课的一大亮点是对多媒体信息技术的应用很恰当到位，吴雪老师对电子白板的应用非常熟练，并且与课程内容充分融合，多媒体信息技术在重难点解决方面的处理也很得当。

播撒着智慧与快乐的生命课堂

——高品质课堂典型样本之
《In England，you usually drink tea with milk》①

梁大芹

【内容定位】

本课是八年级上册第十一模块第二单元的内容。阅读文章的题目是《My experiences in England》。本课谈论的话题是语言文化，是七年级下册第十一模块 Body language 以及八年级上册第二模块 Hometown and Country 的进一步扩展和延伸。学生在了解了不同国家的问候文化以及熟悉了英国主要城市的基础上，本课又介绍了英国人的生活方式，完成了语言文化这一话题的最终任务，形成了比较完整的文化介绍的知识体系，本课完成了话题学习的最终目的，因此在整个教材中处于重要地位。

本课的核心问题：在对比中，掌握中、英两国人们生活方式的异同。本课的重点问题：通过阅读，掌握文章大意，深入了解英国人的生活方式。本课的难点问题：用情态动词介绍英国人以及中国人的生活方式。

【学情分析】

本节课的授课对象是八年级上学期的学生，经过一年多的初中英语学习，他们对情态动词"must""can""need"等的用法有了一定的了解，为本课语法学习做好了准备。学生课前对本课的生词，如"stay、sandwich、gentleman"等有所预习，所以对课文理解不会产生词汇障碍。在七年级下册十一模块学习过不同国家问候的方式，在本册第二模块学习过介绍伦敦剑桥的文章，这些对本课话题的学习有一定的帮助。此外，学生通过报刊阅读、课外文化拓展等活动以及在我校与英国布莱顿友好校的互访中加深了对英国文化的了解，为本课语言输出做好了文化上的准备。

八年级学生有了一定的通过图片获取信息的能力，如借助图片能较顺利地说出"wait for bus"短语。但由于词汇量局限，对"touch the shoulder"以及"fish and chips"的理解会有一定的障碍。

---

① 梁大芹，英语语言文学专业，硕士学位，大连市金普新区第七中学教师。《In England，you usually drink tea with milk》在 2014 年第十届全国初中英语课堂教学观摩中荣获一等奖和优胜奖。

专辑二 塑造学生品格与意志

【思路梳理】

在教学的环节设计中，我以学生熟悉的情境——英国学生 Peter 参加我校运动会视频为切入点导入文化差异话题，以教材为载体，通过三个环节（读前话题背景激活，有效预测大意；读中聚焦信息获取，构建文本语义结构图；读后分析重组文本信息，聚焦情境表达）来展开课堂教学，希望在潜移默化中增强学生的跨文化内涵。

在这三个环节中，始终有一条主线索将整个课堂贯穿起来，那就是鱼骨语义结构图。学生尝试通过搭建鱼骨语义结构图来理解课文内容，并通过对比手段，了解中西方文化差异。读前鱼骨的出现能够引起学生的兴趣，鱼骨框架与文章结构之间的联系，能够使学生对文章脉络有清晰的认识；读中在不断丰富鱼骨语义结构图的过程中，学生能够通过多种阅读策略获取细节信息，增加对文章的理解；读后在较真实的中英文化比照中，学生能借助鱼骨语义结构图进行语言输出，完成对所学内容的内化。

【核心问题】

探索英国人的生活方式，并进行中西文化比较。

【教学目标】

（1）学生能够在教师的引导下通过标题、图片预测文本大意，并准确表达出来。

（2）能够运用 skimming、scanning 等阅读策略获取文本信息，并准确表达出来。

（3）能够通过运用本课所学的词汇（experience、stay、shoulder ...）、短语（enjoy one's stay、for the first time、not just ...but）、语法（must 和 can 及其否定结构的用法），构建鱼骨语义结构图，并借助鱼骨语义结构图较为完整地复述课文。

（4）能够进一步了解英国的生活方式，如英国的下午茶文化以及车站等车习俗等，能够在中英文化比较中，尊重文化差异，增强文化意识和爱国情感。

【教学过程】

环节一

子问题：能理解标题、图片含义。

问题情境1：通过视频，图片理解重点词汇、短语。

解决策略：

（1）学生观看视频，内容为 Peter 在本校参加学校活动，师生问答。在情境

中理解 "enjoyed his stay" "had a wonderful experience" 的含义。

（2）教师出示教材中英国车站图片，并提问："What is the gentleman doing?" 学生观图并思考，尝试做出 "He is touching a boy's shoulder." 的回答。

问题情境2：通过标题、图片预测主旨大意，通过略读和找读，捕捉信息。

解决策略：

教师展示课文标题以及教材中英国下午茶和英国车站的两幅图片，学生小组讨论预测问题答案：

（1）What experiences did Wang Hui have in England?

（2）What was happening in the two pictures?

学生快速阅读，验证预测。

环节二

子问题：鱼骨语义结构图的构建。

问题情境1：教师介绍新的阅读方式——鱼骨语义结构图。

解决策略：

学生通过阅读找出最大的鱼脊骨——main idea，以及小鱼脊骨——support ideas，归纳文章主旨大意以及每段段意，补充鱼脊骨，小组讨论得出结论。

问题情境2：阅读课文，完成各段落鱼侧骨结构图。

解决策略：

（1）学生阅读文章第二段，完成句子填空。并以中英校长图片引出中英打招呼的方式不同。

（2）学生阅读文章第三段，回答问题。同时引出中国茶文化。点读笔点读句子 "I tried to drink tea with milk." 学生跟读，教师提出思考问题 "Does Wang Hui like tea with milk?" 经过分析讨论，得出王辉不喜欢英国茶加奶，进一步体现了中英文化差异。

（3）学生阅读文章第四段，运用 mind map 的形式，归纳完成英国传统食物，并对比中国的传统食物。

（4）学生阅读文章第五段，回答问题，对比中国排队方式。点读笔点读一位绅士的问话 "Are you waiting for this bus?" 教师总结学生的发言得出了 "The fact is in England" "People wait for all the buses in one line" 的结论，引发学生对中英公交文化差异的思考。

环节三

子问题：对比中国人和英国人生活方式的差异。

问题情境1：小组合作，补充鱼骨结构图，对中国或英国生活方式进行复述。

解决策略：

（1）教师分发鱼骨结构图，鼓励学生根据本课所学，小组合作将鱼骨补充完整。

（2）创设"Exploring the UK（走进英国）"的真实情境，学生自主选择中国或英国生活方式进行介绍。介绍完毕，同学之间互相评价，教师总结。

问题情境2：品读藏头诗，总结出 life 的内涵。

解决策略：

（1）师生共同品读藏头诗：Live in different cultures/Interpret different traditions/Face different rules/Experience different life.

（2）学生总结出"LIFE = cultures + traditions + rules"，并体会入乡随俗的价值观，进一步理解文化内涵。

【案例评析】

这节课较好地揭示了高品质课堂的内涵，体现了新课程理念下的育人价值，留下了师生共同成长的印记。梁老师为我们呈现了一节洋溢着青春气息，播撒着智慧与快乐的生命课堂。

1. 以健康快乐主宰课堂，追求高尚的教育情怀

让学生健康快乐地成长，是教育者所追求的高尚的教育情怀。回顾本课，梁老师和学生始终是在一种欢快、和谐、自由、祥和、平等的气氛中，彼此敞开胸怀、相互接纳，在互动中快乐成长。

2. 以新颖独特塑造课堂，展现创新的教学品质

这节课，梁老师通过运用新颖独特的鱼骨语义结构图的教学方法，展示了教师勇于创新的教学品质，这不仅激发了学生的好奇心和求知欲，也传递了一种新颖、高效的学习方法。

课堂上，当两幅新颖的鱼骨语义结构图出现时，文本语义的建构，中西文化的比较等，都一览无余地浓缩于此。同时，这一环节既是本课的核心环节，也是教学难点所在。而这种创新的教学方法，化解了看似不可逾越的鸿沟，学生们标新立异的回答、彰显个性的认识以及独特新颖的见解，无不是在这样一个创新的环境下产生和发展的。

3. 以课程文化浸润课堂，培养浓厚的文化意识

传授文化知识、培养文化意识和世界意识，是英语课堂教学的重要任务之一。本节课蕴含了丰富的中西方文化。梁老师运用鱼骨语义结构图剖析中西方文化差异，通过逐一对比，学生不仅对异国文化与本国文化的异同有了深入的理解和掌握，更重要的是学生在使用外语时，会慢慢形成根据目标文化来调整自己的

语言理解和语言产出，这是语言教学的最高境界。

但是，在不断放大回味每一个细节时，总感到学生们的问题意识没有凸显出来。本课可否在介绍新的阅读策略，即教师通过创设简笔画呈现鱼骨语义结构图时，不进行解释和提出问题，而是引发学生提出问题，诸如："这是什么？为什么用鱼骨语义结构图来分析文章？它与文章结构有何关联？除了鱼骨语义结构图，还可运用何种语义结构图进行剖析？"学生就会在这样的情境中产生诸多质疑和探究，同时，他们的问题意识也可以得到表露和发展，这可能远比老师的包办问题更鲜活、更本真，更会使我们的课堂绽放生命的精彩。

培养学生科学探究与创新意识
——高品质课堂典型样本之《盐类的水解》①

何长涛

【内容定位】

（1）学科形式与地位：本节是本章内容的教学重点和难点，在高考中属于必考的范畴，是学生已学习过的弱电解质的电离、水的电离平衡以及化学平衡移动原理等知识的综合应用。

（2）相关知识逻辑关系：盐类水解平衡是继化学平衡、弱酸弱碱电离平衡、水的电离平衡体系之后的又一个平衡体系，它们与将要学习的沉淀溶解平衡构成了中学化学的完整的平衡体系。

（3）教学重点：盐类水解的本质。教学难点：盐类水解的规律、盐类水解方程式的书写。

【学情分析】

（1）学生学习认知基础：学生已经掌握了平衡特征及移动原理，以及电解质在水溶液中的电离，包括弱电解质的电离平衡以及水的电离平衡两个平衡体系。学生已经从微观角度认识了溶液酸碱性的实质。在此基础上再来探究盐类在溶液中的变化规律，以及对溶液酸碱性的影响，这样安排既能促进学生的认知发展，又能使学生对平衡原理和弱电解质概念的具体应用得到进一步的认识。

---

① 何长涛，化学教育硕士，辽宁师范大学客座教授、硕士生导师，大连市一〇三中学教师，辽宁省中小学学科带头人，辽宁五一劳动奖章获得者。《盐类的水解》一课获 2014 年全国基础教育化学新课程实施优秀成果奖。

（2）课堂当中可能出现的问题：①学生前置知识掌握不牢固；②对预习新模式接触较少，会造成一定的操作不当；③学生语言表达归纳能力有待加强。

【思路梳理】

让学生进行预习，掌握盐类水解的基础概念性知识，并通过预习作业，挖掘自身存在的知识薄弱点。老师通过预习分析，掌握学生的不足点，调整上课环节与重难点的衔接。

（1）上课过程中先通过预习讲解帮助学生明确课堂的重难点，使其听讲具有针对性。

（2）通过对不同类型的盐溶液的 pH 值的测定，总结归纳描述实验现象，打破学生对盐溶液呈中性的认知，从而激发学生探索其中原理的兴趣。

（3）引入盐类水解的概念，通过盐类水解的微视频，把微观理论宏观具象化，方便学生理解。

（4）通过醋酸钠水解过程的讲授，形象描述盐类水解的本质，加深学生印象，再结合氯化铵和碳酸氢钠两个典例的水解离子方程式书写，提升学生对课堂难点的掌握。

（5）结合盐类水解的本质，溶液酸碱性与盐类型的外在联系，总结盐类水解的一般规律。

【核心问题】

（1）通过乐课网的大数据分析，课前掌握学生预习当中的主要错误点，重新调整课堂的重难点。

（2）利用激励体系激发学生兴趣，通过快速问答、分组讨论等手段辅助教学，即时检测学生掌握情况，调整教学进度，突破课堂重难点。

【教学目标】

（1）通过盐溶液 pH 值测定实验，探究盐的类型与溶液酸碱性的关系。

（2）通过溶液中离子相互结合的过程，书写盐类水解的方程式，构建盐类水解的过程模型，掌握盐类水解的一般规律。

（3）通过盐类水解在生产、生活中的运用，感受盐类水解的价值，感受化学与生活息息相关的实际意义。

【教学过程】

一、预习诊断与讲解分析

【学习任务 1】课前预习，通过乐课系统观看预习微课及课件，在线完成预习作业。

环节一：在线观看课前微课及课件。

微课及课件内容：盐的分类、溶液 pH 值的测量、盐类水解的实质、水解方程式的书写、盐类水解的特点、盐类水解的简单应用。

设计意图：帮助学生了解盐类水解的基础概念性知识，教师通过预习诊断报告，掌握班级整体的预习情况，了解学生的共性问题。

环节二：课中预习作业的讲解与点评。

设计意图：让学生了解班级总体的预习情况，强调预习的重要性，让学生带着问题来上课。

【评价任务 1】通过对学生预习诊断报告的分析，诊断学生对盐类水解基础知识的掌握水平。

二、宏观现象与微观本质

【学习任务 2】探究盐类型与其溶液酸碱性的宏观关系，揭示盐类水解的本质。

环节一：掌握盐的类型。

问题：发起课件题，对教材 P54 科学探究，按照盐的类型分类。

结论：

盐溶液	盐类型
$NaCl$	强酸强碱盐
Na_2CO_3	强碱弱酸盐
$NaHCO_3$	强碱弱酸盐
NH_4Cl	强酸弱碱盐
Na_2SO_4	强酸强碱盐
CH_3COONa	强碱弱酸盐
$(NH_4)_2SO_4$	强酸弱碱盐

问题情境 1：课前预习过程中学生掌握得较好。

解决策略：

跳过本环节直接进入下一环节，但在下个环节中仍然要对该部分内容进行应用、检测。

问题情境 2：课前预习过程中学生掌握得较差。

解决策略：

按照原定环节发起课件题。每位学生都需要思考、作答，老师批量浏览全班同学的答案，找出典例通过生生互评、教师点评的方法进行分析批注，解决学生疑问，提升课堂效率。对于作答优秀的学生乐豆奖励，激发学习兴趣。

设计意图：构建与课前预习的联系，调整上课的节奏。明确盐的类型，帮助学生加强对盐类型的认识。

环节二：分小组合作进行实验探究、展示及归纳总结。

问题1：通过实验探究教材 P54 7 种物质的盐溶液的酸碱性并完成表格。

结论：

盐溶液	盐类型	酸碱性
NaCl	强酸强碱盐	中性
Na_2CO_3	强碱弱酸盐	碱性
$NaHCO_3$	强碱弱酸盐	碱性
NH_4Cl	强酸弱碱盐	酸性
Na_2SO_4	强酸强碱盐	中性
CH_3COONa	强碱弱酸盐	碱性
$(NH_4)_2SO_4$	强酸弱碱盐	酸性

问题情境1：学生测量过程中的操作存在问题，操作不熟练。

解决策略：

（1）课前预习 pH 计使用的操作视频。

（2）教师通过提问、演示等操作，使学生明确 pH 计的使用。

（3）小组长发挥带头作用，合理调配组员进行分工操作。

（4）采用乐课平板，拍摄记录学生在实验操作过程中出现的典型错误，强调正确的操作。

问题情境2：部分小组的结果与其他小组差异较大。

解决策略：

乐课平台的分组讨论模块，可以对实验结果进行拍照或摄像并上传，使实验结果的呈现能够更加具体、直观。

问题2：探讨盐溶液酸碱性与盐类型的联系；探讨盐溶液酸碱性强弱与形成该盐的酸和碱的强弱的联系。

结论：

（1）强酸强碱盐溶液显中性，强酸弱碱盐溶液显酸性，强碱弱酸盐溶液显碱性。

（2）同等条件下，不同的强碱弱酸盐对应的酸，酸性越弱，形成的盐溶液的碱性越强；不同的强酸弱碱盐对应的碱，碱性越弱，形成的盐溶液的酸性越强。

问题情境：部分学生无法从盐类溶液酸碱性的大小比较推导出结论（2）。

解决策略：

从实验结果中进行诱导，同类型的盐溶液的 pH 不同，思考与形成盐的酸或碱的强弱的联系。

设计意图：引导学生根据经验事实预测、总结实验现象；培养学生分析实验现象能力。

环节三：给出盐类水解的定义，通过乐课系统观看盐类水解的仟问学堂微视频，通过视频解决具体问题。

问题：CH_3COONa 溶液中含有哪些离子？存在哪些平衡过程？

结论：CH_3COONa 溶液中含有 CH_3COO^-、Na^+、H^+、OH^-，存在的电离平衡有：$H_2O \rightleftharpoons H^+ + OH^-$。

问题情境：学生作答中忽略了 H^+ 和 OH^-。

解决策略：

引导学生理解溶液中必然含有水，水会发生电离产生 H^+ 和 OH^-，且电离出的 H^+ 和 OH^- 的数目相等，让其他学生点评补充，让学生来解决学生的问题，给予一定的乐豆奖励，激发学习兴趣。

设计意图：考查学生强电解质的电离、弱酸的电离、水的电离、可逆反应的平衡移动等知识。利用乐课网的授权功能作答，加深学生印象。

环节四：总结盐类水解的本质，通过强化练习突破课堂重难点。

问题：书写 NH_4Cl 和 $NaHCO_3$ 的水解离子方程式。

结论：$NH_4^+ + H_2O \rightleftharpoons NH_3 \cdot H_2O + H^+$ $HCO_3^- + H_2O \rightleftharpoons H_2CO_3 + OH^-$

问题情境：学生无法直接写出水解离子方程式。

解决策略：

（1）以课件题的形式进行作答，展示所有学生的答案，挑选个例点评，给予总结性评价，加深学生印象。

（2）诱导学生逐步写出盐的电离方程式、水的电离平衡、弱电解质的电离平衡，三者结合从而推导出盐的水解方程式。

设计意图：通过对两个典例的书写，强化学生对水解方程式的掌握。挖掘出共性问题，逐一突破。

环节五：总结盐类水解的一般规律。

问题1：完成教材 P55 衍生表格。

结论：

	强酸强碱盐	强酸弱碱盐	强碱弱酸盐
$c(H^+)$ 和 $c(OH^-)$ 相对大小	$c(H^+) = c(OH^-)$	$c(H^+) > c(OH^-)$	$c(H^+) < c(OH^-)$
有无弱电解质生成	无	有	有

问题2：总结盐类水解的一般规律。

结论：（1）有弱才水解，无弱不水解；（2）谁弱谁水解，越弱越水解；（3）谁强显谁性，同强显中性。

设计意图：从个例推广到联系盐类型的一般情况，提高学生从微观理论解决宏观问题的能力。

【评价任务2】通过对盐溶液 pH 测量实验的分析与点评，提高学生比较、分类、归纳、概括的水平；诊断并提高学生对盐类水解认识思路的结构化水平；发展学生构建宏观联系微观的思维。

三、问题的解决与展示

【学习任务3】运用盐类水解的原理，分析实际问题及其原理；考证预习中出现的问题是否得以解决。

环节一：解释含有 $NaHCO_3$ 溶液和 $Al_2（SO_4）_3$ 溶液的灭火器产生 CO_2 和 $Al（OH）_3$ 的灭火原理。

结论：$HCO_3^- + H_2O \rightleftharpoons H_2CO_3 + OH^-$　$H_2CO_3 \rightleftharpoons CO_2 + H_2O$

$Al^{3+} + 3H_2O \rightleftharpoons Al（OH）_3 + 3H^+$

问题情境：学生无法联系到盐类水解的原理上来。

解决策略：

引导学生想到灭火器的主要物质为盐，判断盐的类别，从而联想到盐类的水解。

设计意图：提高并诊断学生解决实际问题的能力和对化学价值的认识水平。

环节二：随堂测试。

设计意图：以测试的形式解决在预习中遗留的错题，时时生成诊断报告，准确把握学生对知识的掌握情况。错题都会自动收纳在错题本中，学生有针对性地进行复习、巩固。

【评价任务3】诊断并提高学生对真实问题解决的能力水平及对化学价值的认识水平。

环节三：课堂评价。

设计意图：从课前预习，课中互动等多个维度来评价学生，能够较好地调动学生的学习积极性。

【案例评析】

1. 对本节课的点评

本节课借助乐课平台以翻转课堂的形式教学。学生学在前，即课前完成预习任务，包括学习预习微课、课件，完成预习作业。在预习过程中，培养学生自主学习能力，带着问题去上课。老师根据诊断报告二次备课，调整上课进度。与传统课堂还是有较多不同点、突破点，告别传统上课的填鸭式满堂灌，老师在课上根据学生的反馈，适时发起多种形式的快速问答，包括课件题、分组讨论、授权学生作答等方式来实时检测学生是否真的掌握本节课知识点，对于积极参与和回答优秀的学生给予乐豆奖励，以便激发学生自主学习兴趣，积极参与到课堂合作学习中来。通过这样的互动和检测，也有助于老师做到人人关注，抓典型错误进行讲解，促进学生对重难点的掌握。对于学生，结果能被展示，行为得到表扬，课堂不再是好学生和老师的表演，增加表现自己、参与互动的信心。

2. 对教师专业成长的点评

翻转课堂对老师的信息技术水平要求会比以前更高，老师需要花更多的时间去挑选合适的上课内容，包括针对性强、有难度梯度的作业三合一。除此之外，还需要在课前分析诊断报告，掌握全班情况，对备好的课进行适当地修改，也就是二次备课。在课上的精准教学，也同样要求老师对学情有一个清晰的认识，学会运用各种工具，包括多媒体播放、实验的演示、快速问答的发起去突出本课重点，突破本课难点。这样的课堂如果能够成为常态化教学，绝对是对传统教学的一种颠覆，学生自主学习能力会更强，教师基于信息化教学的课堂效率会大幅度提高。

自主学习能力是学生发展的必备素质
——高品质课堂典型样本之
《用剪粘纸带法研究匀变速直线运动》[①]

王 蔷

【内容定位】

《用剪粘纸带法研究匀变速直线运动》是高中物理必修一第二章匀变速直线运动的一道课后拓展题。学习物理思维和数学思维相互转化的方法，起到了指引的作用，也为今后的物理学习奠定了理论基础。

$v-t$ 图像的应用是高考考查的重点，它是研究匀变速运动重要的方法，很多复杂的物理规律都是通过 $v-t$ 图像得到的。而这道实验拓展题是在 $y-x$ 图像的基础上通过数学方法转化成 $v-t$ 图像的。

———————————

① 王蔷，物理专业，学士学位，大连市金州高级中学教师。《用剪粘纸带法研究匀变速直线运动》微课于 2017 年获第十五届全国中小学信息技术与教学融合优质课大赛一等奖。

【学情分析】

当时的学生已掌握匀变速直线运动的规律，可以灵活运用公式法解决问题。但是对于数学方法迁移到物理上来，还是有一定困难的。他们还是延续着初中的解题思维，代数计算，这么复杂的物理与数学思维的转换，对他们来说，确实很困难，在课上也很难消化和掌握。所以把这个实验的整体思路通过微课展示出来，便于学生课后反复学习，同时也加强了教师之间的交流。

【思路梳理】

首先通过实验得到一条匀变速直线运动的纸带。具体做法是：选择小车、电火花打点计时器、长木板、钩码若干、细线和滑轮等作为实验器材，连接装置，静止释放小车，使之做匀变速直线运动，小车连接的纸带打出若干个点，改变钩码，重复上述实验，选择合适的纸带的计数点。

然后将计数点间间隔的纸带剪下来，我们发现剪下来的纸带宽度都相同，长度表示了匀变速直线运动在相邻相等时间内通过的位移大小。并列地粘到 $y-x$ 图像中，因为宽度相同，即作为横轴，等效成时间。图像特点是把每条纸带的上端中点连接起来，是一条倾斜直线，我们只要证明这条倾斜直线的斜率表示加速度，即可得到一个匀变速直线运动。先通过等效的思想将 x 轴等效成时间 t 轴，用平均速度表示中间时刻的瞬时速度，即可以将 y 轴等效成 v 轴，再用公式法证明斜率即为加速度即可达到实验目的。

【核心问题】

《用剪粘纸带法研究匀变速直线运动》是人教版高中物理必修一匀变速直线运动中课后一道拓展题，通过微课讲解如何用数学方法和物理方法相结合将 $y-x$ 图像转化成 $v-t$ 图像。

【教学目标】

（1）掌握利用剪粘纸带法研究匀变速直线运动并求出加速度。

（2）学会利用数学思维解决物理问题。

【教学过程】

环节一

子问题：匀变速直线运动。

问题情境 1：如何得到一条匀变速直线运动的纸带？

解决策略：

安装实验器材：小车、长木板、定滑轮、电火花打点计时器、纸带、托盘和砝码。选择合适的砝码，让小车做匀变速直线运动，选择一条计数点间隔适当的纸带。

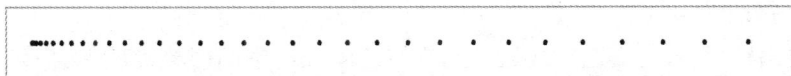

问题情境2：研究匀变速直线运动的方法都有哪些？

解决策略：

（1）公式法。

（2）图像法。

（3）用剪粘纸带法研究匀变速直线运动。

环节二

子问题：用剪粘纸带法研究匀变速直线运动。

问题情境1：观察纸带，思考如何运用剪粘纸带法研究匀变速运动？

解决策略：

因为是纸带，只能测量其长短，又因为纸带宽度相同，可以得到一个 $y-x$ 图像。

问题情境2：如何得到 $y-x$ 图像？

解决策略：

（1）首先选择好计数点。

（2）然后把每个计数点间的纸带剪下来。

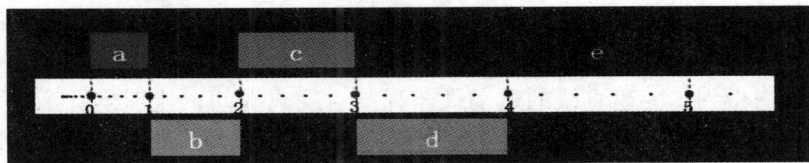

（3）最后再把剪下的纸带粘到 $y-x$ 图像中。

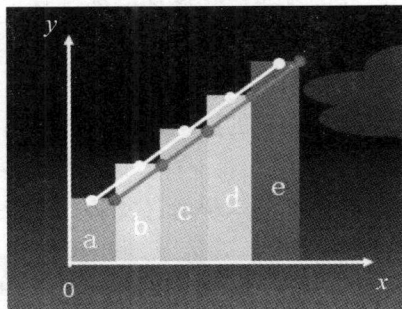

问题情境3：$y-x$ 图像为什么可以转化成 $v-t$ 图像？

解决策略：

（1）用学过的匀变速直线运动的平均速度表示中间时刻的瞬时速度，这样 y 轴即等效成速度 v 轴，因为纸带宽度相等，故 x 轴可等效成时间 t 轴。

（2）通过计算得到 $y-x$ 图像斜率与 $v-t$ 图像斜率吻合，故可用剪粘纸带法研究匀变速直线运动。

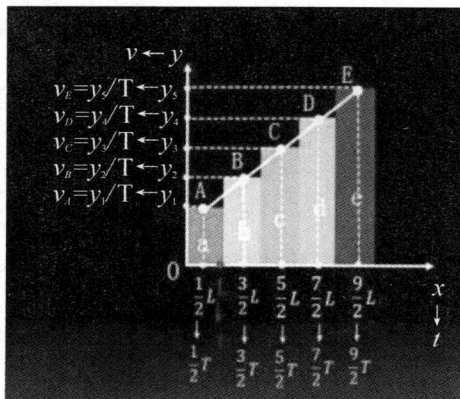

【案例点评】

首先，王蕾老师通过微课的形式培养了学生的高中物理的核心素养：物理观念和应用、科学思维和创新、科学探究和交流、科学态度和责任。先领学生复习了匀变速直线运动的基本公式，以及如何通过实验得到一条匀变速运动的纸带。这个知识点是运动学的核心，更是动力学的基础。然后观察纸带的特点，提问纸带特点是什么？计数点间时间相等，计数点间位移越来越大，纸带的宽度相同等，最后提问：如果把相邻计数点剪下来，粘在 $y-x$ 坐标轴上，会不会通过研究 $y-x$ 图像得到匀变速直线的运动规律呢？启发式提问，让学生有了更多的思考，更有助于培养发散思维。通过学生之间的交流讨论，加强了基础知识的巩固，同时跳出原本，得到拓展训练。

其次，她落实了先学后教的理念。在以往的课堂教学中，由于时间紧，任务重，可能有些课后拓展题在课上的处理是直接讲解原理，由于部分学生的思维跟不上，可能导致不理解就过了。而这个微课的新形势，可以让学生先自学，而后反复观看微课，理解老师对这个问题的层层展开，最终达到了对知识点的理解透彻，也提高了知识迁移的能力。

最后，升华了科学素养的培养。学生通过实验打纸带，再按要求将相邻计数点间纸带剪下来，粘在 $y-x$ 图像中，锻炼了动手操作能力，而后通过学过的知识点分析，将 y 轴等效成速度 v 轴，再通过之前的观察，因为纸带等宽，等效成时间 t 轴，强化了这种等效的应用。同时，通过一系列的思维转化，最终应用数学知识解决了物理问题，即：纸带上边缘中点连线是一条倾斜直线，同理可知，纸带上边左点连线和右点连线也是一条倾斜直线，通过物理公式的数学斜率的推导，最后发现斜率与加速度相等，这个过程让学生不仅懂得了变通，还懂得了数学思想在物理学中应用的重要地位，这些都有助于学生在今后的物理学习中，越学越好，道路越拓越宽。

促进学生情知共赢
——高品质课堂典型样本之《修辞无处不在》①

英 勇

【内容定位】

《修辞无处不在》一课是高中语文课本必修 2 "梳理与探究"中的第二篇活动课，侧重"积累与梳理"，旨在通过一些简短的文字和少量的练习，把学过的修辞知识串联起来，进行系统的复习与建构。同时，修辞知识的学习最终是为了应用，这次活动还有一个目的是激活学生在初高中课堂与生活中储备的素材，学会修饰自己的文句。

本课核心问题：通过引导让学生体验和感悟修辞是通过怎样的方式在生活中呈现的。本课学习重点：发现生活与文学作品中成功的修辞现象，引导学生体会在语境中选择、锤炼词句的妙处，体会在生活中无处不在的修辞运用。本课学习难点：通过应用拓展，在广泛的语言实践中应用所学修辞手法，并努力使之达到更好的表达效果。

【学情分析】

长期以来，中学师生对修辞的教与学更多地停留在辞格学习的狭小圈子里，这不能不说是一种忽略和遗憾。高一学生对修辞已积累了大量的修辞手法的运用实例，但对修辞的概念理解与运用依然存在一些问题。其实，现实生活中的语言运用实践，为更好地达到我们的目的，我们都或有意或无意地对语言材料在进行选择、调整和组合，而这些都是在进行修辞活动，所以说"修辞无处不在"。

---

① 英勇，文学学士学位，大连开发区第八中学教师。《修辞无处不在》一课荣获教育部 2015—2016 年度"一师一优课 一课一名师"活动部级"优课"。

【思路梳理】

本课设计思路主要是以对大修辞概念的认识为纲,从学生已有的知识储备和生活经验出发,串起学生在文学阅读与日常生活中接触到的使用修辞的各种场合,让学生了解语言运用其实可以更美、更有效。语文学科的目标就是通过语言教学培养怎么说话,即培养学生如何看待存在于语言中的世界和存活在语言中的每一个活生生的人,最终培养学生如何做人,如何获得个体生命自由、和谐、全面的发展。本课设计的基本原则也是出于这一点,让学生在语言体验中去感悟成长,在语言实践中去收获成长。

【核心问题】

对于"修辞",我们可以从宏观与微观两个层面来理解。微观的修辞就是我们经常在语文课堂中所学习的,通过各种修辞格使语言或文字表达得生动的方法。而从宏观上看,修辞就是一种选择调整与组合,它不仅仅表现在语言、文字上,它还体现在生活的所有角落,这就是"修辞无处不在"的真正内涵。因此本节课的核心问题是体验和感悟修辞是通过怎样的方式在生活中呈现的。

【教学目标】

(1)通过鲜活的事例,让学生了解修辞的概念,树立正确的修辞观。

(2)发现生活与文学作品中成功的修辞现象;引导学生体会在语境中选择、锤炼词句的妙处;体会在生活中无处不在的修辞运用。

(3)在广泛的语言实践中尝试应用修辞手法,感悟修辞的魅力与其蕴含的民族文化意义。

【教学过程】

环节一

子问题:什么是修辞?

问题情境1:以乾隆的一首打油诗导入:"翁仲缘何作仲翁?十年窗下欠夫工。从今不许房书走,去到江南作判通。"(讲述故事)这首诗有怎样的语言特点呢?又收到了怎样的效果呢?

解决策略:

(1)通过生动有趣的小故事,让学生理解修辞格的使用和所产生的作用。

(2)学生发言后,由教师明确,这里使用了飞白的修辞格。

(3)我们曾经接触过的修辞往往指的是修辞格,譬如比喻、拟人、夸张等,其实修辞分广义修辞与狭义修辞,狭义修辞的表现形式就是我们熟悉的多种修辞格的运用。

问题情境 2：广义的修辞指什么呢？我们可以运用哪些手段来修饰语言呢？

解决策略：

（1）由已知问题答案到新问题生成，自然引导学生继续思考。让学生在教材文本中通过筛选、概括、整合得出答案。

（2）修辞，即文辞或修饰文辞。修辞本义就是修饰言论，也就是在使用语言的过程中，利用多种语言手段以收到尽可能好的表达效果的一种语言活动。我们可以通过语音修辞、词语修辞、语句修辞来使语言达成更好的表达效果。

环节二

子问题：体会语音修辞的特点。

问题情境 1：朗读大屏幕上的这些文字，谈谈它们各自的语言效果。①（《西游记》）那山高不高，顶上接青霄；这洞深不深，底中见地府。山前面，有骨都都白云，屹嶝嶝怪石，说不尽千丈万丈挟魂崖。崖后有弯弯曲曲藏龙洞，洞中有叮叮当当滴水岩。②《关雎》。③秦时明月汉时关，万里长征人未还。但使龙城飞将在，不教胡马度阴山。

解决策略：

教师通过大屏幕展示文字片段，学生诵读，读后自由发言，说出自己的感受，教师借机激趣，引发思考，进行总结。

（1）叠音叠字。

（2）双声：声母相同；叠韵：韵母相同。

（3）平仄声调的变化、押韵。

问题情境 2：修辞意义主要体现在人与人的交流过程中，其实在生活中的语音修辞是特别常见的，我们从一个最常见的现象来看，就是我们的名字。请大家念一念自己与他人的名字，你认为哪个名字念起来最上口？最有味道？

解决策略：

从学生最熟悉的生活情境入手，激发学生兴趣，自由发言，教师适时补充。

问题情境 3：语音修辞是为了使语句具备怎样的表达效果呢？主要运用了哪些手段？除了以上的方式你还能想到什么？

解决策略：

学生思考总结，发言后教师点评。

环节三

子问题：体会词语修辞的特点。

问题情境：读一读大屏幕上的这几个例子，谈谈它们各自的语言效果：①（《儒林外史》第三十二回）张俊民道："胡子老官，这事凭你作法便了。做成了，少不得言身寸。"王胡子道："我那个要你谢……"②（《红楼梦》）凡鸟偏从末世来，都知爱慕此生才。③（乐百氏纯净水广告）经过27层的净化。

解决策略：

（1）教师通过大屏幕展示文字片段，学生诵读，读后自由发言，说出自己的感受，教师借机激趣，启发引导学生联想生活中的词语修辞例子。

（2）实践：请你使用双关的修辞手法为我校的特制瓶装水写一则广告语。

环节四

子问题：体会语句修辞的特点。

问题情境：读一读大屏幕上的这几个例子，谈谈它们各自的语言效果。①（《水浒传》）我且问你，这七人端的是谁？不是别人，原来正是晁盖、吴用、公孙胜、刘唐、三阮这七个。②虽然这些都是事实，但谁个曾怀疑人类需要太阳呢？谁个曾因为太阳本身有黑点就否认它的灿烂光辉呢？

解决策略：

（1）教师通过大屏幕展示文字片段，学生诵读，读后自由发言，说出自己的感受，教师借机激趣，启发引导学生联想生活中的语句修辞例子。

（2）实践：请你为我校"K歌之王"活动写一则宣传语。

【案例评析】

本节课灵动鲜活，教师个人风格鲜明。

首先，从课堂的文化价值来看，教师有人文情怀，对传统文化是尊重的，本节课的教学设计注重与生活的有机联系，教师非常注重引导学生进行语言交际活动，在体验中去学习感悟。课堂所用素材的选择呈现了丰厚高尚的内涵，突出了对语文学科核心素养中语言建构能力和审美鉴赏能力的培养，内容的设计能够促进学生情知共赢。

其次，在教学过程中，教师能够面对全体学生，以问题为导向设计教学，点燃课堂灵动的火花。在问题提出后，教师给学生留下了充分的思考交流的时间，让学生经历完满的学习过程。在与学生的互动交流中能够耐心倾听，积极重视问题生成，对学生的回答能够给予及时而有启发性的评价，课堂灵动活泼。课堂问题情境设置是站在学生角度，有疑问、感兴趣、有价值、有高度、能解决，不盲目预设，从学生的课堂参与程度来看实现了教学预设的目的，学生的兴趣很高，能积极进行交流，经历问题解决的过程完整，能够获得自信与成功的体验。

应该说，这节课是成功的，它站在学生主动发展、终生学习的角度，追求教学的高品质，注重学生语言建构能力的培养，引导学生积极地探究语言的修辞魅力，经历本真、灵动、丰厚的学习过程，是一节优质的高效课。

专辑三 凸显教学本质与规律

——遵循教学规律，打造丰厚课堂

丰厚的课堂概指学习目标与学习过程的丰厚：课堂教学要立足课程三维目标的整体体现和实现，为学生提供丰满的课程内容和完整的知识形成过程，提供充分而恰当的学习时间和发展空间；教师需要在课堂教学中充盈着精心设计的『问题』，使学生经历一个个深刻而完满的问题解决的学习历程，在遵循教学规律的前提下，把课堂『经营』得更为丰厚。

——选自《高品质课堂的塑造》（李铁安著）

教与学的统一

——高品质课堂典型样本之《自然之道》[①]

宁玉彦

【内容定位】

《自然之道》是小学语文四年级下册第三单元的一篇精读课文。本组教材以"大自然的启示"为专题，组织编写教学内容，是对以前所学习的观察大自然、保护环境等专题的延伸与发展，并有新的内涵。通过学习，学生进一步关注自然、了解自然，在对自然的观察、了解、发现中受到有益的启示。

《自然之道》是组元中的第一篇课文，课文按照事情发展的顺序，讲述了作者和同伴及一个生物学家向导，结队来到南太平洋加拉巴哥岛旅游，观察幼龟是怎样离巢进入大海的。他们看到一只探头出穴的幼龟被嘲鸫咬啄时，不顾向导劝阻，要向导把幼龟抱向大海。接着，成群的幼龟得到错误的信息后，就从巢中鱼贯而出，结果许多幼龟成为食肉鸟的口中之食。虽然"我们"拯救了一些幼龟，但仍然感到十分震惊和悔恨。选编这篇课文的意图是丰富学生的见识，使学生认识到要按自然规律办事，同时培养学生把握文章的主要内容、体会文章思想感情的能力。

本课的核心问题：如何体会要遵循自然规律办事。本课的学习重点：体会重点词句的含义，理解课文内容。本课的学习难点：理解向导的话，体会文章所表达的思想感情。

【学情分析】

学生处于四年级下学期，经过前期的学习，已经能够联系上下文理解词句的意思，体会课文中关键句表情达意的作用；能初步把握文章的主要内容，体会文章表达的思想感情；能够与他人交流自己的阅读感受。

学生对自然现象有着关注的热情，具有强烈的好奇心。所以对于本课，学生是有学习欲望的。但是，学生的关注可能仅仅停留在表面。学习本课，除了引导学生热爱大自然，更重要的是启发学生学会理性地思考，懂得要按自然规律办事。因此，教师要发挥主导作用，引导学生与文本对话，通过"我和同伴"及

---

① 宁玉彦，小学教育专业，大连市金普新区华家小学语文教师。《自然之道》一课荣获教育部2015—2016年度"一师一优课 一课一名师"活动辽宁省二等奖。

"向导"的心情变化去体会他们思想感情的变化,在读中感悟,从而交流受到的启发。

【思路梳理】

《语文课程标准》指出:"阅读教学是学生、教师、文本之间对话的过程。语文教学应在师生平等对话的过程中进行。"教师通过"文本话题",激活孩子的相关知识和生活体验,促使孩子深入思考,积极对话,从而进行知识的重新建构,形成新的能力品质。

根据本课的内容特点和学生的年龄特征,采用以读懂情,以读悟理的教学模式进行学生语文能力的训练。本堂课把学生的读放在首位,让读贯穿课堂,充分发挥学生主体地位,让学生反复阅读语言文字,坚持与文本对话。当然,学生的自读自悟离不开教师恰当的启发与点拨。例如教师引导学生抓住"若无其事、悲叹"这两个词语体会向导心理情感的变化,体会课文中关键词在表情达意方面的作用,引导学生通过交流感受或启示,拓展延伸,这样就突破了本课教学的难点。

【核心问题】

体会要遵循自然规律办事。

【教学目标】

(1)有感情地朗读课文,理解向导的话语与思想感情。

(2)抓住关键词句,体会人物情感的变化,理解课文内容,从中受到做事要遵循自然规律的教育。

(3)丰富见闻,激发探究大自然规律的兴趣。

【教学过程】

环节一

子问题:巩固本课的生字词。

问题情境:学生在听写的情境中准确规范书写生字词。

解决策略:

(1)教师听写,强调坐姿。

(2)展示学生的听写单,对照检查,如果有错的,把它圈上,并把错字重新写两遍。

(3)针对学生写错的字,教师进行强调。

(4)学生通读课文,交流课文的主要内容,回顾概括主要内容的方法。

环节二

子问题:体会"我们"和向导心情的变化,感受到做事要遵循自然规律。

問題情境 1：学生在默读自学、小组讨论的情境中勾画体会"我们"和向导心情的变化。

解决策略：

（1）学生自学：出示自学提示。默读课文 3 ~ 8 自然段，"我们"和向导心情有什么变化？为什么会发生这样的变化？边思考边勾画批注。（学生自学，教师巡视）

（2）小组讨论：学生在小组内进行交流，说说自己的意见，通过讨论，形成小组的共同认识。教师参与到小组学习中。

问题情境 2：学生在交流朗读的情境中体会"我们"和向导心情的变化。

解决策略：

（1）交流 3、4 自然段："我们"紧张焦急的心情及原因；向导的若无其事和极不情愿，初次感受"自然之道"。

①交流第三自然段，通过"突然、啄、拉"等重点词语体会到幼龟有危险，所以我们的心情紧张焦急。交流第四自然段，从中体会到"我"和同伴的心情是"紧张、焦急"。（板书：紧张、焦急）

②联系课文内容理解"欲出又止、踌躇不前"的意思，比较"探出与伸出"意思的不同，从而感受幼龟的机警、谨慎，知道这是幼龟与生俱来的本领。

③教师引读"我们"焦急时对向导说的话"你得想想办法啊!"，感受"我们"紧张的心情。

④理解"若无其事"的意思，体会向导的心情，交流向导这样说的原因，通过朗读"叼就叼去吧，自然之道，就是这样的"体会向导的若无其事，初次感受"自然之道"的意思。

⑤学生走进文本，融入角色，想象我们焦急时会对向导说的话，与向导面对面交流。在想象对话中感受到向导是"极不情愿"地把那只幼龟抱向大海。（板书：极不情愿）

（2）交流 5 ~ 8 自然段："我们"的震惊及原因；向导的悲叹，再次感受"自然之道"。

①学生通过"鱼贯而出、成群、成百上千"等词语感受到幼龟数量很多。当"我"和同伴看到数十只幼龟已成为食肉鸟的口中之食时的震惊。（板书：震惊）

②学生观看幼龟爬向大海，食肉鸟啄食幼龟时的视频，感受我们做的愚不可及的蠢事，联系上下文理解"愚不可及"。

③学生再次交流理解感悟"叼就叼去吧，自然之道，就是这样的"。

④学生交流向导的心情——悲叹，比较"悲叹和感叹""悲叹"表现的感情

更强烈，更突出了向导伤心难过的心情。（板书：悲叹）

⑤指导学生朗读第8自然段。

环节三

子问题：联系生活实际，从中受到做事要遵循自然规律的教育。

问题情境：学生在拓展交流、联系生活实际的情境中受到做事要遵循自然规律的教育。

解决策略：

（1）再读课文，学生讨论：向导明明知道"我们"的想法会害了幼龟，却不制止，反而抱起那只幼龟朝大海走去，说说你对他的做法是赞同还是反对。

（2）学生交流自己的想法，教师适时总结。

（3）学生谈谈对自然之道的理解，可以结合课文内容，也可以说说自己知道的违背自然之道的事。

（4）课文内容升华：教师补充侦查龟资料，学生感受侦查龟那种即使身处危险之中，也要换来大家的安全的精神。

（5）阅读推荐：《大自然的启示》。

【案例评析】

宁老师的课，总体能感觉到老师是在简简单单教语文，学生是在轻轻松松学语文。

1. 把握文章主线，抓住核心问题开展教学

宁老师能够深刻理解教材，准确地把握教材的重点、难点和关键，并在教学过程中得到了丰满而恰当的体现。宁老师抓住"我们和向导的心情有哪些变化？为什么会有这样的变化？"这一主线问题，疏通学生与文本的对话，让学生走进文本，走进角色，融入人物的情感，鼓励学生发表见解，抒发感受。

在教学过程中，教师让学生三次走进文本。第一次是教学之初，让学生通读课文，回顾课文的主要内容，这为学生学习文本做了铺陈；第二次是在教学主线问题时，通过不同的方式精读文本，让学生体会"我们和向导心情的变化以及原因"，为感悟自然之道奠定基础；第三次是在拓展阶段，通过回顾全文，统览文本，讨论向导明明知道"我们"的想法会害了幼龟，却不制止，反而抱起那只幼龟朝大海走去，说说你对他的做法是赞同还是反对这一发展性问题，学生在争辩中就理解了"自然之道"，最后让学生走出教材，感受生活中的自然之道。通过学生的回答"我姑姑家的孩子才7个多月，姑姑就把她送早教中心了，是不是也违背了自然之道呀？"我们真切地感受到学生的思维是多么灵动。学生一遍遍走进文本，不仅是与文本、作者的对话，与旁人的对话过程，也是对自己生活的一种对话与感悟。学生在一次次朗读感悟、对话交流中，使教学过程更富于了张力和厚度，更大程度上保证了教学目标的实现。

2. **尊重学生认知规律，教师顺势而导**

孔夫子说："不愤不启，不悱不发。"学生只会照书上原话说，不会按自己理解的说，此时是"欲言不能"，这就是"悱"，启发就应该在这个节骨眼上。例如，学生最初体会"叼就叼去吧，自然之道，就是这样的"一句时，只是浮在表面，知其然而不知其所以然。宁老师并不着急，而是尊重学生认知规律，让学生反复地走进文本，与文本对话，同时借助播放食肉鸟啄食幼龟时的视频，学生真切感受到"我们"的做法给幼龟带来的伤害，再让学生体会这一句时，学生就有感而发，对自然之道的理解就水到渠成。

3. **追索文字内涵，深挖课程育人价值**

教材是个例子，我们教的是语文而非课文，这就需要教师不是教教材，而是用教材去教。课文最后，学生能够联系生活实际，感受到了"自然之道"。但是，宁老师却没有戛然而止，而是补充了侦查龟的资料，学生在读中对侦查龟有了进一步的了解，学生在思想上受到了熏陶感染，使课堂更加丰厚而灵动。

"留白"胜过表面的"热闹"

——高品质课堂典型样本之《探索规律》[①]

孔　玥

【内容定位】

数学课标中说："要使学生能充分、自主地参与'综合与实践'活动，选择恰当的问题是关键。""提倡教师研制、开发、生成出更多适合学生本地特点的且有利于实现'综合与实践'课程目标的好问题。"《探索规律》一课就是教师自主研发的一节"综合与实践"课。

本课主要内容是探索、应用并创造"坐标方格"中数的规律。"坐标方格"本身就是一个崭新的创造，它指的是在相同行数和列数的方格图中，将自然数有规律地排列其间，使横看依次有规律地递增，竖看也有规律地递增，仿佛将数置

① 孔玥，大连市金普新区红梅小学教学副校长，教育硕士。教育部"国培计划"远程培训项目北京大学小学数学课程开发及教学指导专家团队成员；金普新区"首席教师"。《探索规律》一课在 2012 年 5 月中国教育科学研究院教育综合改革试验区高质量课堂展示活动中荣获教学改革创新一等奖。

于一个二维坐标的正向空间中，因此这里的数会像万花筒一样变幻出诸多有趣的规律。具体来说，本课内容包括探究并应用 25 格、100 格的"坐标方格"中数的规律，创造有规律的"坐标方格"，最后还有斐波那契数列、《棋盘上的粮食》数学故事的介绍，引发学生对"坐标方格"新的思考和探索。

本课内容在呼应了教材中关于自然数之间关系、有规律的数列、确定位置知识的同时，更重要的是彰显它在培育学生积极情感和思维能力方面的价值。在"探索规律"过程中，学生不断提出问题、解决问题，进行抽象思维、逻辑推理、想象创造，积累了数学活动经验，激发了数学学习兴趣，感受了数学的文化魅力与独特价值。

本课学习重点是探索坐标方格中数的规律，并运用规律解决问题；学习难点是创造有规律的坐标方格。

【学情分析】

学生之前接触过一些方格图中填数的数学问题，如在北师大版教材一年级下册学习中，学生做过一个练习：在方格图中填入 1～100 并观察发现，初步体会其中数之间的关系，这是本课学习的一个认知基础。但探索"坐标方格"中数的规律并创造"坐标方格"，对学生来说，还是第一次。学生会觉得很新鲜，尤其是课中以游戏、竞赛等形式进行探究活动，更会调动学生学习的积极性。

本课安排在学生学习用数对表示位置之前，学生自然而然地会用第几行第几列来描述"坐标方格"中数的位置，感受数与格一一对应的数学思想，为学习教材中数对知识做了铺垫。四年级的学生乐于探究，乐于创造。但隐去"坐标方格"中数字后的想象、推算的过程，具有一定挑战性。

【思路梳理】

本课"以问题为引领，以学生自主参与为主"，架构逐层递进的三大板块。

第一板块——在 25 格的"坐标方格"中探索并应用规律是"放"，让学生放开、尽情去探索发现，在应用规律进行"猜数游戏"时，引导学生完满地打开解决问题的思路，运用多种策略解决问题。

第二板块——在 100 格的"坐标方格"中探索并应用规律是"收"，按规律填出 100 个数后，直接收到从横、纵、斜向上发现数的规律，这是比照 25 格中数的规律完全可以做到的近迁移。在填数活动中，是扎扎实实地让每一个孩子都带着问题去思考、去探究、去交流，也把规律应用得淋漓尽致。

第三板块——在"创意大比拼"的数学活动中自主创造"坐标方格"又是"放"，让学生放飞思维尽情创造，分享创造，在保持"坐标方格"本质属性的前提下，设计有规律的数的排列，实现一次思维的飞跃。最后引领学生去感受斐波那契数列和《棋盘上的粮食》故事中数的奥妙，使学生带着新的问题走出课堂，走向更广阔的探索空间。

【核心问题】

探索、应用并创造"坐标方格"中数的规律。

【教学目标】

1. 经历探索25格、100格坐标方格的过程，体会坐标方格的特点，能用行列确定位置，培养提出问题、运用多种策略解决问题、想象推理能力，体会——对应的数学思想。

2. 经历创造坐标方格的过程，理解坐标方格中数的特征，培养实践能力和创新能力。

3. 感受斐波那契数列、《棋盘上的粮食》数学故事中坐标方格的数的规律，激发数学学习的兴趣，增强学好数学的自信心，感受数学的文化价值。

【教学过程】

环节一

子问题：如何观察发现25格"坐标方格"中数的规律并应用规律猜数。

问题情境1：25格的"坐标方格"中的数有什么规律？

解决策略：

（1）记数游戏。先出示图A（10秒），再出示图B（5秒），分别让学生记数，看看谁记住的数多，然后对比两组游戏情况，引入新课。

10	14	3	24	2
17	7	21	19	20
18	12	13	4	15
6	22	11	9	5
1	25	16	8	23

图 A

21	22	23	24	25
16	17	18	19	20
11	12	13	14	15
6	7	8	9	10
1	2	3	4	5

图 B

（2）学生独立观察图B，发现其中数的规律。

（3）头脑风暴式地集体交流发现的规律。

（4）隐去图B中的数，闭目想象，提出问题猜数。如：最中间格里的数是几？第四行第五列那个格里的数是几？先集体交流，再组内游戏。

问题情境2：如何观察发现100格"坐标方格"中数的规律并应用规律填数。

解决策略：

（1）出示10行10列的"坐标方格"，让学生填入1~100各数（图C）。

第十行	91	92	93	94	95	96	97	98	99	100
第九行	81	82	83	84	85	86	87	88	89	90
第八行	71	72	73	74	75	76	77	78	79	80
第七行	61	62	63	64	65	66	67	68	69	70
第六行	51	52	53	54	55	56	57	58	59	60
第五行	41	42	43	44	45	46	47	48	49	50
第四行	31	32	33	34	35	36	37	38	39	40
第三行	21	22	23	24	25	26	27	28	29	30
第二行	11	12	13	14	15	16	17	18	19	20
第一行	1	2	3	4	5	6	7	8	9	10
	第一列	第二列	第三列	第四列	第五列	第六列	第七列	第八列	第九列	第十列

图 C

（2）独立观察，迁移 25 格"坐标方格"的探究方法，发现 100 格"坐标方格"中数的规律。同桌交流，再集体交流。

（3）隐去图 C 中的数，学生拿出题单，自主解决三个问题：①第五列第五行那个方格中填几？②从第五列第五行的小方格开始，向右上方数一个格，对应的数是几？③从 1 的位置开始，向上数 3 格，再向右数 5 格，对应的数是几？

（4）汇报交流这三个问题的解决策略。

环节二

子问题：如何创造有规律的"坐标方格"。

问题情境 1：在"创意大比拼"活动中，比一比谁能创造出有规律的"坐标方格"。

解决策略：

（1）以下面的"坐标方格"为引子，开启"创意大比拼"活动。

25	27	29	31
17	19	21	23
9	11	13	15
1	3	5	7

（2）学生从 9 格、16 格、25 格中自选方格图，独立思考、自主设计有规律的"坐标方格"。

（3）学生独立创造，组内交流，教师巡视，选择有代表性的创意"坐标方格"进行集体展示交流。

问题情境 2：如何探索斐波那契数列和《棋盘上的粮食》数学故事中的"坐标方格"的数的规律。

解决策略：

（1）出示"坐标方格"（图 D），观察发现其中数的规律。

13	21			
1	1	2	3	5

图 D

（2）交流发现的规律，并根据规律往下填数。

（3）介绍斐波那契数列。

（4）出示"坐标方格"（图 E），讲述《棋盘上的粮食》的数学故事，观察发现其中数的规律，并根据规律继续填数。

1	2	4	8	16	32

图 E

【案例评析】

孔老师的课堂充满尊重、信任、关怀的文化氛围，老师心中有学生，学生眼中有期待。数学思想，智慧的光，让教学看起来简单，品起来却深刻；表面上宁静，内在的思维却火热。这样至真的教学生命场中，隐含着向善，朴素地寻美，有品有质。课程、教师、学生水乳交融，共生为一种动态创生的文化。

1. 彰显课程的丰厚——用心选材　以一当十

从课程内容来看，简简单单的"坐标方格"里却蕴藏万千，富有张力。它里面有数字、有位置、有运算、有抽象、有想象、有推理等。这样的课程资源可以"以一当十"。教师则善于将静态的知识通过精妙的问题提取转化为动态的活动,从简单的载体中挖掘出深刻的课程价值与内涵。你发现"坐标方格"中的数有哪些规律?你如何能知道第四行第五列那个格里的数是几?你能设计有规律的"坐标方格"吗?这些问题有效驱动了学生主体的探究,成为学生思维的抓手。这样的课程内容不仅培育了学生的逻辑推理、几何直观、想象创造等能力素养,而且用"坐标方格"中的数学奥秘吸引住学生,让学生热爱数学,欲罢不能,这更是课程弥足珍贵的育人价值的体现。

2. 体悟灵动的智慧——精心设计　以简驭繁

从课堂教学结构的设计来看,看似简单的教学活动却做得有厚度、有穿透力。25 格的"坐标方格"的探究,学生是头脑风暴式地发现规律、交流规律。由于教师巧妙地调控,规律的呈现由浅入深——横向、纵向、斜向,相邻的四格、九格中的数的奇妙规律,激发了学生探究的热情。在猜数环节,选取中间格,学生闭目想象,发现"条条大路通罗马",纵横交错的规律都能巧妙地解决问题,学生自然体会到规律的应用价值。百格"坐标方格",是由 25 格"坐标方格"再向前"迈一步",处于学生最近发展区,学生充分地在思中做,在做中悟,在悟中用,汇报交流中对"错误"的辨析,使学生思维活动逐渐走向深入。在创造"坐标方格"中,"例子"是引子,更是"文化",学生的创造是生成,更是资源,在分享这些创造作品中,学生对"坐标方格"的数学本质的体会也渐深渐透。这样的结构设计基于学生的认知逻辑,又通过师生对话提升了思维品质,深化了意趣情感。

3. 孕育高尚的情怀——倾心教学　以情育情

再看教师,她已化身为数学的使者,用她对数学的热情感召着学生,用她信任的欣赏的目光激励着学生。教师的微笑、语言、动作中传递着对学生的尊重与爱,表达着和学生在一起的美好。教师对学生学习状态的智慧的处理,对教学节奏的整体把握,将学生的学习兴趣充分地调动起来,使学生的思维完满打开。

我特别注意到一个细节——教师每提出一个问题,都不急于指名回答,而是先用温暖的目光扫视一周,和每个学生的眼神相遇,然后才微笑着叫起某个学生来回答。虽然这中间只有短短的几秒钟,但我们从老师的眼神中读出了爱,我们感受到教师的心中装着每一个学生,这就是我们高品质课堂"高尚"的一个形象化的表征吧。在这样的教育场景中,教师用爱与责任,正努力开启儿童的智慧之窗,并奠定其人格之基。

播下一颗学习的种子

——高品质课堂典型样本之《生活中的推理》①

刘 颖

【内容定位】

推理是小学课标指定的一个重要的教学内容。《数学课程标准》中指出："推理能力的发展应贯穿在整个数学学习过程中。"推理是数学的基本思维方式，在小学阶段主要学习合情推理和类比推理。数学推理，是从数和形的角度对事物进行归纳类比、判断、证明的过程，它是数学发现的重要途径，也是帮助学生理解数学抽象性的有效工具。

本课根据莎士比亚名剧《威尼斯商人》的情节改编，主题内容是在教材的基础之上生成的一节假设推理课。在小学阶段，学生接触的数学更多的都是与计算和图形相关的，而推理在学生心中是不同于"常态"数学的存在。本课着重学习假设推理法，并贯穿了推理的多元解法，其中抽象出第三种解法是本课的难点。

【学情分析】

学生之前接触过一些简单的推理，但是学生往往过多地关注推理的结果，很少注重推理的过程，尤其在语言表述方面。小学生解题时大多是不自觉地运用了演绎推理，因此教学中教师必须追问为什么，要求学生会想、会说推理依据，养成推理有据的习惯。

本课无论采用哪种假设推理对学生来说都是巨大的挑战，学生的头脑中可能会闪现各种推理途径，这对本课的重点内容将是极大的冲击，所以引领学生走出假设推理思维的第一步很重要。小学生学习模仿性强，教学时要有意识地结合教学内容为学生示范如何进行假设推理。另外，由于本课是由一个问题情境贯穿全课，因此，课堂氛围必然相对"沉静"。在学生头脑风暴的过程中，如何一次又一次地调动学生的学习兴趣是对教师极大的考验。

【思路梳理】

本节课核心环节围绕"奖章在哪里"进行三次假设。

首先，由数学计算中的"异分母分数相加"导入本课，引导学生利用推理

---

① 刘颖，大连市金普新区七顶山小学教师。《生活中的推理》一课在 2017 年第三届全国小学数学文化优质课讲课比赛中获二等奖。

发现计算结果是不对的。接着，围绕"奖章在哪里?"的问题情境从三个切入点展开探索：一是假设奖章在某盒中；二是假设某个盒子上的话为真；三是从其中两句互相矛盾的话中抽象出第三句话一定为假，然后从假话中推断出奖章的位置，并引导学生验证自己的推理是否正确。最后，用"理发店"的案例让学生了解悖论，也激发学生对推理的兴趣。

【核心问题】

探索假设推理的多种思维方法。

【教学目标】

（1）经历假设推理的思维历程，理解假设条件成立，推理出现矛盾即否定假设的推理方法。

（2）发展类比、质疑、推理、分析问题的能力，提升数学抽象、逻辑推理的核心素养。

（3）养成独立思考、严谨、验证结论的学习习惯，激发推理的兴趣，感知推理的数学思想。

【教学过程】

环节一

子问题：初步感知什么是推理。

问题情境：$\frac{1}{3} + \frac{1}{2} = \frac{2}{5}$，利用推理探讨这样算是否正确。

解决策略：

（1）屏幕出示 $\frac{1}{3} + \frac{1}{2} = \frac{2}{5}$。

（2）引导提问：你能用推理的方法分析一下这样算为什么不对吗？引导学生注意观察这两个加数的大小，和的大小。

（3）小结感知推理：像刚才这样，同学们不计算也能判断这个结果是错误答案，你们用的方法就是一种推理。

环节二

子问题：假设推理的方法是什么？

问题情境1：某学校举行了一次推理比赛，在比赛中有这样一道题。（屏幕出示）有三个盒子，其中的一个盒子里放有奖章，每个盒子上面都有一句话：

甲盒：奖章在乙盒中	乙盒：奖章不在我这里	丙盒：奖章不在我这里

这三句话中只有一句是真话。你能推理出奖章在哪个盒子里吗？

解决策略：

（1）自主解决：请同学们思考，可以在练习本上写一写、画一画，有什么

想法也可以跟同桌或在小组里交流交流，找找看有什么办法能推理出来。（引导学生去假设）

（2）引导探索：我们怎么能知道这个假设是否成立呢？根据什么判断呢？（只有一句真话）那我们就来看看是不是只有一句是真的。

（3）全班交流：我们如何进行假设？（可以假设奖章在甲盒中，然后根据这个条件，分析盒子上的三句话是真还是假）

（4）学生汇报：①假设奖章在甲盒中，那么甲说的是假话，乙和丙说的是真话。两真一假，说明假设不成立，也就是说奖章不在甲盒中。②假设奖章在乙盒中，那么乙说的是假话，甲和丙说的是真话。根据"只有一句真话"的条件，说明假设也不成立，也就是说奖章不在乙盒中。

（5）学生独立尝试第三次假设：请同学们自己试一试，推一推，有了结果以后，可以和同桌交流交流，注意说清楚自己的推理过程。假设奖章在丙盒中，那么甲和丙说的是假话，乙说的是真话。这样两假一真，符合条件，说明假设成立，也就是说，奖章真的在丙盒中。

（6）总结：刚才我们是怎么推理出来的呀？（先假设，然后判断每句话的真假，最后看是否只有一句真话，判断是否成立）

（7）介绍假设推理：推理中如果遇到几种情况同时存在，先假设一个前提正确，以此为起点，如果推理出现矛盾，说明前提不正确；再重新提出假设，直到找到符合要求的结论。

问题情境2：假设推理是推理中很常见的一种方法，而假设的情况也不尽相同，在这个问题中你还能想出其他的假设办法吗？

解决策略：

（1）引导学生思考：除了可以假设奖章的位置，我们还可以假设什么呢？

（2）学生独立思考后，小组交流，然后汇报：还可以假设谁说的话是真话，因为真话只有一句。我们怎么能知道自己的假设对不对呢？根据什么来判断呢？（奖章只在一个盒子里）

（3）引导学生分析：如果甲说的是真话，那么乙和丙必定是假话。奖章会在什么地方呢？

（4）请同学们在练习纸上写一写，推一推。

（5）学生汇报：①如果甲说的是真话，那么乙和丙说的一定是假话。乙说假话，奖章在乙盒中；丙说假话，奖章在丙盒中。这样奖章在两盒中，与题意矛盾。所以假设不成立，甲说的是假话。②如果乙说的是真话，那么甲和丙说的一定是假话。甲说假话，奖章不在乙盒中；丙说假话，奖章在丙盒中。这样奖章锁定在丙盒里，与题意没有矛盾。所以假设成立，乙说的是真话。

（6）再次经历推理过程：请同学们在练习纸上，独立的用假设推理法再一次推理奖章在哪里，力争让自己的推理过程完整，思路清楚。

问题情境3：刚才，同学们在同一道题中，从两种不同的角度进行假设，最后推理出奖章就在丙盒中。我们解决同一个问题，有时候会有很多不同的方法，对于这道题而言，你还有其他方法吗？

解决策略：

（1）引导提问：我们刚才做了两次假设，在假设的过程中，都可能产生矛盾。如果你仔细观察就会发现，其实，就算不假设，题中也出现了矛盾。（学生发现甲和乙的话相互矛盾）

（2）进一步引导：虽然我们无法判断谁说了真话，可是我们能不能找出谁说了假话呢？（学生发现由于甲乙相互矛盾，那么甲乙两句话必定为一真一假，由于只有一句真话，那么丙说的定为假话，所以奖章在丙盒中）

（3）总结：推理是很特别的数学问题，它可能没有数字和图形，也可能不需要什么计算方法，而是根据一个或几个已知的判断，推导出一个未知的结论，这个思维过程就是推理。生活中有很多这样的推理故事，有兴趣的同学可以寻找这方面的书籍来看。

环节三

子问题：什么是悖论？

问题情境：推理中还有一个特别有意思的情况，即有一个理发师在自己的店里张贴了这样的标语——"我只给不给自己理发的人理发"，那么理发师究竟给不给自己理发呢？

解决策略：

（1）学生思考后，独立完成推理过程。

（2）介绍悖论：这就是赫赫有名的罗素悖论，由英国数学家勃兰特·罗素教授于20世纪初提出。这条悖论证明了19世纪的集合论是有漏洞的，几乎改变了数学界20世纪的研究方向。

（3）总结：同学们，推理的乐趣在于探究真相，而真相往往只有一个。数学本身就是一种理性的探索精神，希望同学们在未来的学习和生活中，勇于探索，追求真相。

【案例评析】

情况复杂的假设推理对于小学生来说特别难，同时也激发了学生的挑战心态。全课围绕一个问题情境展开，着重让学生经历假设推理的过程，从不同的思维角度切入，最后运用数学抽象进行二次分析，充分展示了推理的多元化，也彰显了数学的严谨性，推理本身就是数学思维中最美的体操。

1. 无限挑战——遵循教学基本规律

学生心中的"推理"通常都是在侦探小说里出现，面对假设推理这种让人头疼的问题，学生期待推理的结果，迫不及待地去猜、去推理、去验证。教师给学生个机会去尝试，允许学生失误，同时也给学生创造条件完成推理结果。课堂中，学生在经历第一次假设，已经得出结论的情况下，让他们抛弃自己原有的思路，进行第二次、第三次的思维历程，对学生无疑是巨大的挑战。学生开始不停地、反复地理解题意，深刻解读假设推理，一次又一次地从头开始，每一次都是不一样的思维历程。这种挑战，是"教"和"学"相互作用的结果，也是高品质课堂所追求的教学基本规律。

2. 独立思考——立足课堂原本意义

独立思考是数学课中特别重要的学习方式。高品质课堂提出要牢固秉持学生的主体地位，本课的一个特点就是独立思考的机会特别多。每一次假设，学生都要不断分析假设后的情况，学生一直处于思考的状态中。看起来波澜不惊，实际上学生经历了一次又一次的头脑风暴，而这风暴正是教师一次又一次地提问引起的。整个课堂，学生的"学"与教师的"教"始终交织在一起，是一个动态的过程。

3. 提升素养——彰显教学根本宗旨

课堂教学要承载对学生生命意义的价值引导，而数学不仅是解决问题的学科，也是提升思维品质、形成严谨科学作风的学科。本课在逻辑推理中反复深化假设推理，在前两种假设方法中进行数学建模，最后进行思维抽象。在教学过程中，教师鼓励学生验证结论，强调真相的唯一性，整个推理过程严谨有序，不把解决问题当作唯一目标，而是不断地提升思维品质，提升数学素养。

许你一双音乐的翅膀
——高品质课堂典型样本之《匈牙利舞曲第五号》①

【内容定位】

《匈牙利舞曲第五号》是一首广为流传的世界名曲，是德国作曲家勃拉姆斯的代表作品之一。作者采用了古典主义时期音乐作品最常见的复三部曲式结构。作品中的附点和切分节奏，使旋律更加自由奔放；激烈的速度变化、强弱对比等，都彰显着作品中强烈的匈牙利吉卜赛音乐风格特点。本节课的核心问题就要

---

① 程里，音乐教育专业，研究生学历。大连市金普新区临港小学音乐教师，金普新区教育科学研究院音乐学科中心组成员。《匈牙利舞曲第五号》一课在2017年12月全国第六届高品质课堂展示活动中被评为"教学改革创新"一等奖。

求我们，能让学生分辨出《匈牙利舞曲第五号》的曲式结构、体会音乐要素对音乐情绪的作用、感受匈牙利吉卜赛音乐风格特点。

本课的教学重点：培养学生的音乐听觉思维，记忆乐曲的主题，分辨乐曲的曲式结构。本课的教学难点：体会音乐要素的作用、感受分辨匈牙利吉普赛音乐风格特点。

【学情分析】

四年级正是学生由被动学习到主动学习的转变期，也是综合能力培养的关键期。本节课中，对乐曲音乐主题的记忆是分辨出三部曲式的关键，但是，作为四年级的学生，他们的听觉思维能力还没有系统地养成，单纯的听辨对他们比较困难；感受乐曲情绪、区分乐曲段落都离不开音乐要素，四年级的学生会比较容易感受到乐曲的快慢、强弱变化，以及附点节奏，但是却容易忽略乐曲中出现的力度记号、音区变化和作曲家这样设计所要表现的音乐风格，这些都需要老师的引导和启发。

【思路梳理】

本节课的欣赏顺序是：主题聆听→完整聆听→分段赏析→完整复听。主题聆听时通过现场的小提琴演奏，使学生对主题旋律留下深刻的印象；完整聆听时，通过寻找音乐主题和画图形谱，让学生直观地分辨出"三部曲式"结构；在分段赏析过程中，利用声势、模唱、律动、游戏等手段，充分调动学生的听觉思维、开发学生的记忆能力和感受能力，利用欣赏卡，将乐曲的音乐要素直观展现，激发学生更好地理解和感受乐曲的风格特点；最后的完整复听，通过观看管弦乐队的演奏视频，加深对这首乐曲的记忆和感受，最终，使学生在发展音乐听觉思维方面和感受理解音乐方面都有所收获。

【核心问题】

通过音乐主题分辨三部曲式结构。

【教学目标】

（1）通过听赏《匈牙利舞曲第五号》，感受乐曲热烈奔放的情绪，培养学生的审美能力。

（2）通过听辨、模唱、图形谱、律动参与等手段，帮助学生记忆音乐主题，发展学生听觉思维，激发学生体会音乐情感，并乐于参与音乐实践活动。

（3）了解匈牙利舞曲在速度、力度上的特点，引导学生初步分辨三部曲式音乐结构，体会速度、力度、节奏、音区等音乐要素对音乐情绪的作用。

【教学过程】

环节一

子问题：如何才能在学生聆听音乐主题的同时激发学生主动探究学习的

兴趣。

问题情境1：你知道管弦乐队中都有哪些乐器种类吗？

解决策略：

（1）伴着管弦乐《万岁波尔卡》的音乐旋律，学生们律动着走进教室。一边感受音乐热烈的情绪、欢快的速度，一边律动着走到自己的座位。

（2）知道刚才听到的是一首管弦乐合奏，并说出管弦乐器分类。（弓弦乐器、木管乐器、铜管乐器、打击乐器）

问题情境2：你听过这段音乐主题吗？

解决策略：

（1）展示弓弦类乐器：小提琴。老师今天带来了一件管弦乐队中最常见的乐器——小提琴。

（2）现场演奏《匈牙利舞曲第五号》A段主题1旋律。老师为同学们演奏一个音乐片段，请同学们仔细聆听。

环节二

子问题：完整欣赏，如何让学生自主探究乐曲的曲式结构。

问题情境1：在欣赏过程中，怎样让学生分辨出A段主题1出现的次数？

解决策略：

完整欣赏。当你听到老师刚才演奏的音乐主题时，请你举手。

问题情境2：怎样才能更加直观地让学生感受到乐曲的曲式结构？

解决策略：

（1）请同学们伸出你的手指，和老师一起，一边听音乐，一边来画图形谱。

（2）请同学们观察一下图形谱，你有什么发现？我们用 A 来代表第一行，用 A_1 来代表第三行，用 B 来代表第二行，请同学们告诉我，这首乐曲是由几部分组成的。我们将这样的曲式结构称为"三部曲式"。

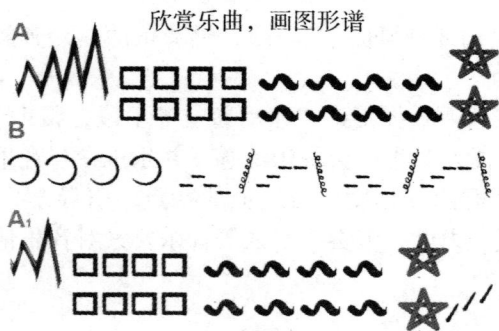

图形谱

问题情境3：怎样才能让学生在欣赏的过程中自主探究学习？

解决策略：

（1）为学生每人准备一张欣赏卡。

（2）请同学们拿出我们的欣赏卡，聆听音乐，填写《匈牙利舞曲第五号》的曲式结构。

欣赏卡

作品：《匈牙利舞曲》第五号				
曲式结构	调式调性	情绪	力度	速度
主题1	#f 小调			
主题2	#f 小调			
	#F 大调			
	#f 小调			

环节三

子问题：在分段欣赏时，如何通过多种方法让学生感受各乐段不同的音乐情绪。

问题情境1：观察曲谱，A段主题1中附点节奏多次出现，怎样能更准确地感受附点节奏出现的意义？

解决策略：

（1）请同学跟着老师一起做附点节奏的声势动作。我们用拍手表示强拍，用捻指表示附点，用拍腿表示弱拍。

（2）我们在附点节奏中加上音符，一边视唱曲谱，一边做声势动作。

（3）如果我们将附点去掉，你再来感受一下，旋律有什么不一样的感觉。（附点节奏使旋律有了波浪起伏的感觉，对乐曲的旋律起到了推动的作用）

（4）让我们一起跟着老师的钢琴，用"哒"进行曲谱模唱，感受一下附点节奏。注意#5的音准、注意不要喊唱、唱出附点节奏起伏的感觉、同时注意旋律的强弱。

问题情境2：欣赏A段主题2，感受第二主题和第一主题在情绪、速度、力度上有什么不同？

解决策略：

（1）请同学们拿出欣赏卡，我们来对比欣赏一下主题1和主题2，你来感受一下，主题2的情绪。（主题2情绪更加热烈）

（2）同学们全体起立，我们一边欣赏音乐，一边根据旋律快慢强弱来做律动，感受一下主题2的速度和力度有什么特点。请你将主题2的速度和力度特点

填写在欣赏卡上。（主题 2 力度有强有弱、速度时快时慢）

（3）为什么听起来主题 2 的情绪比主题 1 更加的热烈呢？请大家对比主题 1 和主题 2 的旋律，找一找作曲家在主题 2 的旋律中增加了什么记号？音区做了什么调整？（主题 2 中作曲家加入了顿音记号和重音记号；作曲家将主题 2 的音区提高了）

问题情境 3：欣赏 B 段，感受乐曲的速度和力度有什么特点？

解决策略：

（1）通过音乐游戏，熟悉 B 乐段旋律。首先我们来分成四个小组，老师这里有四条旋律，每个小组负责一条旋律，老师来弹钢琴，弹到哪条旋律，相对应的小组就起立。

（2）这四条旋律组成了《匈牙利舞曲》的 B 段，让我们一起跟着老师的钢琴来试唱曲谱。

（3）"15555434 5 5"这段旋律给你什么样的感受？（乐曲情绪活泼跳跃）

（4）B 段第二部分的旋律，让你产生什么样的联想？（B 段第二部的旋律时慢时快，好像一老一少两个人在对话，又好像一老一少两个人在比赛跳舞）

（5）这段旋律中一慢一快的特点，给你什么样的感受呢？（感受到乐曲旋律的诙谐幽默）

（6）完整聆听，在欣赏卡上填写 B 乐段情绪、力度、速度特点。情绪活泼跳跃、力度有强有弱、速度时快时慢。

（7）师生合作，律动感受 B 乐段的情绪、力度和速度。

问题情境 4：怎样才能更好地了解匈牙利吉卜赛音乐风格特点，直观感受并能分辨出带有吉卜赛音乐风格特点的音乐？

解决策略：

（1）乐曲的力度有强有弱、速度时快时慢。这是典型的匈牙利吉卜赛音乐风格特点。

（2）老师为大家现场演奏两个音乐片段，请同学们分辨一下，哪首音乐片段具有吉卜赛音乐风格特点？欣赏《小步舞曲》和《查尔达什》音乐片段，并能分辨出《查尔达什》具有吉卜赛音乐风格特点。

【案例评析】

一段激情的小提琴演奏，瞬间点燃了学生们的上课热情。四十分钟的课堂，程里老师始终以音乐审美为核心，以兴趣爱好为动力，以"对话式"的教学风格面向全体学生，注重个性发展，重视音乐实践。教学内容与结构设计新颖巧妙，她以一张欣赏卡贯穿整个课堂，引导学生感受分辨每个乐段的音乐要素，真正做到将课堂还给学生，学生分辨乐曲曲式结构的过程完整丰满，使学生思维能力、学习能力等综合素养得到发展；讲解附点节奏时，不忘记和三年级欣赏课《哆来咪》的内容进行关联，这种顺序性教学方法，非常值得我们学习借鉴。程里老师教态亲切大方，举止自然得体，言语极具亲和力，营造出轻松热烈的课堂氛围，对学生的评价及时准确且富有激励性。整堂课亮点纷呈，既有开始部分的乐器导入，也有乐句小游戏的巧妙设计，最后的乐器演奏，现场让学生分别感受到了吉卜赛音乐的风格特点，在学生们热烈的掌声中，将本课推向高潮。

启发性、探究式的教学最大限度地引导了学生的自主学习热情，让学生在音乐课堂短短四十分钟的时间里，沉浸在音乐的世界，体验音乐带给他们的不同感受。她不是单纯的教授音乐知识，而是将音乐的种子播撒到学生的心里，并期待着，终有一天会开出美丽的花。

以问题为引领，以学生自主参与为主线
——高品质课堂典型样本之《脚背正面射门》[①]

吴宝旭

【内容定位】

本课以《体育与健康课程标准》为依据，坚持"健康第一"的指导思想，通过小足球脚背正面射门教学，为学生创设"自主，合作，探究"的学习氛围，让学生在"玩中学、乐中学、思中学、练中学、探中学"，激发学生对小足球运动的兴趣，从而调动学生主体积极性，更好地发挥学生的主体作用。

【学情分析】

水平三的小足球教材融合了球类活动的游戏性、趣味性、竞争性和集体性等特点，是小学生非常喜欢的内容之一，在球类教学内容中占有比较重要的地位。而足球恰恰是我校的传统项目之一，虽然是五年级的学生，已经具备了一定的足球基础。根据学生的发展需求选择了教材正脚背射门来进行教学。教学中运用设疑、体验、明理、练习、提高、分层、竞赛等教学方式，循序渐进、层层深入，充分挖掘每个学生的潜在能力，从而实现本节课的学习目标。

【思路梳理】

本课"以问题为引领，以学生自主参与为主"，架构逐层递进的三大板块：

---

① 吴宝旭，体育教育专业，大连市金普新区金源小学体育教师。《脚背正面射门》一课在 2016 年 12 月的中国教育科学研究院教育综合改革试验区"高质量课堂展示"活动中，荣获"教学改革创新"特等奖。

第一板块是在学生观看球星射门视频时"放"，让学生放开、尽情地去探索发现，在观看视频时，引导学生完满地打开解决问题的思路，运用多种策略解决问题。第二板块是在学生观看教师示范时"收"，通过诱导学生去尝试、体验练习，让学生知道正脚背射门的触球部位，形成正确的运动表象概念。再通过设疑、学生的体验与感悟，进一步地明确助跑路线和支撑脚的位置。通过教师的示范、讲解，学生的分层与多练，教师的指导，提高学生的射门能力。第三板块以游戏与比赛形式，提高学生射门能力的同时，感受足球带来的成功和快乐。

【核心问题】

动作要点：①站对支撑脚的位置；②脚、球接触点踢球时腿的摆动要领；③最完美的脚、球接触点（即脚背所踢的足球的位置）；④正脚背触球发力。难点：支撑脚的动作要领，摆动腿的速度和力度。重点：助跑路线，脚、球接触点。

【教学目标】

（1）学习脚背正面射门技术，学会射门方法，不断提高学生射门能力。

（2）通过尝试练习、游戏比赛等相结合的教学手段，发展学生力量、灵敏、速度、耐力等身体素质。

（3）在和谐、愉快的气氛中，发展互帮互学，体验成功的喜悦，充分发扬团队协作的精神。

【教学过程】

环节一

子问题：正脚背射门技术动作重点、难点。

问题情境1：视频中的老师是如何进行正脚背射门的？

解决策略：以教学视频为主实现以下几点教学活动。

（1）教师让学生体验脚背射门技术要领。让学生总计归纳。

（2）组织学生6人一组练习协调性、速度、射门技术，提高学习兴趣与合作能力。

（3）教师指导并纠正错误动作。

（4）组织学生合作进行协调性、速度、射门技术游戏。

（5）结合学生学习，教师简要归纳总结技术动作要领。

（6）结后练习，教师巡回指导、评价。

问题情境2：观察模仿教师示范。

解决策略：

（1）结合老师的诱导与设疑问题。

（2）观察模仿教师示范。

（3）在教师指导下积极参与练习。

（4）师生共同评价。

环节二

子问题：足球比赛。

问题情境1：在"足球比赛"中，使用正脚背射门得三分，其余方式射门得一分，比赛过程当中注意观察队友、防守队员的位置。

解决策略：

（1）教师认真且简要讲解。

（2）组织学生自主进行练习。

（3）师生共同评价。

（4）教师表扬与鼓励，总结练习中存在的问题与改进措施。

问题情境2：放松。

解决策略：

（1）在音乐伴奏下教师引导学生进行放松，使精神完全松弛下来。

（2）教师评价。

（3）小结本节课（要求：教师针对性小结）。

【案例评析】

首先，教师的教学基本功非常扎实。基本功是教师个人素质的体现，是教师教学成败的关键。特别是体育教学，老师的能力直接决定了学生能到达的高度，因为大量的起身示范和动作纠正极其考验体育老师的专业知识。而且基本功是青年教师必备的条件，也更能让我们学生有个极好的榜样和努力的目标。

其次，从课的内容的角度来说，吴老师采取循序渐进的教学策略，通过让我们观看喜欢的球星帅气引爆全场的射门视频集锦来将我们一步一步带入快乐的足球世界！并通过提问我们喜爱的足球明星，进一步产生双向互动从而更激发了我们对足球的热情，而热情和兴趣是最好的老师，在这样的氛围下学习，我们每一个都对足球的学习充满斗志和信心。而在教学中，教师引导学生仔细观看高清射门教学视频，并亲身示范带领学生学习技术动作，体会支撑脚站位与脚型的固定。而后就展示了吴老师作为教师严格的一面，我们跟着视频反复练习，吴老师则认真观看我们每一个学生的动作，严格纠正各种不规范的技术动作，基本功决定以后的高度，吴老师这是对我们每一个负责。当然最妙的是上课时所伴随我们的音乐了，吴老师巧选音乐，让音乐结合我们的学习，释缓了学习的疲劳，提升了学习的乐趣。而在"备教材、备学生、备场地"上，吴老师也做得相当好，舒适的教学节奏，精妙的课程结构和安排，都说明吴老师在课前做了充足的准备。

再次，教学中充分体现了"发挥教师的引导作用，体现学生学习的主体地位"的基本教学理念。"教学，教学，老师教授，学生学习"，吴老师在很好地完成了他的教授部分后，还循序渐进地引导学生自主自由自强地掌握学习！特别是以小组为单位的教学比赛，不仅让学生收获到了合作和运动相结合的乐趣，还激发了大家的取胜欲望，从而使学生能更主动、更积极地学习！

牢牢抓住学生的注意力和兴趣点
——高品质课堂典型样本之《We're having a party》[①]

郭文博

【内容定位】

课文描述的是几个小朋友在母亲节这天为妈妈们庆祝节日的情景，通过两个小主人公打电话的方式使用现在进行时向大家描述了聚会现场的画面。重点是让学生在理解的基础上熟练掌握 be + v-ing 的结构组成，感知动词现在分词变化的不同规律，并在单句描述的基础上能运用现在进行时描述某个完整的场景。难点是由语言表达过渡到简单的写作，从听、说、读、写四方面全面地培养学生的综合语言运用能力。

现在进行时态是课程标准二级目标中设定需要掌握的重要语言知识之一，要求学生能够在具体语境中理解现在进行时态的意义和用法，并在实际运用中体会它的表意功能。现在进行时态在二年级下学期第四册课本中初次出现过，教材设置了五个模块内容系统地向学生呈现了包含所有人称在内的现在进行时的肯定句、否定句、一般疑问句以及特殊疑问句。本模块再次出现现在进行时意在对以往知识进行巩固、深化与拓展。

【学情分析】

学生通过以前的知识积累，能够理解现在进行时所表达的意义，能够快速地回忆起动词的现在分词形式，对各个人称的变化，肯定句、否定句、一般疑问句、特殊疑问句的特点及变化已经基本理解并初步掌握。因此，学生不会觉得

---

① 郭文博，专业英语八级，大连市金普新区育才小学英语教师。《We're having a party》一课在 2012 年 5 月中国教育科学研究院教育综合改革实验区"高质量课堂展示"大赛中荣获一等奖。

难，会乐于积极主动参与课堂。但是现在进行时的基本结构"be + v-ing"学生掌握不牢，尤其是容易将"be"动词丢掉。

四年级的学生注意力仍然不够稳定、持久，难于长时间地注意同一件事物，容易为一些新奇刺激的事物所吸引，所以他们对动画人物和身边的同学出现在老师的课件里，以及有竞争性的队组比赛活动会感兴趣。他们的情绪比较外露、易激动，因此小组比赛时，他们会显得异常兴奋，甚至可能会为了团队利益而发生争辩，课堂秩序可能会受到影响。

【思路梳理】

小学英语教学的核心是激发学生学习英语的积极性，因此在教学过程中我遵循由浅入深、由易到难、循序渐进、逐步扩展、点面结合、不断复现的原则，采用了任务策略、情境策略、认知策略、活动策略和实践策略，最大限度地调动学生学习热情与学习潜能。在教学过程中，依据"学生能用英语做什么"的思想设计教学活动，让学生依据本课所学的语言来理解和回想日常所见的行为，以发展学生综合运用英语的能力为目标，发展学生用英语做事情的能力。在语言知识教学时，把它们置于语境中，进行基于运用的词汇讲解，运用韵句、歌曲强化词汇、语法记忆，使学生在语境中感受语法，掌握日常生活中的交际语言。在活动设计时重视情境创设，设计打电话、情景描述等任务型活动，利用模拟情景进行操练，刺激学生的交际动机，使学生产生交流的欲望，引导学生大胆地运用语言材料，使所学的语言知识转化为语言能力。

【核心问题】

如何恰当地、准确地使用现在进行时进行情景描述。

【教学目标】

（1）通过学习，能听懂、会说并认读词语"happen""surprise""Mother's Day"；能够运用"What are you doing?""We're doing …""What's happening now?"" …is doing …"进行对话问答、课文朗读表演。

（2）通过观察，能够发现并归纳出不同动词现在分词的变化规律，以及现在进行时句子的结构、所表达的意义和用法，学会在图片、关键词的提示下，想象并恰当运用现在进行时描述一个符合逻辑常识的情景。

（3）通过学习，了解母亲节的时间，树立爱母亲、感恩母亲的思想感情。

（4）通过参与丰富多彩的课堂活动，发现、感受英语的语用性，激发起学习英语的热情，产生愉快的、收获的感觉。

【教学过程】

环节一

子问题：复习表示动作的单词、短语以及现在进行时态的句子。

问题情境1：你听过这首歌吗？和老师一起快乐地唱跳吧！

解决策略：

播放动画歌曲《Walking walking》，在老师的带领下一起边跳边唱，激发学生的学习兴趣，让学生的眼、耳、嘴、全身都动起来。

问题情境2：我来说，你来做。

解决策略：

运用 TPR 教师说动词短语，学生听、重复短语的同时做相应动作，由词到短语递进复习。

问题情境3：师生自由对话。

解决策略：

教师问学生 "What are you/they doing?" "What's he/she doing?" 等问题，学生回答，从而过渡到句型的复习。

环节二

子问题：感知理解课文对话内容，体会对母亲的爱，同时理解重点词汇意思并运用其适当表达。

问题情境1：你知道他们为什么举行聚会吗？

解决策略：

出示大明和玲玲打电话的图片，引导学生说说他们正在干什么？随后学生扮演大明一起给玲玲打电话问一问："What are you doing?" 玲玲回答："We're having a party." 引出本课学习内容，教师板书课题。接着给学生创设思考提问的时间，鼓励他们说说自己想了解有关这个 "party" 的哪些内容，教师最后也提出自己的问题："Why are they having a party?" 教师播放课文动画后，学生回答上面提出的问题，理解课文话题是母亲节。

问题情境2：你理解课文中这些重点词汇吗？

解决策略：

运用多媒体课件出示图片 "Mother's Day"。通过 "When is Mother's Day?" "What do you do for your mum on Mother's Day?" 两个问题引导学生用这个短语造句，拓展母亲节相关知识，培养学生爱母亲的思想感情。

启发学生说说还知道哪些 "special days"，由点到面总结特殊的节日名称。

启发并鼓励学生猜测 "It's a surprise party." 中 "surprise" 的含义，运用课

件呈现其含义。创设儿童节情境,送给同学礼物,找同学到前面配合表演"surprise"。

问题情境3:具体理解课文,孩子们在聚会中都做了什么?

解决策略:

(1)教师播放课文动画,学生观看、跟读模仿。

(2)教师板书句子:"What's happening now?"教授"happen"单词及句型,学生操练。然后教师运用多媒体课件播放聚会的声音,学生听、思考:"What's happening now?"并进行对话回答。

(3)学生自主阅读课文,用笔标注出课文中出现的现在分词后进行汇报。教师运用多媒体课件形象地把特殊变化的动词突出,并给出其他例子,引导学生发现并归纳动词现在分词变化的规律,鼓励学生在自己已掌握的词汇中找出相同变化规律的单词。

(4)学生两人一组进行对话表演,全班共同演绎课文。

环节三

子问题:掌握现在进行时"be + v-ing"的结构和意义。

问题情境1:你能恰当运用现在进行时的句子进行电话交流吗?

解决策略:

(1)出示以课文内容为基础自编的歌词,随伴奏音乐唱,鼓励学生课后自己编词演唱。

(2)创设多种情境,图片引导,学生自主选择场景俩俩表演打电话。

问题情境2:猜一猜,这些孩子在"Teacher's Day"和"Children's Day"的庆祝活动中都在做些什么?

解决策略:

教师运用多媒体课件创设教师节、儿童节的情境,组织学生以队组比赛的游戏形式猜人物当时的活动,猜对的同学可以为本队赢得一张单词卡片,赢得的卡片可以先组成一个正确句子的团队获胜。

问题情境3:用现在进行时完成一小段庆祝儿童节场景的短文写作练习。

解决策略:

教师运用多媒体课件呈现一幅孩子们庆祝儿童节的画面,教师有感情地描述画面情景,课件同时出现短文。随后鼓励学生选择一种喜欢的方式,伴随着轻柔的音乐写一写自己和伙伴们庆祝儿童节的情景。

【案例评析】

优化课堂教学,凸显高尚、本真、丰厚、灵动、和谐、创新的高品质一直是我们不懈的追求。郭老师的课堂在各个方面不同程度地体现了高品质课堂的这些要素，值得我们借鉴。

首先，这节课在教学目标的确立和实施上，做得非常好。老师抓住三个关键知识点：节日"Mother's Day"，现在进行时和问句"What's happening now?"。首先让学生初读课文，解决节日名称，再细读，分析提炼"v-ing"形式的结构特点，再到问答"What's happening now?"的强化训练，不仅使学生理解课文内容，而且一步一步引导学生对知识进行了解、建构和重构，最后联系生活，实际运用。这就是一个让学生自己去发现、思考、探索、创造的过程，这正是我们要看到的灵动的、和谐的课堂，这种目标的设定和实施是丰厚的。

另外，写作活动设计很好，有针对性、层次性和灵活性，体现了由动到静的活动变化。孩子们刚刚做完比赛，兴致都很高，这时老师变化了活动方式，每个孩子又都全神贯注地安静地投入到了一个新的活动中。在活动的设计上老师充分考虑了学生的个体差异，既有简单的填空，又给能力比较强的孩子提供了思维扩展的空间，不仅体现了因材施教，也很好地关注到了学生的能力差异。让学生自主选择练习，其实也隐含着一个学生自我评价的过程。郭老师根据教学内容和学生认知进行过程调控，学生根据学习内容和老师调控进行主动认知、理解、吸收、内化和输出，凸显了课堂教学机制上的本真二字。

动态实施教学设计的关键在于找准教学切入点
——高品质课堂典型样本之《爬山虎的脚》①

李 例

【内容定位】

《爬山虎的脚》是小学语文第七册第二单元的第二篇课文。这篇精读课文写的是作者通过连续仔细的观察，发现了爬山虎怎样爬的秘密。课文先介绍爬山虎长在什么地方，然后写爬山虎叶子的特点，最后介绍爬山虎脚的特点以及它是怎样往上爬的。

选编本篇课文的主要意图，一是引导学生学习仔细观察植物的方法，并能够运用学到的观察方法指导自己的观察实践，提高学生在习作实践中把事物写具体

---

① 李例，辽宁省特级教师，辽宁省小学语文学科带头人，大连市金普新区春华小学教师。《爬山虎的脚》一课于2016年《小学语文教学》杂志社主办的全国"博约课堂"小学语文课堂教学大赛中获一等奖。

的能力；二是配合本组教材的训练重点，让学生在理解课文内容的同时，感受植物的无穷魅力，增加热爱大自然的情趣。

本文的教学重点是通过理解重点词句了解爬山虎脚的特点，学习作者抓住特点进行观察和表达的方法。教学难点是体会作者是怎样把爬山虎的脚的特点写详细、写生动的。

【学情分析】

四年级学生对各项语文要素的把握已经具备相当的独学能力，同时也形成了一定的自主、合作的学习能力。所以，本课的基础性目标，如，学习生字新词，把握主要内容等要素，完全可以大胆放给学生独立完成，教师的主导作用将发挥在学生看不到、想不到的地方，本课就是体会表达方法。为了更好地让学生品味本课用词精当、简练、生动的表达特点，采取实物对照阅读法，创境启情，激发生成，引领学生突破学习难点，提升感悟，促进情感的共振与生命的成长。

【思路梳理】

基于本课承载的落实相关语文要素的任务，兼顾文本、教者、学生和编者的意图等因素，围绕教学目标设计了如下教学思路。

了解学情（反馈学生课前预习对生字和主要内容的掌握情况）→读"脚"（品析用词的精当）→读"叶"（品析描写的生动）→积累语言（读读背背精彩语段）

【核心问题】

体会并学习作者如何观察和描写爬山虎的特点。

【教学目标】

（1）会认"均、匀、茎、柄、蛟"5个生字，会写"虎、占、铺、均、匀、叠、茎、柄、触、痕、逐"11个生字。

（2）读懂爬山虎的脚的特点及它是怎样爬的。

（3）品析作者表达的准确与生动，朗读背诵课文。

（4）学习作者细心观察的方法，培养留心周围事物的意识。

【教学过程】

环节一

子问题：交流课前预习。

问题情境1：PPT出示需要交流的问题。①读文，关注预习时勾画出来的生字新词。②边读边想：课文先写了爬山虎生长的（　　　　），接着写（　　　　），然后介绍了（　　　　）的形状和特点，最后写它是如何一步一步（　　　　）的。

解决策略：

（1）带语境认读。

（2）同桌互相查读

（3）反馈主要内容。

教师板书：地方—叶—脚—爬

问题情境2：这篇课文从不同方面介绍了爬山虎的特点，用什么方法概括主要内容比较简单？

解决策略：

讨论回答：各部分内容串联（段意归并法）。

问题情境3：举一反三，迁移运用。还有哪类文章适合用这种方法把握主要内容？

解决策略：

（预设）

（1）指名说。（如果说不上来）小组讨论。

（2）（如果小组讨论不出来）出示《美丽的小兴安岭》篇章结构。

（3）教师点拨：一般写景的文章都是从不同的方面来写的，适合用各部分内容归结法来把握主要内容。

环节二

子问题：爬山虎的"脚"有什么特点？

问题情境1：①给每个小组发放一条鲜绿的爬山虎藤条。②出示填空：爬山虎的脚长在＿＿＿＿＿＿＿＿＿＿＿＿＿＿；脚的形状是＿＿＿＿＿＿＿＿＿＿＿＿＿；脚的特点是＿＿＿＿＿＿＿＿＿＿＿＿＿＿＿＿＿。

解决策略：

（1）独学。默读语段，圈点勾画。

（2）群学。以小组为单位，文、物对照，讨论探究。

（3）汇报交流。

问题情境2：教师指爬山虎藤条：这脚的位置可难以说明白，作者是怎么写清楚的？

解决策略：

（1）PPT：爬山虎的脚长在茎上。茎上长叶柄的地方，反面伸出枝状的六七根细丝，每根细丝像蜗牛的触角。

（2）学生边读边指，实物演示。

（3）教师小结：作者表达准确、简洁。

（4）拓展举例：（PPT）他们是把花都栽种在临街窗户的外面。——季羡林

《自己的花是让别人看的》

问题情境3：你也能尝试用准确、简洁的语言说说教室内某物品或同学的位置吗？

解决策略：

（1）指名说，评议。

（2）朗读第三自然段。练读、评读、指名读。

问题情境4：爬山虎的脚是怎样爬的呢？请画出"爬"的连续动词。

解决策略：

（1）默读勾画。

（2）全班交流。

（3）教师小结。原来如此！要揭开爬山虎爬墙的秘密可不容易。叶圣陶爷爷怀着对花开花落，草木枯荣的留心与热爱，连续坚持几个月，跟踪观察了爬山虎的生长过程，最终破解了它爬墙的秘密。可见，用连续的动词可以展现一个完整的过程，映现一个完整的画面。

（4）朗读第四自然段，再次品味"爬"的连续动作。

问题情境5：请你描述自己熟悉的一个情景，用上连续的动词。

解决策略：

（1）练笔写情景。

（2）全班交流。

环节三

子问题：本课题目是《爬山虎的脚》，为什么要写叶子呢？

问题情境1：（PPT）爬山虎铺满墙壁屋顶的图片。

解决策略：

学生自由谈说想法。

问题情境2：作者是怎样描写叶子的呢？咱们再来品一品，读一读。

解决策略：

（1）PPT：那些叶子绿得那么新鲜，看着非常舒服，叶尖一顺儿朝下，在墙上铺得那么均匀，没有重叠起来的，也不留一点儿空隙。——叶圣陶《爬山虎的脚》

（2）"铺"是什么意思？（把东西展开或摊平）

（3）这里，哪些词句写出了"铺得均匀"？请你画出来。（没有重叠起来的，也不留一点儿空隙。）

（4）教师：叶老用词多么准确、生动啊！

问题情境3：比较叶圣陶笔下的叶子跟巴金笔下的有什么不同？

解决策略：

（1）PPT：那么多的绿叶，一簇堆在另一簇上面，不留一点儿缝隙。——巴金《鸟的天堂》

（2）学生讨论交流：叶圣陶笔下，爬山虎的叶子，特点是——铺得均匀；巴金笔下，大榕树的叶子，特点是——堆得茂密。

（3）教师点拨：这，就叫——抓特点，写真实。

问题情境4：（PPT）一阵风拂过，一墙的叶子就漾起波纹，好看得很。

解决策略：

（1）读到"漾"？（水面微微动荡）你脑里出现了什么画面？想到了哪个词？

（2）PPT：水波荡漾。

（3）小结：作者用词真是贴切、生动。一个词就点活了一个画面，精心揣摩词语的表达多有趣啊！

环节四

子问题：请把以上我们品析过的，描写"脚""爬"的精彩语段梳理一下，回头再有感情地朗读，争取背诵下来。

问题情境：①（PPT）出示语段："叶"段——真实、生动；"脚"段——精当、简练；"爬"段——动词连用。②填空背诵。

解决策略：

（1）学生对照 PPT 在文中标注语段，看书朗读。

（2）同桌互助，练习背诵。

子问题：课后，请仿照作者的观察方法，观察一种植物。先从远处看，再从近处看，特别注意它的茎、叶、花，看看有什么特点，再抓特点具体地写出来。

【案例评析】

李老师执教的这节《爬山虎的脚》，是一节立足学科本质，聚焦言语学习，转变学习方式，着眼自主阅读的实践策略探索课。主要体现了以下几个特点。

1. 阅读取向鲜明

这节课的教学目标直接指向言语表达的学习，而不是停滞在弄懂"写了什么"就止步不前，将"得意"一直推进到"得言"为止，学习语言文字运用的实践性特征鲜明。

2. 创造性使用教材

读"叶"环节巴金笔下大榕树叶的描写，读"脚"环节，季羡林对德国街道花盆摆放位置的描写，两处资料引进对比，春风化雨，点石成金。

3. 着眼于"自主"的学习方式

不难发现，本节课格外注重学生自主阅读素养的点滴培养，体现出学段特点。是在识字的基础上，从段的阅读到篇的阅读，从课内的阅读到课外的观察，从有字的文本阅读到无字的生活阅读，从任务驱动到兴趣推动，经历了一个完整、有序、渐进的连续过程。可想而知，日积月累，必将为儿童成为优秀的终身阅读者奠定坚实的基础。

4. 学生学习参与度高

创设实物观察的真实情境，搭建学生自主的学习平台，点燃热情，收放自如有度。据细致的课堂观察，本节课的学习参与度达到 100%，360 度无死角，学生处于身心舒展，思维放飞的忘我状态，思维在读、说、背中快乐拔节。学习效果达成度显而易见。

成为孩子最重要的"他人"
——高品质课堂典型样本之《My "perfect holiday"》[①]

张海燕

【内容定位】

本文是典型的英文记叙文（Narrative writing），是学习记叙文文体、结构、行文特点的范本，通过本文的学习可以掌握如何阅读英文记叙文体裁的文章，这是本课的核心问题。

本课是一节以"独自在家生活"为话题的阅读课，教材文本以少年郑晨宇对父母"过度"的悉心照顾表现出厌烦态度，认为大人对他的生活干涉过多为背景开篇，讲述其独自在家的故事，是典型的记叙文文体。文章以故事的"时间发展顺序"展开，生动地描述了人物感受变化的细节，作者从中悟到"独自在家并不如想象的那么美好，父母的照顾并不是干涉过度"这一结论。该语篇旨在引导中学生，培养独立生活、自理、自立的能力，做一名有能力、高素质的中学生。

基于对文本内容和结构的分析，引导学生通过文本标题 My "perfect holiday" 以及标题中的引号，预测文章的写作风格和文章大概内容，引导学生浏览全文，

---

① 张海燕，大连经济技术开发区第九中学教师，大连金普新区名师工作室成员，辽宁省英语学科骨干教师。《My "perfect holiday"》一课于 2017 年 12 月在由中国教育学会外语教学专业委员会在江苏举办的第十二届初中英语国优课比赛中荣获国优课一等奖。

check 读前的预测，了解语篇大意，理清语篇的结构。

在细节提取环节，把"客观信息的提取问题"交给学生自主阅读完成，然后引导学生理解语篇中某些语句的深层含义，通过问题牵引学生的思维，通过思维导图来梳理语篇结构、情感变化线索以及导致情感变化的细节信息，并借助思维导图复述内化文本内容和语言。

在语言输出阶段设计了 Further thinking：Home alone-Ready or Not 这样的情景活动，引导学生探讨对 Home alone 的看法、自理自立的意义，以及如何看待父母对孩子的照顾等，以此来梳理语篇的主题意义。

本课的教学重点：通过标题等预测主旨大意的阅读策略；理清文章的语篇结构；对文章细节的透彻理解。教学难点：感悟作者情感变化；探讨、表达 Further thinking 部分的问题；理解文本所蕴含的 lesson（道理）。

【学情分析】

"渴望独自在家、摆脱父母的唠叨，厌烦父母日常的耳提面命"，此现象目前在中学生中是存在的，但是中学生又无法真正做到独自在家照顾好自己的饮食起居、学习等日常生活，本文真实再现了这一现象，所以学生读本文时会有切身的体会，会产生共鸣、共情，阅读过程便会是建立文本和自身情况链接的过程，是体验、对比、思考、共鸣的过程，这将是学生的生命体验，这将促进学生的自我成长。

学生到九年级上学期学段已经见过、体验过一些叙事文类型的文章，积累了一定的阅读体验，对记叙文有一定的感性认知。本课文本是教授学生学习记叙文的典型文章，在学生已有的感性认知基础上进行理性的梳理和系统的学习，这样，学生对此类文章内容的把握不会感觉很困难，但是若想精准地把握、读懂记叙文，很重要的一点，即理解文章所蕴含的 lesson（point）是有难度的，在备课时就要做精心的教学设计，从哪个方面引导，如何诱导学生逐步理解该文本欲传达的主旨、作者的意图、如何准确把握作者通过该文要传达给读者的道理，如何启发学生从中获得自我认知和体验，从而对他们的成长有所启示和帮助，这是在教学设计和实施过程中要好好思考的。

【思路梳理】

目标设定—背景引导（话题激活）—阅读文本（语言接触）—文本理解检测（语言理解）—话题讨论（语言应用）—目标达成度检测（能力目标在课堂中以学生的实际表现来观察）。

【核心问题】

英文记叙文（Narrative writing）的文体、结构、行文特点，并理解文本所蕴含的 lesson（道理）。

【教学目标】

By the end of the lesson, students will be able to:

(1) Identify the writing style and the structure of the passage.

(2) Summarize the major information of the writer's home alone story with the help of the mind-map (orders-bored; chance-excited; trouble-tired &. lonely; trouble-lonely)

(3) Share their understanding about the writer's feelings change.

(4) Express their opinions about being home alone.

(5) Become aware of parents' love and the responsibility that teenagers should take.

【教学过程】

环节一

子问题：To arouse students' interest and expectation in the topic of the text.

问题情境：Lead in to establish situation.

解决策略：

Ask questions related to the topic-home alone: Have you ever been home alone? What did you do when you were home alone? How did you feel about staying home alone? Then get the students to chat about the topic.

环节二

子问题：Reading for gist.

问题情境 1：To get the students think what the passage may be about before further reading, just according to the title.

Get the students to think about why the title has quotation marks around the two words.

解决策略：

Prediction helps develop expectations in the topic of the text, and develop the skill of reading for gist.

Instruct students to read the text and check their predictions at the same time.

Then share their ideas with the class.

问题情境 2：Think about what writing style it is.

解决策略：

Get the Ss to identify the writing style-Narrative writing.

问题情境 3：Consider the passage structure and think about how many parts the passage can be divided.

解决策略：

Clarify the passage structure，Background-Story-Ending：①—②③④—⑤.

环节三

子问题：Reading for details.

问题情境1：Reading the Background part，and try to understand it.

解决策略：

Read the text and check the answer of the following questions：How did the boy feel about his parents？Why did he feel like this？How do you understand "to be a man".

问题情境2：Understanding how the story developed.

解决策略：

通过以下问题链，理解故事的发展。

（1）What made Zheng Chenyu's wish come true？

（2）What did the boy do to have fun on the first day？

（3）What happened to the boy at school the next day？

（4）What did the boy think of his home alone holiday？

问题情境3：Combing how the boy's feelings changed.

解决策略：

Guide the students to find out the key words and sentences that show us the boy's feelings and how the feelings changed.

环节四

子问题：Further thinking.

问题情境：Do you think the boy wants another chance to be home alone？Why or why not？

What do you learn from the boy's story？

解决策略：

Get the students to discuss about it in groups and then share their opinions around the class.

【例评析案】

张海燕老师讲授的《My "perfect holiday"》一课，代表辽宁省参加了2017年第十二届全国初中英语课堂教学观摩活动，并荣获一等奖。本课依据高品质课堂实践框架设计，从不同角度展示了高品质课堂"高尚、本真、丰厚、灵动"的教育定位与价值追求。

1. 以问题为导向设计教学，点燃课堂灵动的火花

在教学设计上，本课遵循高品质课堂的实践框架，以教材内容为依据，确立教学核心问题——英文记叙文（Narrative Writing）的文体、结构、行文特点，并理解文本所蕴含的道理；以核心问题为焦点，细化分解为四个子问题，并对应建立紧密衔接的四个教学基本环节。

教学环节一（子问题1）To arouse students' interest and expectation in the topic of the text.

教学环节二（子问题2）Reading for the gist.

教学环节三（子问题3）Reading for details.

教学环节四（子问题4）Further thinking.

上述每个教学环节又包括若干问题情境，以及与之相对应的教学解决策略。这种教学结构与教学过程设计，凸显了高品质课堂教学过程"导入—习得—巩固"三个基本步骤，有效激发了学生思维火花的不断迸发。

在教学环节中，教师以问题链的形式"步步紧逼"，不断引导学生思维向纵深推进。如：

What made Zheng Chenyu's wish come true?

What did the boy do to have fun on the first day?

What happened to the boy at school the next day?

What did the boy think of his home alone holiday?

2. 以课文为主线统领教学，呈现课程丰厚的内涵

张老师对文本内容进行了深度解读，在基于主题，挖掘文本的过程中，将structure、meaning、culture有机结合，抓住了文本的核心主题意义，从预测文本大意入手，抓住标题特点，引领学生大胆预测标题所蕴含的真正含义，学会预测等阅读微技能知识。对重点词汇，如"my chance come"中的"chance"，"to be a true man"中的"true man"等关键词的剖析，充分体现了张老师对主题意义的深刻理解。在文本升华阶段，张老师提出了两个开放性问题：①Do you think the boy is looking forward to another holiday like this? Why or why not? ②What do you learn from the boy's story? 运用这两个问题给学生打开了建立在主题意义下的思维发散空间，在运用语言表达自己所思所想的同时，丰富了本课语言知识以外的人文精神和文化品格，体现了丰富的课程内涵。

3. 以情境为诱导贯穿教学，培育学生积极的情感

张老师通过巧妙、生动的教学情境，引导学生观察主人公情绪变化，寓情于教，寓爱于教，通过对 bored-excited-happy-tired-sleepy-lonely-worried-missed 等情

感的体验，带动学生在细节上发现人物情绪的细微变化，使学生认识和理解"父母之爱"的厚重，进而提升学生对"爱"的情感认知，培养学生的情感由"关注自我"向"关爱他人"转变。

4. 以关爱为核心融入教学，追求为师高尚的品格

张老师在课堂上始终呈现出饱满的热情和可亲的笑容，对待学生的质疑和回答，给予鼓励的眼神和中肯的评价；对待学生的思索给予等待和期许。在小组讨论过程中，张老师能体贴关怀到每个孩子的参与表现，对待困难的小组给予及时的指导和帮助；在学生反馈时，给予足够的反馈时间，充分尊重学生，尊重学生学习成果的呈现。学生在课堂上无时无刻不在体验着教师的关心与关爱，也体现了教师较好的师德修养。

总之，张老师在教学过程中，力图践行高品质课堂的内涵。这节课是学生经历的完满的学习过程，是学生体会积极的情感、展开深刻的思维活动的过程，是节有深度、有创意、有智慧、有品位的高品质课堂教学案例。①

一"核"三"动"，读写结合
——高品质课堂典型样本之《得道多助，失道寡助》②

李登强

【内容定位】

《得道多助，失道寡助》是语文九年级下册第五单元第 17 课。本单元所选课文都是先秦诸子散文。它们产生于春秋末至战国时期，当时社会急剧动荡，针对这种情况，各种流派提出了各自的思想观点和政治主张，形成了百家争鸣的局面。阅读这些课文有助于我们认识古代社会，增进对传统文化的了解。孟子是我国儒家学派的代表人物，他主张仁政，提出"民贵君轻"的民本思想。孟子的思想虽有一定的历史局限性，但是现在仍有一定的现实意义。本文是比较规范的议论文，"引论—本论—结论"的议论文结构非常明显，论证思路清晰，论证方

---

① 案例评析者：陈玉卿，大连市金普新区教育科学研究院资深英语研训员。
② 李登强，汉语言文学专业，本科学历，高级教师，大连市一〇一中学语文教研组长、备课组长，大连市金普新区教育科学研究院兼职教研员，大连金普新区初中语文名师工作室主持人，"十三五"大连市骨干教师，辽宁省骨干教师。《得道多助，失道寡助》一课荣获教育部 2015—2016 年度"一师一优课一课一名师"活动部级"优课"。

法典型，也是学生理解及写作议论文的极佳范例。因此，本文无论是思想内容上，还是表现形式上，都是对学生进行价值观渗透、能力培养、思维训练、语文素养提升的良好机会和绝佳文本。

【学情分析】

初三学生，从认知水平和能力状况来看，处于形象思维向抽象思维过渡的阶段。我所教班级，经过两年半的语文学习，学生熟悉了老师，熟悉了初中语文，熟悉了老师的教学特色；老师也了解了学生的性格特点，了解了学生的发展状况。特别是"一'核'三'动'，读写结合"的教学特色，学生们已经驾轻就熟。经过长期的"读写结合"训练，学生不但习惯于"读写结合"的课堂新常态，而且写作能力也有了很大提高。可以说学生们大多数思维活跃，表达欲、表现欲均比较强烈。本文虽是议论文，又是文言文，但是，我想只要设计得当，即使融入了难度较高的"读写结合"内容，也应当不成问题。我有信心与同学们共同享受一节美好的语文之旅。

【思路梳理】

叶圣陶先生说：学好语文就是学好"听""说""读""写"四项本领。

《语文课程标准》指出："教师应努力改进课堂教学，注重听说读写之间的有机联系""语文学习应注重听说读写的相互联系""要重视写作教学与阅读教学、口语交际教学之间的联系，善于将读与写、说与写有机结合，相互促进"。

我们现在的语文教学往往割裂了"读"与"写"的密切联系，常常各自为战。我们应当将二者结合起来——读写结合，不断训练学生的"听""说""读""写"四项本领。

基于此，结合本课具体特点和学生实际，在《得道多助，失道寡助》教学设计时，我这样思考：要重视学生的语文实践，不遗余力地、不失时机地、不断创新地、创造性地运用教材，为学生创设大量的实践机会，使学生的听、说、读、写诸方面既得到锻炼，又使其密切联系、相互促进、共同提高，使课堂教学效果最大化。于是我进行了很有创意的"读写结合"设计：以课文为载体，从课文的内容出发，设计与之相关的"写"的训练，使阅读、写作、思维训练三者融为一体。旨在通过以读带写——读是写的基础，以写促读——写是读的提升，读写结合，使学生的思维得到发展，能力得到提升。本课的独特创意就是"读写结合"训练。

【核心问题】

探究"人和"与"道"的关系。

【教学目标】

（1）熟读成诵，理解文本意思，提高学生文言文语感及理解文言文的能力。

（2）探究"人和"与"道"的关系，体会作品丰富的内涵。

（3）懂得"得道多助，失道寡助"的道理，树立正确的价值观。

【教学过程】

环节一

子问题：整体感知课文内容。

问题情境1：扫除阅读障碍。

解决策略：

（1）文学常识：《得道多助，失道寡助》的作者孟子，名轲，字子舆，邹（现在山东邹城市）人，是孔子之孙伋的再传弟子，战国中期伟大的思想家、教育家、政治家。孟子是儒家最主要的代表人物之一，人称孔子为"圣人"，称孟子为"亚圣"，与孔子合称"孔孟"。本文选自《孟子·公孙丑下》。

（2）给加点字注音：米粟（sù）、亲戚畔之（pàn）。

问题情境2：朗读课文。

解决策略：

（1）范读。

（2）学生自由朗读。

（3）男女交替分读，读出层次（读出三层，读对为止）。

问题情境3：疏通文义。

解决策略：

学生借助工具书，参看课下注释，用现代汉语说说课文大意。

问题情境4：感知课文。

解决策略：

请用这样的句式说话："读罢课文，我读懂了……"

要求：必须结合课文内容，必须用现代汉语回答。

示例：读罢课文，我读懂了作者开篇就提出中心论点：有利于作战的天气时令，比不上有利于作战的地理形势；有利于作战的地理形势，比不上作战中的人心所向、内部团结。

环节二

子问题：探究"人和"与"道"的关系，体会作品丰富的内涵。

问题情境1：朗读课文。

解决策略：

学生朗读课文。

问题情境2：探究话题："人和"的重要性。

解决策略：

（1）学生自主学习。

（2）小组合作交流。

（3）成果分享。要点：①"人和"：作战中的人心所向、内部团结。②"天时不如地利"：以攻城为例，"得天时"却"不胜"，论证了"天时不如地利"。③"地利不如人和"：以守城为例，占尽"地利"却"委而去之"，论证了"地利不如人和"。④"天时不如地利，地利不如人和"这一论点，指明"人和"是克敌制胜的首要条件。⑤"人和"，就是下文说的"多助"和"天下顺之"，即人民的支持和拥护，这反映了孟子"民贵君轻"的政治思想。

问题情境3：探究话题："道"的重要性。

解决策略：

（1）学生自主学习。

（2）小组合作交流。

（3）成果分享。要点：①"道"：正义，这里指仁政。②"得道"——多助；多助之至，天下顺之。③"失道"——寡助；寡助之至，亲戚畔之。④以天下之所顺，攻亲戚之所畔，故君子有不战，战必胜矣。

问题情境4：探究话题："人和"与"道"的关系。

解决策略：

（1）学生自主学习。

（2）小组合作交流。

（3）成果分享。要点：①"道"：正义，这里指仁政。②"得道"——多助；多助之至，天下顺之（得"人和"）。③"失道"——寡助；寡助之至，亲戚畔之（失"人和"）。④以天下之所顺，攻亲戚之所畔，故君子有不战，战必胜矣：得"人和"，则战必胜。⑤关系："得道"，则得"人和"；得"人和"，则"战必胜"。

环节三

子问题：我抒我见。

问题情境1：练习背诵课文。

解决策略：

学生练习背诵课文。

问题情境2：结合课文内容，以"得道多助，失道寡助"为题目，以"得道多助，失道寡助"为论点，模仿本文的形式，写一篇短文。要求：结构完整，中心突出。

解决策略：

（1）指导。

总：天时不如地利也，地利不如人和（中心论点）

分：
- 天时不如地利（分论点一）：举例论证
- 地利不如人和（分论点二）：举例论证

总：得道者多助，失道者寡助（得出结论）

（2）写作结构示意图。①题目：得道多助，失道寡助。②引论：提出论点。得道多助，失道寡助。③本论：论证论点。分论点一：得道多助；分论点二：失道寡助。④结论：得出结论，总结全文，呼应开头。

（3）学生写作，教师巡视。

（4）师生分享。教师示例或分享。

得道多助，失道寡助

孟子云：得道多助，失道寡助。

常言道：人心齐，泰山移。历史上，商汤伐夏桀，商汤借上帝的意旨来动员将士，再加上将士恨不得夏桀早早灭亡，因此，作战非常勇敢。夏、商两军在鸣条打了一仗，夏桀的军队被打败了。商汤灭了夏朝建立了商朝。商汤何以能够推翻统治了中原四百多年的夏王朝？因为得道多助。

古人云：兄弟同心，其利断金。解放战争中，战争之初国民党拥有860万军队，飞机、大炮加美式装备，当时解放军只有170万军队，小米加步枪……结果貌似强大的"国军"却一败涂地，最终失去江山与政权。共产党得道多助，国民党失道寡助。当年的"国民政府"何以被崭新的人民政府取代？因为失道寡助。

所以，"道"之得失，决定了"助"之多寡。得道则得民心，得民心则得天下；反之，亦然。

【案例评析】

本节课，从导入看——由学生比较感兴趣的足球入手，又与当下的时事密切结合，又很好地引出本文所谈的"天时、地利、人和"，既恰当引出本课内容，又借助导语引导学生对"天时、地利、人和"的关系有了初步的理解。可谓一举多得。

从第一个教学活动看——反复朗读，会提高学生的语感，会加深学生对文本的理解。朗读方式的多样化，会使学生既熟悉文本，理解了文本，又会使学生享受朗读的乐趣。在翻译课文上，教者打破传统串讲的方式，而是让学生在自主学习、小组合作的基础上，按给定句式说话的方式，既翻译了课文，又感知了课文内容；既培养了文言文翻译的能力，又提高了学生合作的意识，扩大了学生的参与面，同时也为下一个活动做了铺垫。

从第二个教学活动看——围绕"核心问题"展开探究。学生在活动中，既有自主，又有合作，更有探究，其各种能力训练，如文本解读能力、信息提取能力、合作交流能力、语言组织能力、口头表达能力等诸多听说读写的能力所受到的锻炼不言而喻。同时这一活动更为下一个活动中写作训练打下了坚实的基础。

从第三个教学活动看——"读写结合"的写作训练：写作内容上，与本课密切相关，写作形式上又是模仿文本的结构，这样的"写"既是对"读"的检验，又引领学生再次深入文本，又更好地促进了"读"，这样"读"与"写"就结合起来了。这种"读写结合"的设计，不但以读带写，阅读是写作的缘起、源泉，让学生有话可说，有思想要表达；而且以写促读，学生在构思、选材、组句、炼字等过程中，必然更深入地理解了文本，读写结合，使学生的思维得到发展，能力得到提升。最后，教师率先垂范，更会提高教师在学生心目中的形象，增强教师的人格魅力。

"以学定教"与"以教导学"
——高品质课堂典型样本之《勾股定理的应用》①

朴莲花

【内容定位】

勾股定理是平面几何有关度量的最基本定理之一，它从边的角度刻画了直角的特征，是解决有关线段计算问题的重要依据，同时也为后续四边形、圆、图形的变换、三角函数等知识的学习提供了方法和依据。勾股定理的应用非常广泛，探索一般三角形、等腰三角形或折叠中，寻找或构造直角三角形，再利用勾股定理解决问题，从而让学生体会数形结合、一般到特殊、转化、分类讨论的思想方法。

本课的核心问题：构造直角三角形。本课学习的重点：熟练掌握勾股定理，并且利用勾股定理解决问题。本课学习的难点：在复杂的问题中，如何引辅助线，构造直角三角形是难点。

【学情分析】

勾股定理是直角三角形中，研究三角形三边数量关系的定理，它是由"形到数"的研究，是直角三角形的一个性质定理。初二学生对勾股定理的直接应用还

---

① 朴莲花，数学教育专业，理学学士，大连开发区红星海学校，中学高级教师。《勾股定理的应用》一课荣获教育部 2014 年度"一师一优课 一课一名师"活动部级"优课"，辽宁省一等奖。

是比较熟练的，但是结合特殊角的直角三角形以及等腰三角形，折叠等相对复杂问题中的应用比较困难，自主学习和探究问题的能力有待提高，需要教师根据学生的感受与理解，由浅入深，潜移默化，逐渐在变式中自然渗透，并且引导学生自主探究，合作交流，不仅使学生"知其然"，还要使学生"知其所以然"。

【思路梳理】

勾股定理是代数和几何的桥梁，学习勾股定理是促进学生具备数形结合思想的重要契机。在本节中，数形结合思想的具体体现就是几何问题数量化——应用直角三角形三边之间的数量关系来解决问题。本节复习是为了帮助学生将学过的勾股定理进行再学习、再认识，并通过学生的实践对所学知识进行梳理，达到概括和综合提高的目的，从而实现知识的迁移和再建构，并形成初步的数形结合意识。

第一板块是知两边及一特殊角求第三边，从学生熟悉的三角板入手，引入特殊角30°、45°、60°，让学生类比三角板获得经验画辅助线，利用勾股定理解决有关特殊角度的问题。第二板块是知一边及其另两边的关系，求另两边。在等腰三角形或折叠中，寻找或构造直角三角形，再找等量关系，利用方程解决问题，从中让学生体会转化、分类、特殊到一般、方程等思想方法。每个板块内容的开展都是以学生独立思考、合作交流为主，教师适时发挥主导作用，引领学生反思、提升。

【核心问题】

勾股定理是直角三角形中，研究三角形三边数量关系，它是由"形到数"的研究，是直角三角形的一个性质定理。本节课的核心问题是构造直角三角形。

【教学目标】

（1）熟练掌握勾股定理并运用勾股定理解决直角三角形中，有关边的计算问题。

（2）通过由直角的"形"到边的"数"之间的结合，探索一般三角形、等腰三角形或折叠中，寻找直角三角形，再利用勾股定理解决问题，从而让学生体会数形结合、一般到特殊、转化、分类讨论的思想方法。

【教学过程】

环节一

子问题：如何运用勾股定理解决特殊角三角形边的计算问题。

问题情境1：在直角三角形中，知一边及一特殊角（30°、45°、60°），求其他两边长。

解决策略：

大屏幕出现例1，在 Rt△ABC 中，$\angle C = 90°$，$\angle B = 45°$，$b = 3$，则 $a = $ ____，$c = $ ____。

变式 1：在 Rt △ABC 中，$\angle C = 90°$，$\angle B = 30°$，$b = 3$，则 $a = $ ____，$c = $ ____。

问题情境 2：在一般三角形中，知一边及两个特殊角 45°、60°，求另两边长。

解决策略：

变式 2：如图，一副三角板拼在一起，一对直角边重合，利用 Flash 演示这一对直角边相等，$AB = 2$，则 $BC = $ ____，$AC = $ ____。

变式 3：如图，$AB = 2$，$\angle B = 60°$，$\angle C = 45°$，则 $BC = $ ____，$AC = $ ____。

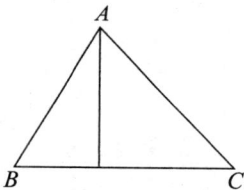

变式 2

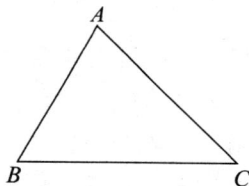

变式 3

学生独立完成，再合作交流。教师提出问题，并关注在一边及一特殊角的问题中学生的掌握情况。教师引导学生归纳利用勾股定理解决"知一边及一特殊角求另两边"的问题。让学生巩固勾股定理，并从学生熟悉的三角板入手，解决直角三角形的内角的特殊性得到知一边及特殊角求另两边的问题的方法与技巧，从而对勾股定理的条件、结论及适用范围有更深层次的理解。让学生类比三角板获得经验画辅助线，利用勾股定理解决有关特殊角度的问题。

环节二

子问题：如何运用勾股定理解决较综合的问题。

问题情境 1：在等腰三角形中，如何利用勾股定理来解决问题。

解决策略：

大屏幕出现例 2：如图，△ABC 是等腰三角形，$AB = AC = 13$，$BC = 10$，则 △ABC 的面积是多少？

学生独立思考后在学案上完成解题过程，派一名学生到黑板板演，再选一名学生对板演的同学进行点评。让学生在等腰三角形求面积的问题中，作底边上的高转化为直角三角形，体会添加辅助线的方法——转化的思想方法，进一步巩固勾股定理。

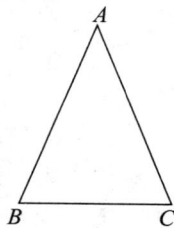

例 2

问题情境 2：在三角形的折叠中，如何利用勾股定理来解决问题。

解决策略：

变式 1：如图，小明同学折叠一个直角三角形的纸片，使点 A 与点 B 重合，折痕为 DE，若已知 $\angle C = 90°$，$AC = 10\text{cm}$，$BC = 8\text{cm}$，求出 CE 的长度。

教师引导学生归纳利用勾股定理解决"知一边及两边关系求另两边"的问题。

学生独立思考后在学案上完成解题过程，找一名学生到前面实物投影，并对自己的解题过程进行说明。让学生灵活寻找题干中的等量关系，构造新的直角三角形，再利用勾股定理建立方程求解，进一步巩固勾股定理，也为变式 2 做好铺垫。

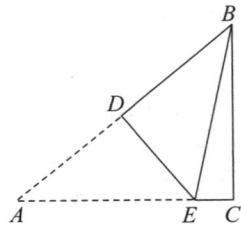
变式 1

问题情境 3：在综合问题中，如何利用勾股定理来解决问题。

解决策略：

变式 2：在平面直角坐标系中，原点为 O，点 A 的坐标是（1，3），若点 P 在 x 轴上，$\triangle OAP$ 是等腰三角形，求点 P 的坐标。

学生独立思考，先画图求点 P 的坐标，然后小组交流，小组代表运用几何画板汇报求点 P 的坐标。此题比较综合，既考查画图能力，又考查学生在复杂的情境中，怎样引辅助线，构造合适的直角三角形，还考查不同的角度研究问题。学生从中体会数形结合、分类讨论、方程思想在解决问题中的作用，提高学生思维的广阔性和深刻性。

【案例评析】

这是一节比较成功的以变式探究为主的习题课。其特点为起点低，探究性强，变式有梯度，内容循序渐进。整个课堂不花哨、不做作，平实中见真功。课堂既体现了知识的生成性，又体现了学生的主体性，两者在课堂中的统一，让我们真实地体会到了新课程理念在常态教学中的落实。

1. 展示了以学生为主体、以教师为主导的教学方式，体现以生为本

本节课都是通过教师提供问题情境，引导学生思考、交流，在这一过程中，充分尊重学生的思维，让学生有充足的时间发现问题、思考问题、解决问题，体现了学生的主体性，使学生能够感觉到自己真正成了课堂的主人，很有幸福感。教师作为一名组织者和引导者，能恰如其分地进行追问和补充，将学生的思维逐步引向深入。同时，组内的活动也为更多的学生提供了展示的平台，使课堂参与面增大，积极性提高，使教学更有活力，更为有效。

2. 关注了例题、习题的选择与设计，体现循序渐进

例题、习题的教学起到了巩固知识、拓展延伸的作用。能否有效地完成一节课

的教学，这一环节起着至关重要的作用。本节课针对书本上的例题进行了由浅入深、循序渐进的变式训练，所设计的问题具有探索性、开放性与推广性。问题的设计体现了由一般到特殊的过程，即从一般三角形、等腰三角形转化为直角三角形，整个问题的设计不仅与学生的认知比较接近，还能引发学生的认知冲突，激发探究欲望。变式过程中，改变已知条件，进而将图形复杂化，克服学生孤立看问题的习惯，达到举一反三的目的。对于习题的选择，关注了不同的角度和呈现方式，让学生从不同方面深化对本节课重点内容的理解。当学生遇到困难的时候，朴老师并没有直接告诉学生结果，而是给了学生恰如其分的点拨和引导，使学生在积极思考的前提下自主地解决问题，充分挖掘了学生学习的潜能，呵护和培育了学生的智慧。

3. 注重了学生学习能力的培养，体现了教育目标

学会知识、会学知识、乐学知识是课堂教学的共同目标，本节课的教学设计体现了对这一目标的追求。课堂上，教师十分重视让学生参与探究数学问题的全过程，每个变式都给学生提供了相对充足的时间去观察、猜想、验证、讨论。在学生探究活动结束后，教师还引导学生对探究过程进行回顾和反思，帮助学生总结探究的经验和教训，体会其中的数学思想和数学方法。在这个过程中，学生不仅学会了知识，提高了分析问题、解决问题的能力，而且也增强了学习的主动性、自觉性和创造性。

人课合一，方为至上

——高品质课堂典型样本之《春酒》[①]

张桂银

【内容定位】

《春酒》是八年级上册的一篇课文，是散文教学单元的经典课文，宜于精读细赏、读写结合。

【学情分析】

八年级的学生对于散文文体已经非常熟悉，对于童年生活题材的文章也涉猎颇多，琦君清新活泼的文笔对于正值青春、情感丰富的孩子而言具有无穷的吸引力，且欣赏难度适中。

---

①　张桂银，古代文学专业，硕士学位，大连市南金实验学校语文教研组组长，中级教师。《春酒》一课荣获教育部 2016—2017 年度"一师一优课　一课一名师"活动市级"优课"。

【思路梳理】

板块式教学，将《春酒》之美分为风俗美、童真美、人物美和乡情美。

【核心问题】

品味文学作品淡而有味的语言，感受琦君笔下隽永深切的乡情。

【教学目标】

（1）能积累、识记并运用文中的重点字词。

（2）能结合文中的具体语句评论《春酒》中的风俗美、童真美、人物美和乡情美。

（3）能体会并表达文中的"乡愁"之思，培养对于故乡的热爱之情。

【教学过程】

环节一

子问题：课前导入，介绍作家作品。

问题情境1：教师导入。《诗经》中有一首脍炙人口的农事诗，叫《七月》。其中有这样一句"八月剥枣，十月获稻。为此春酒，以介眉寿。"说的是农历八月，人们就要把树上的枣子打下来，到了十月，便开始收割稻子。用这些酿成春酒，在过年时饮下，来祈求众人的长寿。这个习俗直到今天依然被保留了下来，在南方的广大地区，人们每逢新春佳节，依然习惯用饮春酒的方式来祈祷这一年的平安、健康。而我们今天要学习的课文，就是当代女作家琦君根据她儿时喝春酒的经历写成的。

解决策略：

倾听教师导入，顺利进入课文情境，唤起学习兴趣。

问题情境2：作家作品介绍。琦君（1917—2006），原名潘希真，中国台湾女作家。生于浙江温州的一户旧式富贵人家，年轻时赴杭州求学，后徙居中国台湾，开展文学创作，被誉为中国台湾文坛"闪亮的恒星"。琦君的作品以散文居多，多表现对童年和故乡的怀念。文笔流畅细腻、清新隽永。代表作有《髻》《母亲的金手表》《下雨天，真好》等。

解决策略：

参照大屏幕内容，在书下注释勾画，并做补充。

环节二

子问题：认读、识记字词。

问题情境1：对照大屏幕朗读字词及解释。

气氛（fēn）　　灶（zào）孔　　枸杞（gǒu qǐ）　　薏（yì）仁米

斟（zhēn）酒　　过瘾（yǐn）　　酬（chóu）谢　　煨（wēi）炖

吆喝（yāo he）　　两颊（jiá）　　挑剔（ti）　　家醅（pēi）

一马当先：原指作战时策马冲锋在前，现在形容领先，也比喻积极地做。

顾名思义：从名称想到所包含的意义。

如法炮（páo）制：本指按照一定的方法制作中药，现比喻照着现成的样子做。

解决策略：

学生放声朗读并当堂记忆。

问题情境2：运用成语造句。

解决策略：

学生运用所学成语进行造句。

环节三

子问题：整体感知课文。

问题情境：教师提问，请同学阅读课文，细细品味——在这杯甜甜的春酒中，你读出了什么的味道？

解决策略：

学生仔细阅读课文，勾画并思考。

环节四

子问题：品味课文中的民俗美、童真美、亲情美、乡愁美。

问题情境1：教师提问，民俗美体现在什么地方？

解决策略：

学生仔细阅读课文，勾画、朗读并回答。民俗的味道：①迎神拜佛；②过了元宵分吃供品；③邀喝春酒（会酒）；④泡八宝酒。

问题情境2：童真美体现在什么地方？

解决策略：

学生仔细阅读课文，勾画、朗读并回答。

①"其实我没等她说完，早已偷偷把手指头伸进杯子里好几回，已经不知舔了多少个指甲缝的八宝酒了。"（动作描写，生动形象地写出了"我"的嘴馋和小心）

②"……我端着，闻着，走来走去，有一次一不小心，跨门槛时跌了一跤，杯子捏在手里，酒却全洒在衣襟上了。抱着小花猫时，它直舔，舔完了就呼呼地睡觉，原来我的小花猫也是个酒仙呢！"（动作、细节描写，生动形象地写出了"我"对春酒的珍爱，侧面还写出了春酒的香甜醉人）

③"我总是说：'只喝一杯，因为里面没有八宝，不甜呀'。"（语言描写，生动形象地写出了"我"的天真可爱、聪明伶俐）

④"我呢，就在每个人怀里靠一下，用筷子点一下酒，舔一舔，才过瘾。"（动作描写，既写出了我的娇憨，又写出了邻里间的亲密和睦，突出了乡情的朴实温暖）

问题情境3：教师提问，亲情美体现在什么地方？

解决策略：

（1）学生仔细阅读课文，勾画、朗读并回答。

①"她又转向我说：'但是你呀，就只能舔一指甲缝，小孩子喝多了会流鼻血，太补了。'"（动作、语言描写，生动形象地写出了母亲对"我"的关爱）

②"母亲给我在小酒杯底里只倒一点点……"（动作、细节描写，生动形象地写出了母亲对我的爱护）

③"我喝完春酒回来，母亲总要闻闻我的嘴巴，问我喝了几杯酒。"（动作描写，生动形象地写出了母亲对"我"的爱和牵挂）

（2）同时补充母亲的其他性格特点。

①从"母亲借花厅给大家用""母亲给乡亲亲自斟八宝酒"看出母亲是一个淳朴友善、热情慷慨、平易近人的人。

②从"母亲终年做这做那"看出母亲是一个勤劳的人。

③从母亲的话中看出母亲是一个有智慧的人。（注意"总是"一个词的多次出现）

问题情境4：乡情美体现在什么地方？

解决策略：

（1）学生仔细阅读课文，勾画、朗读并回答："究竟不是道地家乡味啊，可是叫我到哪儿去找真正的家醅呢？"（惆怅、失落、遗憾的感情，表达了作者对故乡的眷恋、对慈母的怀念、对一去不复返的童年时光的无限感慨）

（2）教师补充其他阅读材料：

①"像树木花草似的，谁能没有根呢？我常常想，我若能忘掉亲人，忘掉童年，忘掉故乡，我若能不再哭，我宁愿搁下笔，此生永不再写，然而，这怎么可能呢？"（《烟愁》）

②"恋乡的人，终于忍不住喊出：'我们哪一天回去？家乡味，我们哪一天能再尝呢？'"（《家乡味》）

③"我们从大陆移植来此，匆匆将三十年。生活上尽管早已能适应，而心灵上又何尝能一日忘怀于故土的一事一物。水果蔬菜是家乡的好，鸡鱼鸭肉是家乡的鲜。当然，风景是家乡的美，月是故乡明。"（《桂花雨》）

环节五

子问题：总结课文。

问题情境：（教师总结并配以板书）究竟不是道地家乡味啊，这家乡味里都有什么呢，哦，有我的童年之乐、慈母之爱和乡土之思。所以，我们眷恋一件物事，眷恋的往往不是这件物事本身，而是凝结在那上头的故乡、亲情和时光的温度，就像鲁迅在《社戏》里感叹的那样"我再也没有吃过那夜似的好豆，再也没有看过那夜似的好戏了"，真正使我们念念不忘的，其实是那永不重回的时光和岁月的甜美。

春　酒（琦君）

童年之乐
慈母之爱
乡土之思

解决策略：

学生仔细倾听并作笔记。

【案例评析】

《春酒》是琦君的代表作，本文用朴实隽永的语言诉说了浓浓的乡情，是一篇适宜学生培养阅读技巧和汲取写作经验的标准范文。

张桂银老师的《春酒》一课，清晰流畅，诗味盎然。

从内容角度而言，《春酒》的题材贴近学生生活，语言质朴，感情浓郁，容易引起学生的精神共鸣，其天真的童趣和活泼的笔调，再至极其到位的细节描写，都非常适合用于指导学生进行阅读和写作的有效训练。

从学情角度而言，八年级的学生已经具备了基本的散文阅读经验，对于这篇语浅言深的《春酒》，从文字理解上说并无难度，关键在于训练学生如何抓住细节描写，体会文章的深层感情，以及培养学生的写作感觉。

从教法角度而言，应主要采用朗读法，富有情感的声音完全能再现出琦君的"情"与"愁"，文是无声情，声是有情文。散文教学中，尤指记叙抒情类散文，阅读法必须贯穿始末。学生在努力地通过声音去表达文章感情的时候，正是把一颗心也溶解在了文字中。所谓阅读体验，便可水到渠成。

同时，教师能够花心思设计导语，使学生在对传统民俗的无限遐想中走入课文，刚一开始就营造出了诗意、古典的意境；在字词识记环节，张老师让学生对成语进行造句，强化训练了学生的语言运用能力，这往往是为其他教师所忽略的；文本分析过程中，张老师循循善诱，耐心启发，读思结合，润物无声，使学生在不知不觉间品味了文章的语言美与情感美，令人欣赏；课堂小结的设置，画龙点睛，使整节课余韵悠长。更值得一提的是，张老师还能做到读写结合，自己写下水文引导学生写作，这种做法难能可贵。

当然，因为教龄短、课堂经验不足的原因，张老师的课还存在一些不足。最突出的就是教师的主导性太强，没有将课堂还给学生，"讲"的痕迹太重，依然是传统的授课习惯。应该让学生成为课堂主体，学生多说，教师少说。另外，在口语锻炼的过程中，教师应给出一定的语言模式，让学生进行模仿，使学生慢慢积累汉语表达的经验和感觉。

做智慧碰撞的催化剂

——高品质课堂典型样本之《燃烧和灭火》①

张 静

【内容定位】

《燃烧和灭火》是初中化学九年级上册第七单元课题1的教学内容。

燃烧和灭火是初中化学中重要的基本概念和原理，并且在人们的生产生活中占据十分重要的地位。在前六个单元的学习中，学生已经对燃烧有了一定的了解，认识了碳、硫、磷、铁、氢气、一氧化碳等物质的燃烧，知道缓慢氧化的现象，还了解了氧气在其中的重要作用。在二氧化碳的学习中，知道了二氧化碳是一种灭火剂。在此基础上学习燃烧条件和灭火原理，是一个从个别到一般的过程。同时，本节课也为后面即将学习的燃料的合理利用与开发，燃料燃烧对环境的影响等内容奠定基础。

本节课的核心问题：通过燃烧条件和灭火原理的探究活动，体验科学探究的过程和乐趣。本节课的重点：认识燃烧条件和灭火原理以及它们的探究过程。本节课的难点：燃烧条件的探究。

【学情分析】

燃烧是生活中常见的反应，学生在日常生活中已经接触了很多燃烧现象，也听到过火灾的一些相关情况。在第二单元已经学习了木炭、硫、铁等物质的燃烧，对燃烧现象有了初步的了解，但对燃烧的条件没有明确的概念，不能从化学角度认识燃烧和灭火的原理。本课内容和生活实际联系得比较紧密，所选择的实

---

① 张静，化学专业，理学学士，大连市一一二中学化学教师。《燃烧和灭火》一课在2017年12月中国教育科学研究院教育综合改革试验区第六届"高质量课堂展示"活动中，荣获"教学改革创新"一等奖。

验用品和列举的事例也是学生熟悉的，容易和学生已有的经验产生共鸣，易调动学生的积极性。学生在学习本节课时，可能会出现下列问题：对"着火点"的概念模糊，例如灭火的原理之一是降低温度到着火点以下，有的学生会误认为是降低着火点；探究燃烧条件实验中设计方案不够完善等。

【思路梳理】

燃烧和灭火的内容虽然是一节概念课，但与生活实际联系紧密，所以在设计时，尽量选用学生熟悉的事物，石块、木炭、纸片、蜡烛等，紧密联系学生的现实生活，给他们创设轻松愉悦的学习氛围，使学生深刻体会到化学从生活中来再到生活中去。如何提高学生的学习兴趣，并能真正体验科学探究的过程，是我在教学设计时的主旨。所以把重心放在学生自主探究—分析—得出结论的过程上，让学生亲历探究过程，让他们充分感受探究的乐趣。首先通过小魔术引入新课，又利用学生熟悉的物质猜想并探究燃烧的条件，初步形成对燃烧条件的认识。通过演示实验，在教师演示、学生参与的基础上，运用对比的方法对实验现象进行分析从而得出结论。接下来通过分析"火焰山"燃烧的秘密，加深了对燃烧条件的理解，初步体会灭火的方法。通过熄灭蜡烛实验，让学生来亲身体验熄灭蜡烛的各种方法，既加深对灭火原理的应用，又活跃了课堂气氛，激发了学生的学习兴趣。最后通过揭秘课前魔术来完整呈现本课所探究的问题，再模仿最强大脑以小组竞赛答题的方式，让学生积极思考，来巩固对燃烧条件和灭火原理的理解。

【核心问题】

探究燃烧条件和灭火原理。

【教学目标】

（1）通过日常生活中的燃烧现象和实验，认识燃烧的条件。能依据控制变量的思想设计实验，培养观察能力，获取信息和处理信息的能力。

（2）通过燃烧条件和生活中的灭火实例，了解灭火原理，知道常见的灭火措施，增强安全意识，懂得认识规律，掌握规律，利用规律可以使事物向着有利的方向发展的道理。

（3）通过燃烧条件和灭火原理的探究活动，体验科学探究的过程和乐趣，体会科学探究是获取知识的重要途径，学会用辩证唯物主义的观点认识事物，了解事物。

【教学过程】

环节一

子问题：探究物质燃烧的条件。

问题情境 1：掌中火（教师魔术表演）。

解决策略：

找学生配合表演魔术"掌中火"，学生兴奋地观看魔术表演，带着疑问：为什么手套完好无损？为了揭秘，以此引入新课。

问题情境 2：结合已有的生活经验猜想：物质燃烧需要什么条件？

解决策略：

（1）学生根据日常生活的经验和已有的化学知识进行猜想，举例得出燃烧所需的条件：可燃物，与氧气接触，温度达到着火点；

（2）结合书 P129 表 7－1 了解着火点是物质的性质，不可以改变。

问题情境 3：探究物质燃烧所需的条件。

解决策略：

（1）提出问题：在每一组实验桌上都放有不同的实验用品，根据实验桌上的用品，可以探究可燃物燃烧的哪个条件？

（2）小组讨论，根据实验桌上的用品［小石块、木炭、小纸片、火柴、酒精灯、镊子、烧杯、蜡烛（2 支）］可以探究可燃物燃烧的哪一个条件，选择实验用品并确定实验方法。

（3）全班交流，各小组派代表说出本组要探究的条件以及实验方案。

（4）以小组为单位动手实验，观察现象，并整理好学案，根据实验现象，得出结论。根据自身情况可以探究一个条件，也可以探究多个条件。教师根据需求参与各小组中，指导、答疑。

（5）小组发言人汇报实验现象，教师引导全班共同总结燃烧所需的条件：可燃物、与氧气接触、温度达到着火点。

问题情境 4：燃烧所需的条件是只要满足其一即可，还是三者同时具备呢？

解决策略：

（1）演示实验：在 500ml 烧杯中加入 300ml 热水，放入金属匙并向其中放入一小块白磷。取两支试管，分别向其中加入少量的红磷和白磷，用一端系有小气球的带导管的单孔塞塞住试管口，放入烧杯中，观察现象。

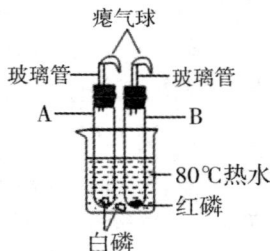

向水中的白磷通入氧气，观察现象。

（2）学生观察汇报实验现象，引导学生分析试管中的白磷、红磷和水中的白磷所处的环境和控制的实验条件，分析：①为什么试管中的白磷燃烧而红磷不燃烧？②为什么试管中的白磷燃烧而水中的白磷不燃烧？③如何使水中的白磷燃烧？

总结得出燃烧的条件是必须可燃物、与氧气接触、温度达到着火点三者同时具备，缺一不可。教师引导：控制变量是科学探究常用的方法。

（3）学生阅读教材，教师引导总结出燃烧是可燃物与氧气发生发光放热，剧烈的氧化反应。

环节二

子问题：燃烧条件和灭火原理的关系。

问题情境1：小实验——"火焰山"燃烧的秘密。

解决策略：

（1）教师将自制"火焰山"点燃，展示火焰山的制作方法：将沙土和石蜡加热后混合，加入木炭粉和枯叶，点燃。

（2）学生观察现象，教师引导分析"火焰山"燃烧的原因，小组讨论，全班交流得出结论：木炭、枯叶和石蜡是可燃物，点燃使温度达到着火点，同时与氧气接触就燃烧起来了。

（3）如何使燃烧的"火焰山"熄灭呢？

学生根据生活经验列举灭火的方法，并到讲台前将"火焰山"熄灭：①用水浇灭；②用烧杯盖灭。

教师提问：还有哪些灭火的方法呢？以此引入下一环节。

问题情境2：根据生活中灭火的实例，了解灭火的方法，分析灭火的原因。

解决策略：

（1）教师和学生一起了解灭火的实例。

情境1：炒菜时油锅着火，可用锅盖盖灭或放入较多的蔬菜。

情境2：堆放杂物的纸箱着火时，可用水浇灭；油罐着火时需用水喷淋降温。

情境3：扑灭森林火灾的有效方法之一，是将大火蔓延路线前的一片树林砍掉，形成隔离带。

分析破坏了燃烧的哪个条件，总结得出灭火原理，找出灭火原理和燃烧条件的关系：灭火的根本就是破坏燃烧条件，只要破坏其中之一就能达到灭火的目的。

（2）实验：利用灭火的原理将燃烧的蜡烛熄灭。根据所提供的材料（水、细沙、湿抹布、碳酸钠和盐酸、剪刀、烧杯）展示灭火的方法，说出灭火的原理。

（3）小组讨论，教师组织交流。

（4）小组派代表到前面演示灭火的方法，并说出灭火的原理：①烧杯盖灭，隔绝氧气；②湿抹布盖灭，隔绝氧气；③剪刀剪灭，清除可燃物；④用水浇灭，降低温度到着火点以下；⑤沙土盖灭，隔绝氧气；⑥碳酸钠和稀盐酸，隔绝氧气。

（5）观看"消防讲座——火场逃生的方法"，学会火场逃生的方法。全班集中交流。

环节三

子问题：燃烧条件和灭火原理的应用。

问题情境：揭秘课前的小魔术"掌中火"。如果将手套上的火熄灭可以采取什么方法？

解决策略：

（1）教师展示魔术用品：用水浸湿的手套、火机油、打火机。小组交流讨论，得出结论：为什么手套上的火熊熊燃烧，手套却完好无损？

揭秘：火机油燃烧，放出的热量用于手套上水分的蒸发，没有更多的热量使温度达到手套的着火点，所以手套完好无损。

（2）根据灭火的原理，集中交流熄灭手套上的火的方法。

（3）最强大脑：多媒体展示题目，小组竞赛形式选择题目，答题得分。小组竞赛：以小组为单位选择题目，小组成员共同答题得分，得分高组获胜。

【案例评析】

本节课自始至终都是围绕着一个个问题展开的，从开始的魔术表演到最后的魔术揭秘，从燃烧条件到灭火原理，在每一个环节中都设计了诸多小问题，将教材中的文本知识转变成了学生回忆、思考、分析、探究的内容，从而使知识得到"破解""丰富""鲜活"乃至"灵动"。多角度揭示也是使知识"灵动"起来的一种重要方式。在燃烧条件的探究中，结合学生的生活经验设计实验，以及教材的演示实验；在灭火原理上，结合了学生的已有经验，加入了熄灭蜡烛的自主实验。在课堂实施中，力求真实性、针对性和灵活性，课堂氛围热烈，教学效果显著。

东风好作阳和使，逢草逢花报发生
——高品质课堂典型样本之《铸牢中华民族的精神支柱》①

王长城

【内容定位】

《铸牢中华民族的精神支柱》是高中思想政治必修 3《文化生活》第三单元综合探究的内容。本综合探究之前，学生们已经对博大精深、源远流长的中华文化有了深入的认识，并且初步了解了中华民族精神的相关知识，本课在此基础

---

① 王长城，思想政治教育专业，硕士学位，大连开发区十中教师。《铸牢中华民族的精神支柱》一课荣获教育部 2016 年度"一师一优课　一课一名师"活动部级"优课"。

上，通过学生自主探究活动进一步加深对中华文化，尤其是中华民族精神的理解和热爱，更充分地激发学生的民族自豪感，更好地树立文化自觉和文化自信的意识。

本课的核心问题：充分了解中华民族精神的丰富内涵，弘扬和培育中华民族精神的必要性及途径。本课的重点和难点：弘扬和培育中华民族精神的必要性及意义。

【学情分析】

高中阶段的学生已经具备了初步的理论分析能力、透过现象分析事物本质的能力。课前学生分成不同的学习小组，确定各小组的探究题目，各小组根据自己的探究题目进行分工，搜集整理材料，在课堂上展示和分享材料。在材料搜集和整理的过程中，学生们还是不同程度地暴露出一些需要改进和加强的地方，比如所搜集的材料有的偏离本组探究题目，搜集展示材料时思路不清晰且不够简洁等。但是通过生生互动和师生互动，最终都将这些问题解决了，学生们对伟大的中华民族精神有了更加深入的认识，都在探究活动中得到了不同程度的发展和提升。

【思路梳理】

本课是高中思想政治必修三《文化生活》第三单元的综合探究部分。第三单元介绍了"源远流长、博大精深"的中华文化，分析了以爱国主义为核心的民族精神，从理论层面为学生理解中华文化及民族精神打下了坚实的基础，本综合探究的任务就在于调动学生自主学习的积极性，引导学生动手搜集、整理、分析、展示丰富多彩的中华文化，一方面提升学生的综合能力，另一方面加深对中华民族精神的认知和理解，树立文化自觉和自信。

五千年中华文化源远流长且博大精深，中华民族精神更是历久弥新。以中华文化为载体，以弘扬和培育中华民族精神为目的，我引导学生从四个方面去分析如何更好地理解中华民族精神：第一，为什么要弘扬和培育中华民族精神？第二，弘扬和培育什么样的中华民族精神？第三，有哪些因素影响弘扬和培育中华民族精神？第四，怎样弘扬和培育中华民族精神？以问题为导向，围绕不同的问题，我将学生分成四组，根据每个学生的特点，进行任务分配，有的学生负责资料的搜集和整理，有的学生负责资料的汇总和分析，有的学生负责总结和展示。这种做法是以高品质课堂思想为指导，切实促进了学生人人发展、全面发展、自主发展、个性发展的要求，很好地贯彻了高品质课堂高尚、本真、丰厚、灵动的思想。课堂展示部分也可以看出，学生们参与的积极性非常高，可以说每一位同学都在本综合探究中掌握了知识，提升了能力，精彩地展示了自己。

【核心问题】

《铸牢中华民族的精神支柱》是人教版普通高中思想政治必修三第三单元综合探究，学生在前文学习的基础上，对中华文化及民族精神已有了初步认识，本综合探究旨在通过学生的自主活动和教师引导，进而升华对"中华民族精神"的认识，增强文化自信，增强民族自豪感。

【教学目标】

知识与技能：识记中华民族精神的形成和发展；理解弘扬中华民族精神的必要性及意义；结合当今世界思想文化发展的实际及社会主义现代化的要求，分析说明弘扬和培育中华民族精神的必要性及重大意义。

过程与方法：联系历史和现实，提高明辨是非的能力及透过现象把握事物本质的能力。

情感态度与价值观目标：通过学习，提高对弘扬中华民族精神的必要性和重大意义的认识，增强爱国主义情感，树立民族自豪感和自信心，为中华民族精神继承和发展贡献自己的力量。

【教学过程】

环节一

子问题：导入新课。

问题情境：老师演奏乐曲《在水一方》，学生背诵《诗经·蒹葭》一诗。

解决策略：

老师演奏乐曲《在水一方》，学生背诵《诗经·蒹葭》一诗，为学生创设一个感受中华文化的情境，让学生感受到中华文化的源远流长和博大精深，进而引导学生分析中华文化的力量集中表现为中华民族精神的力量，从而引入本课要探究的内容"铸牢中华民族的精神支柱"。

环节二

子问题：探究新课。

问题情境1：我们当前弘扬和培育中华民族精神有什么意义？

解决策略：

本课为综合探究课，课前已经将探究任务提前布置给学生，学生以小组的形式围绕不同问题分别利用课余时间搜集材料。课堂主要以学生为主，进行展示，合作探究加深对知识的理解和中华民族精神的热爱。

（1）美国总统奥巴马宣誓就职，强调培养美国的民族精神。

（2）俄罗斯红场阅兵，展示综合国力，强化俄罗斯民族精神。

（3）韩国提倡"身土不二"的韩国民族精神。

（4）中国以钱学森为代表的中华民族精神。

教师引导学生自主进行小结：弘扬和培育中华民族精神是提高全民素质的必然要求，不断增强我国国际竞争力的要求，坚持社会主义道路的需要。

问题情境2：弘扬和培育什么样的中华民族精神？

解决策略：

（1）团结统一：文成公主与松赞干布；抗日民族统一战线。

（2）爱好和平：周恩来与"和平共处五项原则"；中国派遣联合国维和部队。

（3）勤劳勇敢：孔子"韦编三绝"；

（4）自强不息：张海迪"翅膀断了，心依然飞翔"；

（5）爱国主义：戚继光、郑成功、林则徐、谭嗣同、孙中山等人的爱国事迹。

教师引导学生自主进行小结：中华民族精神是以爱国主义为核心，团结统一、爱好和平、勤劳勇敢、自强不息的一种精神。

问题情境3：当前有哪些因素影响"弘扬和培育中华民族精神"？

解决策略：

（1）好莱坞大片冲击我国电影产业。

（2）沃尔玛等商家推动西方节日在我国盛行。

（3）商家在西方节日进行声势浩大的促销等活动。

（4）青少年求新、求异的消费心理。

教师引导学生自主进行小结：外来文化对我国的影响；商家推波助澜；青少年自身求异消费心理。

教师引导：青少年应不应该过西方节日？

围绕上述问题学生讨论并辩论，教师引导其实质是怎样对待外来文化，正确的态度是既要认同本民族的文化，又要尊重其他国家和民族的文化，坚持一律平等的原则。

问题情境4：怎样弘扬和培育中华民族精神？

解决策略：

（1）中国特色社会主义理论体系是"主心骨"。

（2）传统家风、党领导革命和建设中形成优良传统。

（3）小提琴曲《梁祝》分析。

（4）天宫二号体现改革创新的时代精神。

教师引导学生自主进行小结：坚持中国特色社会主义理论为指导思想；继

承和发扬中华民族的优良传统；正确对待外来思想文化；与弘扬时代精神相结合。

环节三

子问题：总结知识，升华情感。

问题情境：学生自主总结本课知识，全体师生共唱《我和我的祖国》，增强文化自觉和文化自信。

解决策略：

知识总结和升华阶段，充分体现学生在学习中的主体地位。通过亲身参与，帮助学生感受民族自豪感。

【案例评析】

本节课王老师以高品质课堂理念为指导，践行了我们要达到的"师生共同经历成长历程和生命体验的"高尚的课堂教学目的，落实了教学设计中的设想。课前设计时王老师就和学生们一起进行分析，学生们提出了非常有创意且实用的点子，因此在搜集准备材料阶段以及课堂展示阶段，学生们都爆发出巨大的热情。从课堂效果来看，学生的主体地位体现得淋漓尽致。高品质课堂的灵魂是：相信学生、依靠学生、解放学生、发展学生，本课很好地践行了高品质课堂的这一理念，使得学生们都得到了不同程度的成长和提升。另外，高品质课堂要求充分关注学生人人发展、全面发展、自主发展、个性发展和终生发展。本节综合探究课，学生参与面广，全班学生齐"动手"，很好地体现了高品质课堂以上要求。

王老师在本课中也展示了优秀的教学能力，这包括课前的探究活动设计、指导，课堂学习节奏的把握，学生学习兴趣的培养、激发等，更值得一提的是王老师在本节课中非常出色地完成了思想政治课教师的任务，除了引导学生掌握知识、提升能力外，特别注重学生情感、态度及价值观的正向引导，充分体现了思想政治课的特点，这对于高中阶段的学生树立正确的世界观、价值观和人生观有非常重要的作用，有利于学生在正确思想指引下实现自己的人生价值，热爱国家，服务社会。

高品質課堂

专辑四　展现教学方法与智慧

——生发教学智慧，打造灵动课堂

灵动的课堂概指教学的过程结构与学习方式的灵动：对于特定的一节课，虽然教学内容相同，但学生的学情不同，教学目标也应不同（即使教学的目标达成要求一样），所采取的教学策略（包括让学生选择的学习方式）也将不同，因此，整节课所呈现的各个环节及其搭配进程必将不同。所以，教师在教学过程中需要生发教学智慧，根据具体的教学内容和学生认知特点架构教学过程结构，并采取与之相适应的教学方式组织调控教学。

——选自《高品质课堂的塑造》（李铁安著）

把握好教学方法上的"粗放"

——高品质课堂典型样本之《刷子李》①

辛岩红

【内容定位】

《刷子李》是小学语文五年级上册第五单元的一篇略读课文。主要围绕"传说·故事"这一专题，形成了"奇事·奇人·奇情"这样富有特色的一组教材。本组课文的设计意图是让学生感受传说，体会故事语言的通俗易懂，想象的奇特丰富，人们把美好感情寓于文字的写法。《刷子李》一文选自作家冯骥才的《世俗奇人》，这篇短文以刷子李的高超手艺为话题。作者只选择一件小事来写，借一件极富戏剧性的小事窥见人物虽有才能、有个性，喜怒哀乐样样俱全，但行事言语又高于常人的大本领、大智慧。

本文细节描写对于塑造人物个性起到了重要作用，这是课文在写法上的一个显著特点。文中"刷子李"的黑衣黑裤，刷墙时娴熟的动作，还有那个让人吃了一惊的白点等细节描写都使"刷子李"这个人物活了，神了。为了烘托人物的形象，文中也采用了对比的手法："刷子李"大胆的"承诺"，充满自信，豪气千丈，同时又心细如发，对于小徒弟细微的内心活动体察入微。而曹小三开始听说师傅有手绝活时，"半信半疑"；师傅刷墙时，"最关心的还是身上到底有没有白点"；看见师傅身上出现白点时，以为师傅"名气有诈"。这样把曹小三对师傅"半信半疑"的态度和主人公"艺高胆大"的自信进行对比，充分表达了作者对"刷子李"这个具有超凡技艺的"奇人"由衷的赞叹和肯定。

本课学习重点：领悟并学习作者运用"动作细节描写"刻画人物形象的方法。本课学习难点：运用"动作细节描写"刻画人物形象。

【学情分析】

作为五年级的学生，已经有了一定的自主学习能力、归纳概括能力。能自己认读生字词，初步运用学过的方法归纳主要内容，能通过搜集资料了解作家冯骥才，能熟读课文，初步感受"刷子李"技艺高超的特点，并画出相关语句进行

---

① 辛岩红，教育管理专业，大连市金州新区实验小学语文教师。《刷子李》一课荣获教育部 2015 年度"一师一优课 一课一名师"活动部级"优课"。

标注。

但对于细节描写，虽然在本单元前几课学生有所接触，学生能知道什么是"细节描写"，而如何运用细节描写，对五年级学生来说始终是个难点，如何进行细致入微的观察，应抓住哪些主要动作，如何进行刻画，这些对于多数学生来说还有一定困难。需要老师在课堂中响锤重敲，通过一次次不同形式的朗读，让学生层层剥茧，在体会、感悟、发现、交流中，揣摩出细节描写的具体方法。

【思路梳理】

略读课文是精读课文的有机延伸，是将精读课习得的学习方法进行实践运用的过程。同时在运用过程中要依据课标，尊重教材，使用好教材。于是我决定借助单元"导读"，努力把握好教学方法上的"粗放"。

首先解决课文的主要内容，这也是《课标》对中高段教学的要求；其次是引导学生解决导读中的三个问题；最后进行相应的材料拓展，介绍《俗世奇人》中的其他故事如《泥人张》《快手刘》等。每一部分的内容都通过引导学生通过多种形式的"读"、讨论、交流来完成任务。归纳主要内容通过默读课文，然后运用六要素归纳法启发学生积极思考、相互补充。导读中的问题是"细节描写"的复习与运用，因此又通过指读、表演读、同桌互读的形式，让学生在品悟语言、动作的细节描写时，身临其境地感受到"刷子李"的技艺高超，紧接着看视频进行细节描写的小练笔便水到渠成。一课一得，便得于此。课后拓展《俗世奇人》中其他传神人物，更激发了学生的好奇心与阅读欲望，将语文延伸到了课外，将孩子们的视野引向了风景迷人的远方。

【核心问题】

运用在精读课文中学习的语言、动作等细节描写的方法揣摩"刷子李"的性格特点。

【教学目标】

（1）正确认读"蘸浆、师傅"等 4 个词语。正确、流利、有感情地朗读课文，归纳主要内容。

（2）了解"刷子李"技艺高超表现在哪里，作者是怎样写出来的，从中领悟细节描写的好处，并学习运用。

【教学过程】

环节一

子问题：如何运用资料介绍"刷子李"。

问题情境1：揭示题目——刷子李。

解决策略：

介绍资料：简单了解"刷子李"。

问题情境2：检查生字词。

解决策略：

（1）学生借助手里平板电脑中识字小帮手自己练习读词语。

（2）同桌互查。

（3）教师检查。

环节二

子问题：如何归纳课文主要内容。

问题情境1：学生思考课文主要内容。

解决策略：

（1）默读课文，独立思考课文主要内容。

（2）汇报主要内容。

问题情境2：解决课前导读中的问题。①"刷子李"的技艺高超表现在哪儿？②作者是怎样写出"刷子李"技艺高超的？③把描写最精彩的句子找出来，读一读，体会一下表达效果。

解决策略：

（1）默读课前导读，画出要解决的问题。

（2）自学思考问题，批注勾画。

（3）汇报第一个问题："刷子李"的技艺高超表现在哪儿？

预设：①他要是给您刷好一间屋子，屋里什么都不用放，单坐着，就如同升天一般美。②他刷浆时必穿一身黑，干完活，身上绝没有一个白点。别不信！他还给自己立下一个规矩，只要身上有白点，白刷不要钱。③"刷子李"一举刷子，就像没有蘸浆。但刷子划过屋顶，立时匀匀实实一道白，白得透亮，白得清爽。④只见师傅的手臂悠然摆来，悠然摆去，如同伴着鼓点，和着琴音，每一摆刷，那长长的带浆的毛刷便在墙面啪地清脆一响，极是好听。啪啪声里，一道道浆，衔接得天衣无缝，刷过去的墙面，真好比平平整整打开一面雪白的屏障。⑤每一面墙刷完，他搜索一遍，居然连一个芝麻大小的粉点也没发现。⑥"刷子李"手指捏着裤子轻轻往上一提……一模一样。

（4）汇报第二个问题：作者是怎样写出"刷子李"技艺高超的？

预设：①对比——开始半信半疑，后来完全相信，这两处对比让我感受到"刷子李"技艺高超。②细节描写——只见师傅的手臂悠然摆来……真好比平平整整打开一面雪白的屏障。

（5）谁能通过朗读让我们感受到"刷子李"的高超技艺？你感受到了什么？

（6）恰当的对比和生动的细节描写把"刷子李"写活了。我们身边也有这样的人物，你看……（视频）选一个你喜欢的视频，仔细观察他们的每个细节把你看听到的和想到的写下来，写一段话。改好之后发到学习群里。

环节三

子问题：如何推荐拓展阅读？

问题情境：介绍《俗世奇人》中的其他人物。

解决策略：

（1）课件介绍：冯骥才用相同的笔法还为我们介绍了"一喝就醉的酒婆""不拿七块大洋不看病的苏七块"。想了解更多的人物请走进《俗世奇人》。

（2）课后作业：把改好的文章发到群里大家共同欣赏。阅读《俗世奇人》。

【案例评析】

1. 结合重点句迁移方法

《刷子李》是一篇略读课文。在教学时，辛老师先引导学生通过观察了解课题意思，再放手让学生自读课文，结合课前导读的问题，引领学生浏览课文，勾画出重点自然段。在交流、反馈中，教师引领学生找出重点句，并逐句进行理解、感悟。在讲到第五自然段"只见师傅的手臂悠然摆来，悠然摆去，如同伴着鼓点，和着琴音，每一摆刷，那长长的带浆的毛刷便在墙面上啪地清脆一响，极是好听"这一句话时，教师又让学生理解什么是"悠然"、从中落实对重点词句的理解，将精读课文中学到的"联系生活理解词句"的方法，运用得恰到好处。

2. 抓住细节突破难点

小说往往讲究一波三折，情节扣人心弦，达到让人觉得好看的效果。对于这样的文本，教者怎样引导学生解读，才能使学生在课堂中体会到小说的情节曲折，并把体会实实在在地表达出来呢？辛老师又一次引导学生细读感悟，突破难点。让学生找一找使徒弟曹小三感到出乎意料的句子"当刷子李刷完最后一面墙坐下来，曹小三给他点烟时，竟然看见"刷子李"裤子上出现一个白点，如黄豆大小"。后来曹小三明白"原来那白点是一个破了的小洞，刷子李刚才点烟时烧的一个小洞，里面的白衬裤映衬出来，看起来就像一个小白点"。这一招确实点中了小说的要害。并加上"强—啊—牛"这样的图式，简洁明了，使学生感受到刷子李的技艺高超。整节课能够以学生为本，在读中理解、体会细节描写的精妙所在。结尾处的看视频进行小练笔这一环节也安排得精彩绝伦，将本课学到的动作细节描写运用得恰到好处，促进了孩子写作能力的提高。

那一次"漫长"的生命体验

——高品质课堂典型样本之《She couldn't see or hear.》①

【内容定位】

《义务教育英语课程标准（2011 年版）》提出：义务教育阶段的英语课程具有工具性和人文性双重性质。就人文性而言，英语课程承担着提高学生综合人文素养的任务，即学生通过英语课程能够开阔视野，丰富生活经历，形成跨文化意识，增强爱国主义精神，发展创新能力，形成良好的品格和正确的人生观与价值观。

新标准英语六年级下册 Module 7 Unit 2《She couldn't see or hear.》是人文性较强的篇章，文章用过去时态讲述了美国盲聋女作家 Helen Keller 生活、学习及成名的经历，本课德育元素大于知识元素。

本课的重点：学生能在实际情境中运用目标语句："She couldn't see or hear. She learnt to read, write and speak. She is a model for blind people."本课的难点：灵活、清晰、流畅地使用"could、couldn't"及常见动词过去式描述人物具备和不具备的能力。

【学情分析】

学生在六年级下学期已经积累了 600 个词汇和 200 个句式，掌握一般现在时、一般将来时、现在进行时和一般过去时的基本用法，80％的学生养成良好的语言学习习惯，具备较强的综合语言运用能力。但在本课学习过程中，学生可能遇到"illness""learnt""travelled""model"等词汇的发音和理解障碍，教师可借助点读笔反复领读、强化练习；在课文复述和灵活运用环节，学生可能出现不流利的情况，教师应及时提供词汇线索，助其完整表达。

【思路梳理】

基于高品质课堂实践的落脚点：立足于对学生生命的尊重与关怀的高度，弘扬"爱"的崇高立意，彰显"育人"的核心主题，坚持能力为重的鲜明主线，追求学生健康成长的终极目标，结合高品质课堂高尚、本真、丰厚、灵动的基本

---

① 张敬峰，教育管理专业，教育硕士，大连金普新区教育科学研究院小学英语研训员。《She couldn't see or hear.》一课在 2002 年 11 月全国小学英语课例观摩研讨会中获优秀奖。

要素，本课我以话题做引子，在激趣创境中和学生一起经历粗读、精读到深挖文章内涵的过程；设计问题链，带领学生理解、朗读课文；用特殊疑问词"when，where，what，how，why"组成思维导图，帮助学生灵活运用所学语言复述课文；组织励志体验活动，让学生在参与中感悟生命的意义，珍惜今天的幸福生活。希冀学生在短短40分钟时间里，能经历学习和生命成长的历程。

【核心问题】

如何用过去时态完整讲述 Helen Keller 的故事。

【教学目标】

（1）学生在情境中实践语言，谈论过去具备和不具备的能力。

（2）学生在体验、组句竞赛中增强小组合作能力，提升英语思维能力和综合语言运用能力。

（3）学生学习 Helen Keller 这位世界级盲聋女作家身残志坚的优秀品质，以此激励自己不畏艰难，不言放弃。

【教学过程】

环节一

子问题：Let's be familiar with Helen Keller.

问题情境1：Who is Helen Keller?

解决策略：

（1）Students and the teacher share hobbies with each other.

（2）The teacher tells her hobby is reading and her favorite book is *Three days to see* written by Helen Keller.

（3）Students read the electronic book about Helen Keller.

问题情境2：When and where was Helen Keller born? What was Helen Keller like?

解决策略：

（1）Students try to answer that Helen Keller was born in the US in 1880.

（2）The teacher asks with the sentences, "Could she see or hear? Why? Could she read, write or speak?"

（3）Students open books, read the story and try to answer the questions.

（4）Students watch a video about Helen Keller, listen and imitate, then fill in the blanks with the words "born, illness, round, all over the world" on PPT. The teacher explains and leads to read.

（5）Students experience being blind and deaf by wearing eye masks and ear plugs, then share feelings.

环节二

子问题：Helen Keller was disabled, but she had a strong belief. Let's know more and try to tell her story.

问题情境 1：When telling stories, we should use the past tenses of the verbs, let's practise.

解决策略：

(1) Quick eyes. The teacher shows flash cards of the original verbs "can, have/has, learn, is, try, travel, tell, write, help" quickly, students tell their past tenses "could, had, learned/learnt, was, tried, travelled, told, wrote, helped."

(2) Students practise in pairs.

(3) Students read the story with the talking pen.

问题情境 2：When telling stories, we should have the ability of logical thinking.

解决策略：

(1) The teacher shows the questions: "When was Helen Keller born? Where was she born? What happened to her? How did she feel? Did she stay in her country until the end of her life, why?" with the slide show. At the same time, stick words "when, where, what, how, why" on the blackboard to form a mind map.

(2) Students read the story again, write the answers on the paper, then share with partners.

(3) The teacher gave the answers with the slide show.

(4) Nine students work in a group, listen and reorder the jumbled sentences in the story.

(5) Group story reading competition.

问题情境 3：What a brilliant disabled woman Helen Keller was! Now let's try to retell her story with humble gratitude.

解决策略：

(1) Students come to the front and retell the story with the clues of the mind maps on the blackboard.

(2) Students stand up and sing "When I was a baby" for relaxation.

环节三

子问题：Let's be familiar with a disabled man, Nick Vujicic.

问题情境：Do you know Nick Vujicic? He has no arms, no legs, but he is living a happy life. Let's go with him.

解决策略：

（1）Students watch a video about Nick.

（2）Students talk about Nick.

（3）Students do some reading comprehension.

环节四

子问题：Reading and retelling can help us understand，while writing can help us digest and use what we've learned.

问题情境：It's writing time. Please write a story about Helen or Nick with the past tenses of the verbs.

解决策略：

（1）Students write a story about Helen or Nick. They can select some key words from the slide show.

（2）Students share reading，the teacher gives feedback about the contents and handwriting.

（3）Students give examples of disabled people they know，the teacher introduces Tai Lihua and Stephen Hawking with the music of thankful heart.

（4）The teacher gives a brief summary that never stop fighting until we arrive at our destined place，have an aim in life，continuously acquire knowledge，work hard，and have perseverance to realise the great life.

【案例评析】

《义务教育课程标准（2011 年版）》指出：语言具有丰富的文化内涵，在学习英语的过程中，接触和了解英语国家的文化有益于对英语的理解和使用，能提高学生对中外文化差异的敏感性和鉴别能力，进而提高跨文化交际能力。本课是一节基于语篇理解带动文化体验的英语课，课上师生同心携手经历了一段活生生的生命历程和静悄悄的文化之旅，整节课体现了教育立意的高尚、学生学习的本真、文化传播的丰厚和情感升华的灵动。

1. 彰显课程育人的文化价值

从课上可以看出教师对课例的成熟思考、对课程标准、教材和学情的精准把握。教师用体验、联想等方式带领学生徜徉于广博的英语世界，以海伦·凯勒、尼克·胡哲等励志人物事迹作范本，激活学生的道德潜质，彰显了课程育人的文化价值。

2. 凸显教师的主导作用

教育是一棵树摇动另一棵树，一片云推动另一片云，一个心灵召唤另一个心灵。教师肩负神圣使命：营造氛围，帮助学生乐学、会学、学会。本节课，教师把学生的"学"作为"教"的出发点和落脚点，创设全语境的课堂，将文本内容、文本语言、文本情感无痕地渗透到教学中，通过听音、观看、体验、描述等方式鼓励学生进行有针对性的语言交流活动，教师主导作用凸显。

3. 凸显学生的主体地位

学习是一个"掌握"和"转换"的过程，是通过感知达成认识、通过思考达成理解、通过练习达成巩固、通过应用达成内化的过程。学生是本课活生生的生命存在，他们始终眼耳追老师，认真倾听，专心思考，在小组合作和语篇表达中，积极互动，流利作答，他们在与教师的共融中产生思想共鸣和心灵相通，生命质量在此提升，精神世界得以完满建构，学习高效而无痕。

这是一节高品质的课，课上张老师的精神脉搏和学生的精神脉搏一起欢跳，她的心中装着学生的喜怨哀愁，她的眼中常含一份真挚的亲善，她的脸上常挂一泓温馨的笑颜，她的语言流淌一股温暖的清泉，她的心灵世界与学生的心灵世界和课程的文化世界高度融合，"以学定教"和"以教导学"相辅相成。

精妙的沉默两分钟
——高品质课堂典型样本之《巧破数阵图》①

董 雪

【内容定位】

数阵图是把给定的一些数，按一定的要求或规律填在特定形状的图形中，它的类型一般分为三种：辐射型数阵图、封闭型数阵图、复合型数阵图，本课的数阵图属于辐射型数阵图。"巧破数阵图"这课是《数学文化读本》中数形结合思想的具体体现，其内容新颖，思路灵活。学生对数阵图看起来似乎很陌生，其实它与其他知识有很多的联系，如：一年级的找规律填数，二年级的按规律接着画，以及四年级探索图形的规律，都是逐步将数形结合在一起，将知识进一步提升。使学生通过观察、推理等活动，在生动的情景中找出数和图形的变化规律，培养学生的观察、想象与归纳概括能力，提高学生合作交流与创新的意识。

---

① 董雪，大连市金普新区金润小学数学教师。《巧破数阵图》一课在 2017 年 5 月全国数学教育研究会举办的第三届全国小学数学文化优质课大赛暨课堂教学观摩研讨会中，荣获讲课比赛一等奖。

本课的核心问题：探索数阵图的原理。教学重点：找出规律，掌握填写数阵图的窍门。教学难点：根据九宫图的特点填写九宫图。

【学情分析】

五年级学生善于动手操作、探究能力较强，根据这一年龄特点，将自主探究和小组合作进行综合运用，让学生通过填一填，想一想，说一说等形式，体验自主学习，探究新知，尝到发现数学的滋味。大部分学生能通过反复尝试的方法填写数阵图，但抓住关键位置、寻找数阵图中的规律等方面，还需要教师的点拨指导。

【思路梳理】

本课《巧破数阵图》，从 5 个数的数阵图开始，先让学生独立尝试，大部分学生都能填写出来，这时引导学生观察，中间位置可以填写哪些数？把"1、3、5"做好标记，留个悬念。接着让学生填写 7 个数的数阵图，发现有三种方法，其中"1、4、7"可以填写在数阵图的中间位置，学生很快看出来，中间和两边的数可以填在数阵图的中间。这时教师追问：为什么中间和两边的数可以填写在数阵图的中间？学生可能产生两种想法，第一种想法：同一条线上，除了中间位置的两个数的和要相等，所以这些数要首尾相加。第二种想法：通过数字的对称来理解，如果"4"放在中间，其余 6 个数左边三个右边三个对称，如果"2"在中间，左边 1 个数右边 5 个数不对称。学生理解了中间位置的数之后，再遇到设计和填写 9 个数的数阵图的问题时，自然迎刃而解。接着，同学生一起认识九宫图，他们从开始基本不会填，通过运算次数的分析，到后来学生大部分都会填了，让学生感受到了思考分析以后带来的成就感，在自主学习的过程中体会到数阵图的奥妙所在。

【核心问题】

探索数阵图的原理。

【教学目标】

（1）通过填写 5 个数、7 个数和 9 个数的数阵图，寻找规律，掌握填写数阵图的方法。

（2）了解九宫图的起源，初步认识九宫图及其特点，会正确填写九宫图。

（3）通过思考、探究、讨论等数学活动，提高了学生思维的灵活性和开放性，在寻找规律，破解数阵图的过程中，提升了学生数学运算和逻辑推理的数学核心素养，感受到了数学的独特魅力。

【教学过程】

环节一

子问题：如何填写 5 个数的数阵图？

问题情境 1：中央台的《大风车》节目，你们一定都很喜欢看吧，里面有一首特别好听的歌曲，我们一起来欣赏一下吧！

解决策略：

（1）课件播放《大风车》歌曲，和学生一起打节拍。

（2）老师的手中就有一个风车，怎样让它转起来呢？

（3）风车是怎样旋转的？（绕中心点转动的）

问题情境 2：看这个风车，它是由 1 个中心和 4 个叶片组成的，共 5 个空。现在我们要将 1~5 这 5 个数字填入空中。谁来读题目要求？

解决策略：

（1）学生读题并独立尝试解答，教师巡视并找学生到黑板上书写答案。

（2）说一说你是如何想的？（3 是中间的数，我就将 3 填在了中间位置。其他的四个数，最大的 5 和最小的 1 相加等于 6，剩下的 2 和 4 相加等于 6。）

（3）1~5 中，哪些数能写在中间位置？（板书 1，2，3，4，5 并将 1，3，5 做标记）

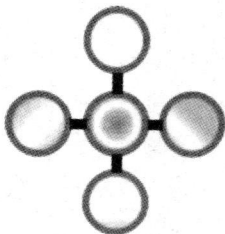

环节二

子问题：如何填写 7 个数的数阵图？中间的数有什么特点？

问题情境：像这样将一些数字填入图形中并使它们满足一定的约束条件，这类问题就是数阵图，刚才我们已经破解了 5 个数的数阵图，现在想挑战 7 个数的吗？

解决策略：

（1）学生自读题目要求，并尝试解答。教师巡视并找学生到黑板上书写答案。

（2）哪些数可以写在中间位置？（板书 1，2，3，4，5，6，7 并将 1，4，7 做标记）

（3）根据刚才我们已破解的数阵图，你发现了什么？

（4）为什么中间和两头的数可以写在中间位置？学生先独立思考再将想法说给小组的同学们听一听：①如果 4 写在中间，则"$1+7=2+6=3+5=8$"，如果 2 写在中间，那么"$1+7=8，3+6=9，4+5=9$"，不满足条件。②我们还可

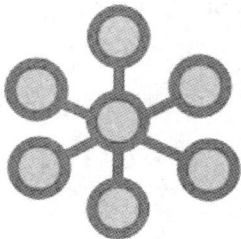

以通过对称性来理解。如果 4 写在中间，则左右各 3 个数，对称。如果 6 写在中间，左面 5 个数，右面 1 个数，不对称。

环节三

子问题：如何设计并填写 9 个数的数阵图？

问题情境：7 个数的数阵图大家都会填了，那 9 个数的呢？你能自己设计 9 个数的数阵图并填写完整吗？

解决策略：

（1）9 个数的数阵图有几种填法？为什么？（3 种填法，中间分别填 1、5、9）

（2）学生独立设计 9 个数的数阵图并填写，教师巡视。

（3）学生展示数阵图，汇报答案。

环节四

子问题：如何填写九宫图？

问题情境 1：这是刚才我们自己画的 9 个数的数阵图，在这个基础上老师要再增加一些要求。使得这些直线上的三个数的和也和它们相等。（课件演示出现四条线）这就是数学上非常著名的九宫图，谁来读题？

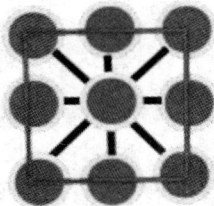

解决策略：

（1）学生独立尝试，教师巡视，找学生到黑板上书写答案，师生共同验证。

（2）其实早在古时候就有了九宫图的传说。（课件出示河图、洛书的传说资料及九宫图的记载）

问题情境 2：现在大家一定都会填九宫图了吧！可是，为什么要这样填呢？有没有其他方法呢？下面就让我们一起来探索九宫图的奥秘吧！

4	9	2
3	5	7
8	1	6

解决策略：

（1）课件出示九宫图图片。请你认真观察每个数的位置，你有什么发现？（5 在中间，偶数都在四个角上，其余位置是奇数）

（2）引导学生从运算次数方面思考。（课件出现线段，形成米字格）

（3）根据题目要求，三次横着的运算，三次竖着的运算，两次斜着的运算，共八次运算，课件展示图形。

（4）在米字格上分布着 1~9 这 9 个数字，最重要的是哪个位置？

（5）中间位置的数参与了几次运算？四个角呢？四个腰呢？

（6）题目要求 3 个数的和是 15，你能找到这样的 3 个数吗？试着将它们写出来。（学生先独立书写，再同桌交流，最后全班汇报）

$1+9+5=15$　　$2+8+5=15$　　$3+7+5=15$　　$4+6+5=15$

$2+4+9=15$　　$2+6+7=15$　　$1+6+8=15$　　$3+4+8=15$

（7）请你认真观察，"5"参与了几次运算？哪些数参与了 3 次运算？哪些数参与了 2 次运算？

（8）和学生在黑板上再填一次九宫图。让学生闭眼在脑海中自己填写一遍。

（9）九宫图中还藏着一个小奥秘呢！题目要求和是 15，那么，和为什么是 15？和一定是 15 吗？这个问题留着大家课下去思考、去解决，好吗？

（再一次欣赏《大风车》这首歌曲）

【案例评析】

对于五年级的学生来说，数阵图的内容十分吸引人，他们也具有足够的能力去发现规律，灵活运用。本节课的教学体现如下特点。

1. 精巧的歌曲引入

教师大胆冲破教材原有的框架，活用教材，将大风车的旋转贯穿于整个课堂教学，再配合首尾呼应的歌曲《大风车》，欢快活泼，起到了画龙点睛的作用。伴随着音乐，教师对数学的热爱点燃了学生求知的火花，这注定是一节充满文化意趣的数学课！

2. 精心的环节设计

教师在教学过程中创设的情境，目标明确，不断地为学生提供挑战的机会。本课内容构思巧妙，循序渐进，由 5 个数的数阵图到九宫图，知识点设计连贯，环环相扣。学生在抽丝剥茧，层层展开的过程中，不断获得解决问题的成就感，建立学好数学的自信心。并能充分发挥多媒体技术在课堂教学中的重要作用，大风车的旋转，米字格和九宫图的形成等，如花似锦，引人入胜，而且都非常贴近学生生活，充分激发学生的学习兴趣，更有利于学生对所学知识的牢固掌握。

3. 精妙的沉默两分钟

本课最与众不同之处在于沉默的两分钟。当学生与教师共同合作探索出九宫图的运算原理之后，教师并没有让学生再次拿起笔尝试做一遍，而是让他们闭上双眼，在心里构建九宫图并且完成填写。此时的教室里异常安静，教师和学生都闭着眼睛认真回顾着本课的内容。这样的场景在课堂上非常少见，相信通过这样独特的方式，学生对知识点的记忆会更清楚，也更能深刻地感受到数学的好玩儿。

4. 精彩的课后留疑

本节课的教学流畅自然、一气呵成，当课堂的最后学生们已经掌握了填写九宫图的方法，以为本课将圆满画上句号时，教师却为学生们画了一个意味深长的省略号，她留了这样一道思考题：题目要求和是 15，那么，和为什么是 15？和一定是 15 吗？这个问题太有趣了，"和是 15"这个条件贯穿着整个九宫图的算理中，学生自然地运用它，却忘了对它追问一句"为什么"，但只要灵活应用本课知识就能轻松解决，本题既有知识性、思维性又有趣味性，可谓画龙点睛之笔，让九宫图变得更美，让本课变得更加回味无穷。

让有情趣的课堂走进每个孩子的心里
——高品质课堂典型样本之《角的度量》①

于红娟

【内容定位】

《角的度量》一课是小学数学四年级上册 40~41 页的内容。本套教材把有关角的知识分了三个阶段编排，"角的认识"这一内容，第一个阶段，是在二年级上册，结合生活情景及操作活动，使学生初步认识角和直角，并知道角的各部分名称，会用尺画角，用三角板判断直角、画直角。第二个阶段，是在二年级下册，让学生认识锐角和钝角，并能借助三角板上的直角判断一个角是直角、锐角和钝角。第三个阶段，就是本册教材这一单元，让学生进一步学习角的度量每个阶段都有自己的教学任务，但前后又有连贯性。

【学情分析】

本课在学生已经认识了线段，认识了角的基础上，认识量角器，会用量角器正确度量角的度数。教学时，应充分考虑学生的这些知识基础，在加强操作活动的同时，尽可能给学生提供自主探索的时间和空间。数学源于生活，又高于生活，许多数学知识与生活有密切联系，可以在现实世界中找到"原型"，儿童的生活经验是他们数学学习的重要基础。但数学毕竟是抽象的，也有相当一部分是找不到"原型"的，因此，教学时必须注意数学学科本身的特点，适时和适度地联系学生的生活经验。数学思想方法是数学知识不可分割的有机组成部分，学生对数学的学习不单纯是数的计算、形的研究，贯穿始终的恰恰是数学思想方法。在教学内容的组织上要注意数学思想方法的渗透，抓住有利因素，有意识地

---

① 于红娟，教育管理专业本科学历，大连市金普新区红星海学校数学教师。《角的度量》一课在 2015 年 11 月在中国教育科学研究院举办的第四届高品质课堂大赛中获得特等奖。

加以引导，使学生在潜移默化中掌握数学思想方法。

【思路梳理】

首先，通过知识的类比、迁移来学习新知。《角的度量》是关于几何图形大小的度量问题。度量几何图形大小首先需要建立相应的度量单位，度量单位的建立必须与图形的几何特征相统一。课堂中通过回顾测量线段长度、矩形面积的单位使用，让学生类比猜想迁移，得到基本判断——要用单位角测量角的大小，引出新课。然后，借助课件演示认识角的度量单位1°角。并认识度量角的工具——量角器。接着，自己尝试利用量角器度量角的大小，引导总结度量角的大小的方法。最后结合生活实际，利用角的知识解决生活中的相关问题。

【核心问题】

如何利用量角器度量角的大小。

【教学目标】

认识角的度量单位，通过观察、操作、交流活动，掌握使用量角器度量角的度数的方法。在认识量角器，探索如何使用量角器度量角的过程中，激发学习数学的兴趣，提高合作意识。

【教学过程】

环节一

子问题：角的度量单位是什么？

问题情境1：角的度量单位是什么？

解决策略：

（1）出示线段："哪条线段长？长多少？"学生看屏幕比较。

（2）出示长方形："哪个长方形面积大？大多少？"学生数格判断。

（3）出示角："哪个角大？大多少？"学生思考。教师点拨："测量线段的长度有长度单位，测量面积大小有面积单位。那测量角的大小用什么单位？"得到结论：角应该有一个合适的单位。

（4）教师利用课件演示：介绍把一个圆平均分成360份，把其中的一份所对的角作为角的度量单位，它的大小就是1°。学生认识1°角，并观察，动手比画感受一度角的大小。

问题情境2：观察量角器上都有什么？

解决策略：

（1）学生观察量角器，认识量角器的中心点，0刻度线。

（2）在量角器上读出10°、30°的角，并指一指。

环节二

子问题：如何用量角器度量角的大小？

问题情境1：怎样用量角器量角呢？

解决策略：

（1）学生尝试用量角器度量∠1的大小。在小组内交流自己是怎么量的。汇报度量角的过程。

（2）回忆量角的过程，总结得出测量角的时候要把角的顶点和量角器的中心点重合，把角的一条边和0刻度线重合。再看角的另一条边读出刻度。

（3）运用方法测量∠2的度数。并解决课前问题：∠2比∠1大多少度？

问题情境2：如何运用知识解决问题。

解决策略：

（1）做一做第1题。看量角器的刻度，读出角的度数。思考为什么∠2要读外圈刻度。

总结：角的一条边对准的外圈的0°，我们就读外圈的刻度。对的是内圈的0°，就读内圈的刻度。

（2）做一做第2题。量角并思考有什么发现，观察得到角的大小与边的长短没有关系，与边的张口大小有关系。

（3）凭想象画角，发展空间观念。学生想象一个角，画出自己想象的角，小组内互相量一量，看谁的角比较准确。

（4）生活中的角度。①詹天佑的人字形轨道设计，图形演示利用增加长度让角度变小的过程。体会角度的知识在生活中的巧妙应用；②滑雪场的雪道。引导学生选择适合自己的雪道，体会数学知识无处不在。

【案例评析】

课堂育人是落实立德树人促进学生健康成长的主渠道；也是当前和今后课堂教学需要特别强调和践行的一个主题。那么如何贯彻并真正体现课堂育人呢？

上课教师至少要在三个方面着力强化。一是教师要把课程的育人价值充分地挖掘出来提供给学生。课程作为人类优秀文化，身负育人价值，但我们老师往往缺乏这种意识和能力。二是教师要把自身高尚的道德情操和人格魅力尽情地展现出来传递给学生。这就特别需要教师要对学生充满关爱、尊重和鼓励，给学生以自信、温暖和从容，这一点有时也往往被老师所忽略或遗忘。三是教师要把学习的权利和机会充分地创造出来赋予学生。我们总是在提凸显学生的主体性，那么学生主体性的体现究竟在哪里？那就是要让学生真正经历学习的完满过程，要充分调动起学生积极的情感、灵动的思维。

于红娟老师这节《角的度量》课在以上三个方面都有比较充分的体现。首先说课程的育人价值体现：数学观念和数学思想是数学学科育人的核心要素。《角的度量》这节课，是关于几何图形大小的度量问题。度量几何图形大小首先需要建立相应的度量单位，度量单位的建立必须与图形的几何特征相统一。这就是数学科学的统一观，我们的教学要让学生深刻地认识领悟这一重要的数学观念。红娟老师导入课的环节，是通过回顾测量线段长度、矩形面积的单位使用，让学生类比猜想迁移，得到基本判断——要用单位角测量角的大小，这就能够让学生深刻地认识领悟数学的统一观念。而且这一过程巧妙地渗透了丰富的数学思想。在对角的大小有了直观认识之后，红娟老师巧妙地提出詹天佑应用角的知识设计铁路的经典案例，这个案例的提出和展开也充分体现了数学的应用价值，这无疑为学生认识数学的意义价值并积极学习数学提供了一个鲜活的案例。其次说教师自身的表现：教师的高尚、教师的真爱情怀既是默默的，同时也是直观的。红娟老师在课堂上从表情眼神到语言语调，从问题的设计与展开到让学生回答思考问题，所表达出来的对学生的爱、亲善、关怀和鼓舞，是发自内心油然流淌出来的，我们可以做出一个美好的假设——孩子们的心情是亮堂堂的，他们是喜欢于老师的，也是喜欢这节课的。最后说教师对学生学习的尊重与调动，这节课红娟老师按照课程的内容逻辑和学生的认知逻辑，巧妙地设计了一个以问题解决为导向的教学内容结构。这就为学生经历完满的学习过程搭建了一个"脚手架"。事实上，这节课我们也看到了，通过红娟老师非常到位的组织引导启发，学生学习的过程的确是丰厚、灵动的。

总体来说，于红娟老师以其高尚的教育立意把这个从课程内容来看不过是一节普通的课上得很本真、很丰厚、很灵动，充分彰显了课堂育人，值得借鉴并弘扬。

需要补充一个小话题，就是于红娟老师在开课时，结合冬雪这个话题巧妙地引入古诗，古诗进入数学课堂，创设了些许烘托学生愉快学习的诗意氛围；而在结束时，又给学生留下一句"你可以热爱数学，你也可以讨厌数学，但你的生活中不能没有数学"的诗性化名言，娓娓道来同时又掷地有声，相信这也将给孩子们的数学学习带来一股正能量。数学的课堂，尤其小学数学课堂，我们迫切呼唤一种温暖、温馨的正能量和一种充满教育张力的诗意味道！

最喜百转千回

——高品质课堂典型样本之
《昆虫界的"几何高手"——蜜蜂》①

刘　余

【内容定位】

《昆虫界的"几何高手"——蜜蜂》是《数学文化读本》六年级下册第 5 个主题，属于空间与图形领域。本案例以蜜蜂蜂巢的几何结构为载体展开研究，蜂巢中蕴含着丰富的数学内涵——密铺学问和等周问题，能够培养学生的空间观念，发展合情推理和逻辑推理能力，更能激发学生的数学学习兴趣。本节课不仅是对教材中密铺知识的一个拓展延伸，还为初中学段推导任意多边形的内角和公式打下基础。

本课学习重点：运用三角形的内角和，探索正六边形的密铺理由。本课学习难点：理解正多边形的等周问题。

【学情分析】

《昆虫界的"几何高手"——蜜蜂》是在学生学习过密铺，三角形、四边形的内角和，并会求基本图形的周长和面积等基础上进行的。学生对这些知识的掌握为本节课探究正六边形的内角和打下了很好的知识基础。但他们没有学过勾股定理，不会计算等边三角形、正六边形的面积，所以在研究等周问题时不能直接计算，这也是本节课学生面临的难点。

【思路梳理】

本课坚持体现以教师为主导，学生为主体的教学原则，教师通过设置富有启发性和适度挑战性的问题，激发学生好奇、探索的精神，引导学生从密铺和等周问题两个方面展开探索，发展学生的合情推理和逻辑推理能力。在探究正六边形密铺时学生将正六边形内角和转化成已经学过的基本图形的内角和来解决，体现了方法的多样性，也渗透了一种重要的数学方法——转化，从而提升学生的数学文化素养。

---

① 刘余，数学史专业，硕士学位，大连市金普新区格林小学数学教师。《昆虫界的"几何高手"——蜜蜂》一课在 2017 年 5 月 25 日全国数学文化优质课比赛中获二等奖。

【核心问题】

如何探索蜂巢的正六边形几何结构特征。

【教学目标】

（1）通过探索蜂巢的几何结构特征，能理解正多边形的密铺和等周问题。

（2）在独立思考、自主探究、合作交流中，培养空间观念，发展合情推理和逻辑推理能力。

（3）感受数学的美妙，感受数学与大自然、数学与生活的紧密联系及其应用，激发学生的好奇心，进一步发展学生的数学学习兴趣。

【教学过程】

环节一

子问题：如何观察并分析蜂巢的几何结构。

问题情境1：蜂巢长什么样子呢？

解决策略：

（1）出示《蜂》（罗隐）古诗谜面："不论平地与山尖，无限风光尽被占。采得百花成蜜后，为谁辛苦为谁甜？"引出谜底（蜜蜂）。

（2）出示蜂巢图片，观察、交流蜂巢内部结构特征——正六边形（六边形的每条边都相等，而且每个角都相等）。

（3）质疑：有什么问题想问？

（4）汇报交流，适时引出核心问题。

问题情境2：猜测蜜蜂为什么选择正六边形搭建蜂巢呢？

解决策略：

（1）独立思考。

（2）汇报交流。预设：正六边形节省材料、空间大、没有空隙等。

环节二

子问题：探究正六边形密铺的理由。

问题情境1：密铺与图形的什么有关呢？

解决策略：

（1）复习什么是密铺，指名回答。

（2）独立思考：密铺与图形的什么有关？

（3）汇报交流（强调：每个拼接点处的内角之和正好是360°）。

问题情境2：如何计算正六边形的内角？

解决策略：

（1）猜一猜。

（2）汇报：正六边形的三个角拼在一起正好是360°，所以一个角是120°。

（3）算一算：拿出题单，独立探究。如有困难，启发学生回想以前学过哪些图形的内角和。

（4）小组交流、教师巡视。

（5）全班汇报。

（6）小结：正六边形的一个内角是120°，所以正好可以密铺。

环节三

子问题：探究正六边形与其他可以密铺的正多边形的等周问题。

问题情境1：蜜蜂选择正六边形仅仅是因为密铺吗？

解决策略：

（1）质疑：蜜蜂选择正六边形仅仅是因为密铺吗？有没有疑问？

（2）汇报交流：三角形、正方形等也可密铺。

引导学生想象等边三角形、正方形搭建的蜂巢，并出示图片。再一次引发学生思考：这两种图形也可以密铺，为什么蜜蜂不用这两种图形呢？

（3）独立思考。

（4）汇报交流（预设：正六边形里面的面积大、省材料等）。

问题情境2：周长相等的等边三角形、正方形、正六边形，如何比较哪个图形的面积最大呢？

解决策略：

（1）探究比较方法：假设周长是多少合适？

（2）汇报交流：周长为12cm，因为12是取3、4、6的最小公倍数，容易计算。

（3）借助方格纸、小棒、题单，组内合作。

（4）汇报交流（预设1：计算过程中，等边三角形的高不是4cm，比4cm小，可以推导出等边三角形的面积比$8cm^2$要小，和正方形的面积$9cm^2$比一比，得出等边三角形面积小于正方形面积。预设2：2厘米的小棒在方格纸上围成正六边形面积大约为$10cm^2$。等边三角形面积大约为$7cm^2$）。

（5）观察结果，思考有什么发现。

（6）汇报：周长相等，边数越多，面积就会越大。

（7）质疑：周长相等，边数越多，面积就会越大，所以蜜蜂选择正六边形搭建蜂巢？有没有疑问？

（8）汇报（预设：正八边形呢？正十二边形呢？更多的边呢？面积会更大呀！不能密铺）。

（9）鼓励学生课后继续用前面的方法研究这些图形的密铺情况。

（10）小结：蜜蜂为什么选择正六边形呢？（正六边形可以密铺，而且在可以密铺的正多边形中，周长相等的情况下，它的面积最大）

环节四

子问题：拓展蜂巢结构的其他特征及其应用。

问题情境：蜜蜂的蜂巢还有什么特别之处呢？

解决策略：

（1）观看视频：蜂巢的顶部结构和两侧储藏室的倾斜角度。

（2）交流感受，板书课题。

（3）结合图片，介绍蜂窝结构在各个领域的应用（蜂窝纸板、蜂窝式航天器等）。

（4）拓展：大自然中还有很多动物和植物都用数学方法选择了最好的生存方式（如向日葵、蜘蛛等）。

【案例评析】

1. 以问题解决为导向

每当春暖花开的时候，蜜蜂会辛勤地采花蜜，但我们或许不知道，蜜蜂还是一位极聪明的数学家。本节课紧紧围绕"蜜蜂为什么选择正六边形搭建蜂巢"展开探索，以问题解决为导向，通过设置一个个具有挑战性的子问题，分析蜂巢结构、探究密铺学问、等周问题等，师生亲身经历了一系列完满的探索过程，可谓百转千回、曲径通幽，整节课充满了师生智慧的碰撞和情感的交融。

2. 以提升学生能力为核心

在课堂上学生思维活跃，善于倾听与思考老师提出的问题，善于不断地追问与反思。如学生在探索正多边形的内角和时积极思考，生成多种方法。在推导"蜜蜂为什么选择正六边形搭建蜂巢"的过程中，学生敢于质疑，如三角形、正方形也可以密铺，为什么蜜蜂不用这几种图形呢？蜜蜂为什么不用边数更多的正多边形呢？刘老师正视学生疑问的生成，引导学生积极地解决问题，一环扣一环，渗透了严谨的逻辑推理思想。在比较哪种图形围成的面积最大时，学生通过列举相等的周长来对比得出结论，渗透了从特殊到一般的归纳推理思想。

3. 以拓展学生数学视野为目的

蜜蜂的蜂巢结构本身蕴含了丰富的数学内涵。刘老师运用多媒体播放视频，结合动画与解说，拓展了蜂巢的顶部结构特征和倾斜角度，学生再一次为蜜蜂的精准赞叹不已。刘老师还借助图片，展示了蜂巢结构在航天飞机、蜂窝纸板、移动通信中的应用，既生动又形象。这样既尊重了学生的认知规律，也丰富了学生对蜂巢结构的认识，更激发了学生学习数学的兴趣。

总之，这是一堂数学味浓厚的数学文化课，学生不仅学到了丰厚的数学知识和思想方法，还充分感受到了数学的魅力！

教师就是摆渡人
——高品质课堂典型样本之《小结构　大力士》①

马长森

【内容定位】

本课的设计灵感源自教育科学研究院韩春蓉老师任综合实践学科教研员时，带领学生到美国参加世界 DI 大赛的所感所想，力求把世界大赛的经典项目浓缩到我们的日常教学，让每个孩子都能通过课堂与世界最前沿的理念接轨，增长和开阔孩子眼界，拓展科技视野。教育的实施本着重视结合学生经验，突出实践性；自主探究与合作交流有机结合，培养交流能力、形成良好信息意识，要兼顾趣味性和挑战性的原则。

【学情分析】

小学六年级的学生已经初步认识了力和运动的关系，了解了一些基本的物理、数学、结构学等方面的知识。并通过头脑奥林匹克竞赛和综合研究性小组的训练，学生已具备初步的思维能力、实验设计操作能力和运用所学知识去探索和解决简单的实际问题的能力；已能够识别变量和制作简单的曲线图及记录表对数据进行分析整理。

【思路梳理】

本课凭着"设计—制作—比赛—总结"，架构三大环节：第一环节，对学生之前设计好的图纸进行交流，取长补短，改进自己的设计。第二环节，在设计的基础上，进行知识、技术的结合，制作合乎要求的木质结构，培养学生观察、设计和动手实践的能力。第三环节，承重比赛，赛后分析、研究结构的承重大小与什么因素有关系，并改进设计。培养学生比较、分析和解决问题的能力。

【核心问题】

如何设计并制作一个"迷你结构"，使其具有最大的承重能力。

【教学目标】

（1）通过设计和制作桐木迷你结构，培养学生观察、设计和动手实践的

---

① 马长森，大连市金州区治平小学科学教师。《小结构　大力士》一课在 2014 年 10 月"全国教师教育学会综合实践活动学科委员会第八届学术年会"优质课评选活动中，荣获一等奖，并在大会现场展示。

能力。

（2）通过测试和改进桐木迷你结构，培养学生比较、分析和解决问题的能力。

（3）通过以小组为单位的团队活动，培养学生的协作精神，不怕困难的精神。

【教学过程】

环节一

子问题：设计结构图纸。

问题情境：请大家回忆一下，之前我们设计制作木质结构的要求是什么？

A. 任务：小组成员用桐木和胶水设计、制作一个立式框架结构，这个框架结构要承受尽量多的重量。

B. 要求：①设计制作的结构重量不能超过 8 克，高度在 20.32～21.59 厘米之间。②可用 502 胶水作辅助粘接，除此之外，其他任何粘接方式均不可采用。完成后的结构只能是桐木条和胶水的组合体。③不允许用任何方法（如对桐木条加以油漆等方式）对外层进行加强。④参赛组统一使用由老师提供的砝码测试结构的承重，不能随意改动或再增加任何东西。

解决策略：

（1）同学们对设计制作木质结构的要求早已明确了，并且每个小组还设计了制作图纸，现在能和大家交流一下你们设计的结构吗？

（2）学生到实物前出示设计草图与大家交流。（三角形最稳定；预测承重力；用最少的桐木条；名副其实大力士；采用"斜拉筋"）

（3）教师随机点评。

环节二

子问题：制作木质结构。

问题情境：每个小组都有各自的高招，那我们就在制作过程中看看谁更技高一等。

解决策略：

（1）现在着急做吗？先别急，想想，我们在制作过程中应该注意些什么呢？

（2）老师也给大家一些温馨提示，出示大屏幕：①小组合作，各司其职；②注意卫生；③一定要注意安全。

（3）20 分钟左右的时间制作木质迷你结构，哪组先做好了，就到称重处进行称重，称重合格的小组就将表格中

数据填写好，准备比赛。（学生开始制作，老师巡视指导，放轻柔背景音乐）

环节三

子问题：承重比赛，分析结构设计与制作的成功之处与不足之处。

问题情境：看看谁的小结构能成为今天的大力士吧！

解决策略：

（1）宣布：承重比赛现在开始！哪个小组有勇气第一个到前面来展示？

（2）老师即兴采访、主持每组比赛的实况。适时地引导学生说出结构的承重力大小与哪些因素有关系。

（3）比赛结束。请同学们回忆刚才的比赛情景，再结合数据表，你们能说说木质迷你结构承重力的大小和什么有关吗？

大屏幕总结出示：①与设计的形状结构有关；②与承重面积有关；③与放杠铃片的方法有关；④与粘胶技术有关；⑤与木质结构做的是否平衡、平稳有关……

（4）原来，承重力的大小和这么多因素有关，看来要想取得承重比赛的冠军还真不是件容易的事情。

【案例评析】

这样的课堂是一泉活水，学生在课堂上不被拘束，只有思维可以徜徉，知识才会变得灵动、丰富。

综合实践课程的内容包罗万象，除了实际的动手操作，更为重要的是引导学生有目的性地进行研究性学习和自主探究。马老师的课堂看似轻描淡写，不着一物，但是却从本源与根本上站在了学生的角度，从现象引发质疑与思考，由设计追溯原理与思维，在操作中尝试比较与验证，最终百川到海，升华课程，学生在合作探索与归纳中自我明晰。所以说，一位名师实际是一位摆渡人，在学生和真理间搭设了理性的桥梁。一节课如何让学生自在充实，激发最大潜力，考验的正是教师开创的学问，引导的智慧。

这节活动课学生积极、主动地参与学习过程，真正得到了思维能力、科学精神的发展，教师以层层递进的教学活动获取过程，独具匠心的教学设计，让综合实践活动课的学习更加有意义和有意思，演绎了一堂基于学生需求的、充满智慧的、理趣相生的高品质课堂。

1. 清晰授课源于教师开发教材和明确的教学目标

第一，基于课程纲要钻研教材。本课教学内容是马老师开发的校本教材的其中一节课，教材是教学的主要依据，凝聚了编者的教学思想和教学经验，揭示了心理和认知规律，呈现出可参考的一般的教学思路。有利于学生经历感知、认识本质属性、STEAM 的教学理念，充分开发学生的创新意识。

第二，基于学生需求确定目标。教师挖掘科学知识背后蕴藏着的方法和过程、情感态度和价值观，真正把学生科学素养的提升作为落脚点。教学目标分别指向概念建构、探究方法和情感态度，目标明确、具体，真正着眼于学生的"学""做"，体现了综合实践活动课中学生研究性学习和自主探究的意义。

2. 多样化教学源于教师清晰的思路和有层次的教学流程

一节课要围绕重点，合理地进行充分预设，要恰当地处理好课程生成。在这个过程中，马老师善于启发思考、引导归纳，组织学生充分感知、亲手设计、制作后有所发现；通过讨论、交流、归纳等活动，培养了学生用科学的语言表达思维的能力。

3. 学生投入源于教学环节的精致和巧妙的过渡

首先，马老师设计了惊险的导入环节，本人亲自站在一个用纸做的小小的结构上，小结构没有倒，承载了马老师，让学生感到很惊讶，然后设计了一些精彩的问题引导学生思考。比如："为什么能让我站在上面？""是什么力量呢？""这个结构有什么特点？""能不能做一个木质结构看看承重多少呢？"像这些精彩的问题或巧妙的过渡还有很多，学生在老师的一个个具体的问题中启动思维，探究欲望被持续激发。

其次，学生在马老师的有效引导下，大胆创作，像工程师一样设计各种小结构的图纸。学生在学习活动中张开了思维的翅膀，展开丰富的想象，解决了重点，突破了难点，也提高了学生实践能力、逻辑思维能力、小组合作能力和创新能力。

再次，马老师的即时评价贯穿整个教学过程，激励并促进学生全身心投入到研究型学习过程中。善于捕捉"亮点"，放大"细节"，达到了"精心预设、精彩生成"的效果。

总之，这样的"理趣课堂"强调的是"教"服务于"学"，把学生学习的需求置于教学的出发点和核心地位，让学生在"有意思"的研究性学习中领悟综合实践活动的"有意义"，在"有意义"的学习中感受综合实践活动是"有意思"的。

学海无涯"乐"作舟
——高品质课堂典型样本之《主题班会课：学会倾听》①

郭思佳

【内容定位】

主题班会是班级教育活动的形式之一，是班主任根据教育、教学要求和班级学生的实际情况确立主题、围绕主题开展的一种班会活动。

倾听，即细听，认真地听。倾听不仅仅是要用耳朵来听说话者的言辞，还需要一个人全身心地去感受在对方的谈话过程中表达的言语信息和非言语信息。

这一课的核心问题为如何使学生认识到倾听的重要性，并指导学生初步掌握倾听技巧，学会做一个合格的倾听者。本课的学习重点是使学生认识到学会倾听的重要性，难点是指导学生初步掌握倾听技巧，学会做一个合格的倾听者，提高听课效率和人际沟通的能力。

【学情分析】

三年级孩子处于成长转折期，自我意识逐渐强烈，在课堂学习和日常生活中常常会以自我为中心，急于表现自己，不懂得倾听，不仅会影响学习，还会产生人际交往的困扰。《中国学生发展核心素养》要求中小学生要有人文情怀，在与别人的沟通交流中，认真倾听最能展现一个人的综合素养。

【思路梳理】

本课设计中包含一系列有梯度的活动，丰富的学习活动有助于调动三年级学生的参与积极性，全身心地投入到课堂教学中。在活动中，学生可能会出现不听指令做错动作、情景表演中没有认真倾听等情况，这些问题的出现是正常现象，有利于教师顺势引导学生在体验反思中学习倾听。

这节主题班会课的基本思想是把班会的教育性、针对性、趣味性统一起来。本课的教育性体现在让学生感受到倾听是对别人的一种尊重，反思是否以自我为中心；针对性体现在，针对三年级学生的典型问题，选取上课不认真倾听、生活中不认真倾听他人讲话这样的事例作为本课主要问题，提高听课效率和人际沟通的能力；趣味性体现在本课设计了一系列有趣的学习活动，如听指令做动作、观看动

---

① 郭思佳，小学教育专业，学士学位，大连市金普新区红梅小学高级教师。《主题班会课：学会倾听》一课在 2017 年 5 月首届全国小学"主题班会创新案例"研讨会上获国家级优质课奖。

画片片段、倾听大考验等，这些活动有利于学生积极主动地参与到课堂教学中。

本课的方法策略主要有创设活动情境法、观摩学习法、情境表演法。

【核心问题】

如何让学生认识到倾听的重要性并学会倾听。

【教学目标】

（1）通过情境创设、活动体验、讨论交流等学习活动，使学生认识到学会倾听的重要性。

（2）初步掌握倾听技巧，培养倾听能力，学会做一个合格的倾听者，提高听课效率和人际沟通的能力。

（3）以生为本，让学生在"自我体验、自我觉察"中"自我提升"，有效优化其个人素养。

【教学过程】

环节一

子问题：如何通过所创设的情境使学生认识到倾听的重要性。

问题情境：你能听到表示动物的词语就快速握拳头吗？

解决策略：

（1）教师带领学生做游戏"听到动物握拳头"，当学生听到动物类的词语就双手合起来握拳。教师说如下词语：猫、凳子、扫把、狗、西红柿、大象、水桶、茶杯、猴子、麻雀、汽车、松鼠、桌子……

（2）学生根据听到的词语迅速做出反应。

（3）现场采访至少三个做错的孩子：想一想，刚才自己为什么做错了？引导学生进行自我觉察，认识到自己听得不够认真，意识到倾听的重要性。

（4）教师引出主题，强调倾听的重要性，并板书"倾听"。

环节二

子问题：如何让学生通过一系列学习活动，在自我体验中进行自我觉察、自我提升，并掌握倾听的技巧。

问题情境1：观看动画片中的一个片段，想一想马小跳为什么会做错老师布置的作业？

解决策略：

（1）播放《淘气包马小跳》这部动画片中的一个小片段，请学生思考：马小跳为什么做错了老师布置的作业？引导学生发现马小跳上课偷偷看漫画书，没有倾听老师讲课。

（2）学生联系生活实际，回顾自己有没有过不认真听的经历，比如在上课、升旗仪式等场合。

（3）评一评班级里哪些同学上课听讲很专心，并请这几位同学给大家分享一下专心听讲的经验。

问题情境2：听了关于坐车的问题，你能回答最后车上还剩几个人吗？

解决策略：

（1）进行倾听大考验，用2016年辽视春晚宋晓宝表演的小品《吃面》中的数学题来提问：一辆公交车出站前坐了9个人，到了一站，下去两个人，又到一站，上来1个人，又到一站，上来两个，下去两个，又到一站，上来三个，下去一个，又到一站，没上也没下，又过两站，上来一个，问：现在车上有几人？

（2）多请一些学生来说说自己的答案。老师公布正确答案，并请计算正确的同学反思自己是怎么做到的，让学生体会倾听的时候要用心想、用心记。

问题情境3：你觉得情景剧中的明明、小刚和小伟倾听得怎么样呢？

解决策略：

（1）四名同学表演情景短剧《听我说》，一人扮演倾诉者小云，另外三人扮演不认真倾听者明明、小刚、小伟。请其他学生观看后发表自己的观点。

情景剧《听我说》

喇叭声音：下面公布小学女子800米比赛成绩，第一名，红梅小学李小云！

李小云：喔，我要把这个好消息告诉同学们！

小云看到了明明，她上去拍拍肩膀："我参加区运动会800米比赛了……"明明不耐烦地打断："输了是不是？就知道你肯定不行！"说完走开了，小云无奈极了。

小刚走来，小云跑过去："小刚，我刚刚参加完区运动会800米比赛！""哦，结果怎么样？"小刚一边说话，一边东张西望，一会儿挖耳朵，一会儿揉眼睛。"不跟你说了！"小云兴致全无。小刚也不高兴了："不说就不说呗，我又没让你说！"

走进教室，小伟在写作业，小云走过去："小伟，区运动会开始了，你知道吗？""知道！"小云高兴的样子："我参加了800米比赛。"小伟点点头。"我得了第一名！""啊？你刚才说什么？"看着小伟一脸的茫然，小云的情绪降到了冰点，她悻悻地走开了，边走边自言自语："怎么就没有人好好听我说话呢？"

（2）联系生活实际说一说，如果没有人倾听自己说话，那将是一番怎样的心情。

问题情境4：如何引导学生学会"倾听"的小技巧。

解决策略：

（1）将《朗读者》的主持人董卿作为倾听的典范，观看《朗读者》董卿采访倪萍视频片段。

（2）说一说董卿阿姨在倾听的时候是如何做的。根据学生回答，教师进行总结：倾听时注意眼神、表情、动作、姿态等细节，不要打断对方讲话。

问题情境5：如何引导学生感受倾听是对他人的尊重。

解决策略：

（1）请情景剧的小演员小云再次向明明、小刚、小伟倾诉，鼓励三个男孩用喜欢的方式表现自己在倾听，并表达对小云的祝贺。

（2）请其他同学对比明明、小刚、小伟两次的表现，评价这次他们是否做到了倾听。

（3）采访小云此时的心情，引导学生感受倾听是对他人的一种尊重。

问题情境6：如何引导学生在实践中掌握倾听的方法。

解决策略：

（1）检验全体同学是否学会了倾听，两人一组，自己选择一个话题互相说一说，一个人说的时候，另一个人要做到用心倾听。（在"倾听"前面板书：学会）

（2）学生小组交流后教师选几组进行汇报，其他同学评价。

环节三

问题情境：如何通过总结全课升华学生的情感。

解决策略：

教师总结语：做一个会倾听的人，不是一朝一夕就能成功的，需要在生活中反复进行训练才能变成习惯。请记住，上帝给我们两只耳朵，一张嘴，就是希望我们要多倾听。倾听同伴的倾诉，你会感觉友谊更深厚；倾听父母和老师的教导，你会懂得自己为什么会成长！学会倾听，你就拥有了一个终身受益的好习惯！（板书：终身受益）让我们一起来努力，好吗？

【案例评析】

郭思佳老师执教的《学会倾听》这节课充分并深刻体现了主题班会课独有的文化价值与学生发展的核心素养。本节课依据高品质课堂实践框架进行教学设计，从不同角度展示了高品质课堂"高尚、本真、丰厚、灵动"的价值追求。

1. 力求"真善美"，呈现高尚而本真的内涵

教师从上课第一分钟开始就紧紧抓住了学生甚至是听课老师们的注意力，让孩子们以饱满的热情参与到活动之中。从整节课堂来看，师生互动，生生互动不落俗套，高潮迭起。教师潜移默化地引领学生在自我体验、自我觉察和自我提升的过程中认识倾听的重要性并学会倾听。教师自己更是做倾听的榜样，整堂课，

教师都在认真地倾听学生的发言，耳濡目染、以身示范，每个学生都在积极地参与课堂，真倾听、真感受，达到了"润物细无声"的效果。师生共同感悟倾听，彼此用心倾听，共同经历了一段高尚而又本真的生命历程。

2. 彰显育人为本，打造丰厚而灵动的课堂

这节课立足于"彰显育人为本"的宗旨，凸显了学生的主体地位，强化了教师的主导作用。教师精心创设的一个个问题情境内涵丰富，逻辑性强，使得整堂课如行云流水，也让学生一次次置身于"山重水复疑无路"的困境之中；学生全身心地投入课堂，面对富有启发和挑战的问题进行积极的思考、探究和交流，经历了张弛有度而又完满的学习过程，终达成"柳暗花明又一村"的豁然，情感和思维得以自由发展，也对这节课的学习充满自信和成功体验。整堂课教师做到了以学定教、以教导学，"问题展开过程"与"学生学习过程"彼此呼应，最终打造出一节丰厚而又灵动的课堂。

3. 深悟高品质课堂理念，个人能力和素养得以提升

在高品质课堂理念的指引下，郭思佳老师从最初设计的活动型课堂逐渐改进为研究打造"高品质课堂"，更加注重"育人为本"的思想，注重挖掘课程文化价值，通过问题的设计将教学环节有机结合起来，将课堂的主体地位交给学生。整节课优化了教学过程结构，活化了学生的学习方式，也使得教学模式流程淡化下来。教师对课程的创新研究能力提高了，对课堂教学认识的自觉性、主动性和反思性得到强化，教师自身的能力和专业素养也得以提升。

层层攀高，各个击破
——高品质课堂典型样本之《再读〈为人民服务〉》①

崔丽颖

【内容定位】

《教育部关于全面深化课程改革，落实立德树人根本任务的意见》中指出为了全面提高育人水平，让每个学生都能成为有用之才，从课程整合的角度提出了五个方面的统筹改革任务。

五个统筹中明确指出："学段统筹"是为进一步明确各学段各自教育功能

---

① 崔丽颖，汉语言文学专业，中国教育科学研究院大连金石滩实验学校高级教师。该课于2015年中国科学研究院教育综合改革试验区第三届"高质量课堂展示"活动中获"教学改革创新一等奖"。

定位，理顺各学段的育人目标，使其依次递进、有序过渡。要避免有的学科客观存在的一些内容脱节、交叉、错位的现象，充分体现教育规律和人才培养规律。

这节经典重读课以《为人民服务》为突破口，通过在小学、初中和高中三读《为人民服务》的设计，让学生议论文思维的训练不脱节，让学生的思想不断深刻，让学生的思辨性不断加强。

【学情分析】

初中学生在平时语文教学中更注重记叙文的传授，对于议论文了解甚少，所以就会出现逻辑性不强、思想不够深刻等问题，而本篇的经典重读正好做到了小初高的衔接，让学生探究文法之美的同时更好地拓展思维，领会思想之美。

【思路梳理】

本节课所呈现的是初中再读《为人民服务》的设计理念，是在小学基础上，让学生更加明确议论文的文法之美，更深刻地体悟主席"为人民服务"的思想之美，从而使学生更深刻地领会经典重读的必要性和重要性，旨在唤起师生主题式、立体化的课程资源整合的意识。

正是基于以上考虑，确定本课的核心问题是：经典作品应该如何重读。教学重点：了解议论文写作的方法和思路，探究文法之美。教学难点：在深入解读文本基础上，拓展思维、探究思想之美。

在确定了核心问题和教学的重难点之后，则开始采用"螺旋形"结构的设计理念，用这种螺旋式的哲学思维链条，层层攀高、各个击破。本节课通过三个教学环节即自由朗读、把握文意，研读文本、探究文法之美，拓展思维、领悟思想之美，和四个子问题的设计，让问题有坡度，解题有深度。如在初读中概括文意，在品读中掌握技法，在精读中深刻思想。真正做到了议论文经典重读在知识文法层面的巩固和提升，在思想境界层面的深刻和拔节。

【核心问题】

经典作品应如何重读？

【教学目标】

（1）在重读的基础上回顾文章的写作背景并在阅读基础上概括文章所写的内容，探究提炼之美。

（2）初步了解议论文写作的方法和思路，探究文法之美。

（3）在深入解读文本基础上，探究思想之美。

【教学过程】

导入：（齐读）人总是要死的，但死的意义有不同。中国古时候有个文学家叫作司马迁的说过："人固有一死，或重于泰山，或轻于鸿毛。"为人民利益而死，就比泰山还重；替法西斯卖力，替剥削人民和压迫人民的人去死，就比鸿毛还轻。张思德同志是为人民利益而死的，他的死是比泰山还要重的。

问题：这段文字我们什么时候学过？对于这篇文章你还有多少记忆？

背景介绍：（略）

过渡：对课文内容虽记忆寥寥，但为人民服务的思想从未忘记。今天就让我们再读《为人民服务》，品读经典，点亮人生。

环节一：自由朗读课文，把握文意

子问题1：如何把握朗读的基调。

问题情境1：通过回忆，我们知道这是一篇悼词，我们应该用怎样的感情基调来读这篇文章？

解决策略：

大屏幕展示悼词的特点，学生齐读。

读悼词应该是庄重、肃穆的感觉，并且语速应该缓慢。

问题情境2：主席通过这篇悼词传递为人民服务的光辉思想号召人民团结起来，我们还应该怎么读？

解决策略：

学生示范，师生共同交流。

发出号召，传播思想应读出鼓舞、昂扬和激励的感觉。

问题情境3：张思德是革命队伍中的一个同志，主席亲自为他开追悼会，其中会蕴含怎样的情感？

解决策略：

学生交流讨论，教师小结。

对我党的好同志应读出惋惜、心痛的感情。

子问题2：如何把握文意

问题情境1：同学们让我们再次回到文章中，简单概括这是一篇怎样的文章？

解决策略：

学生速读课文，提炼关键词，梳理文意。

教师提示可以从内容、文体和写作意图等角度概括。

从写作内容上看：是通过赞扬张思德那种为人民利益而生、为人民利益而死的共产主义精神，阐明了为人民服务是我党我军的宗旨，并从"死的意义、不怕批评、团结互助"三方面阐述了怎样为人民服务的问题。

从文体的角度看：这是一篇在张思德同志追悼会上所作的演讲，是一篇悼词。主席借对张思德同志的追悼，号召大家学习张思德同志完全、彻底地为人民服务的精神。这是一篇一事一议的论说文。

从写作意图角度看：借对张思德同志的追悼，弘扬了为人民服务这一光辉思想。

问题情境2：通过刚才的梳理，我们明白主席围绕为人民服务主要阐述了哪些内容？

解决策略：

教师指导，学生批注。

第一段：党的宗旨；第二段：死的意义；第三段：不怕批评；第四段：团结互助；第五段：发出号召。

问题情境3：同学们，刚才我们通过概括的方式把书读"薄"了。现在，老师按照主席的思路进行一下演讲。我的演讲是不是可以这样说：

亲爱的同志们、战友们，今天围绕"为人民服务"，我讲以下四个问题：第一，我党的宗旨是为人民服务；第二，死的意义；第三，不怕批评；第四，团结互助。我的话讲完了，谢谢大家。

你感觉这样演讲怎么样？

解决策略：

学生质疑、讨论、交流，教师引导、点拨。

过渡：提出观点并不是万事大吉，还得以理服人，层层推进，把单薄的观点立起来，丰厚起来，就要探究本文的文法之美了。

环节二：研读文本、探究文法之美

子问题：议论文的结构之美体现在哪里？

问题情境1：请精读第二段，看看作者是用什么方法将观点立起来的？

解决策略：

学生自主读书，自主批注，教师巡视指导，师生共同归纳小结。（大屏幕展出小结：一个观点，两个材料，三种方法，四句话）

（1）引用：司马迁的名言是古老的智慧，永恒的经典，用司马迁的话作为自己论述的材料增强了说服力。

（2）对比：将轻与重，大与小，爱与憎鲜明地表现出来。一处是尊敬、敬仰，一处是蔑视、憎恨。这一对比，比出了——轻重，比出了——大小，比出了——爱憎。

（3）举例：强调了张思德的死是比泰山还重的。

小结：这段一个观点，两个材料，三种方法，四句话。作者用了引用、对比和举例的方法，简洁明了、有理有据、论说充分。

问题情境2：请思考能否将四句话顺序调换？

解决策略：

小组讨论，师生点评，教师引导，共同总结。

第一句提出观点：死的意义。第二句用名人名言阐释死的意义。第三句是具体说明哪些人的死是重于泰山和轻于鸿毛的，是对第二句的进一步阐释。第四句明确张思德的死是重于泰山的。四句话每句都有一层独立的意思，合起来却是严密的论证，是有逻辑层次的，所以不能颠倒。这说明议论文的论证思路是有严密性、逻辑性的。

问题情境3：通过以上的分析，我们领会到使观点立起来是需要方法技巧的，除此之外，这里还有主席深深的情感蕴含在其中。你能用朗读的形式把这段文字的情感读出来吗？

解决策略：

学生参与表演，搭配表情与手势。师生合作，朗读全文。

一方面，读出一种崇敬、敬佩、敬畏的语气。另一方面，读出一种蔑视、憎恨、轻蔑的语气。尤其要读出对张思德的崇敬、惋惜和肃然起敬的情怀。

小结：这一段，一个观点、两个材料、三种方法、四句话，却完美地把观点立了起来。通过引用名人名言，列举事例等把观点丰富起来；用引用、对比、举例等方法将观点支撑起来；句与句之间的逻辑性严密性、爱憎分明的情感使观点和态度鲜活了起来。这就是文法之美。

这种美不仅体现在这一段而且贯穿全文，在朗读中来感受和体会这种美。

小结：虽然小学六年级学完《为人民服务》以后，七年级和八年级我们再也没有接触议论文，但是你们已经具备了解读议论文的思维。为了弥补教材的缺憾，老师推荐了六篇议论文给大家，希望大家回去认真阅读。

【案例评析】

"不畏浮云遮望眼，只缘身在最高层。"这是这节经典重读的高品质之所在。这节课教学设计极具逻辑性、思辨性，教学过程灵活、生动，育人价值丰厚、高尚。可以说这是一节深蕴着本真、丰厚，且有思辨性的语文课。

1. 顶层设计 高屋建瓴

经典的文章有很多，经典的教学设计也有很多，但对经典重读的设计理念却不多见。本节课是对小学六年级的课文《为人民服务》的重读设计，该设计是符合课程整合的理念，是五个统筹中"学段统筹"在教学活动中的具体应用；也是主题式、立体化语文课程整合的一部分。该设计不仅放眼于九年义务教育，甚至是十二年教育的全过程。注重了小初、初高衔接，进行了主题式、系列化的整合，在主题牵动系列化的整合过程中，让学生体悟到了牵一发而动全身的课程建构。

2. 课堂设计　逻辑性强

本文尽管是一篇小学的课文，但也是一篇标准的议论文。议论文讲究逻辑性和思辨性，所以在该课的教学设计上也注重了这两个突出的特点。比如三个主问题的设计，由浅入深、环环相扣，由初读到品读再到精读；由文意了解到文法把握再到思想升华，充分体现了设计的逻辑性。设计最后有对"人民至上"的探究和结合实际谈新时代如何才是"为人民服务"的内涵，这两个具有思辨性的话题，是在前两个主问题的基础上，水到渠成般地生成，使本节课在本真的过程中不乏灵动和丰厚，更有思考和思辨。

一位教师的专业成长，离不开课堂，要有"死在公开课的路上"的专业精神，更要有"教师的未来走向何方"的探索精神。这样我们才会成为"眼里有光芒、灵魂有香气"的教者，让我们拭目以待。

为学生搭建行动的云梯
——高品质课堂典型样本之《凸透镜成像的规律》①

孙丽娜

【内容定位】

《凸透镜成像的规律》是初中物理八年级上册第五章第三节的内容。它既是第一节"透镜"和第二节"生活中透镜知识"的延伸与升华，又是第四节"眼睛"和第五节"显微镜和望远镜"的理论基础，是理论与实践的结合。

本节课主要运用实验法、讨论法、探究法、观察法、多媒体课件辅助法等。核心问题：探究凸透镜成像的规律。学习重点：探究凸透镜成像的规律。学习难点：如何引导学生分析数据，归纳总结，得出规律，领会"从物理现象中归纳科学规律"的方法。

【学情分析】

学生在学习了《生活中的透镜》的基础上再学习本节内容，已经对凸透镜

---

① 孙丽娜，物理学专业，理学学士，大连市一二二中学物理教师。《凸透镜成像的规律》一课在2016年教育部基础教育一司主办、中央电化教育馆承办的全国中小学学科德育精品课程征集展示活动中，被评为"部级学科精品课程"。

及其成像特点形成丰富、具体的感性认识，为探究凸透镜成像规律的学习奠定了知识基础。学生在知识的学习上不存在太大难度。

就学生本身而言，初二的学生实验探究的能力尚不足。我将本课设计为开放性实验，若完全靠学生小组合作完成实验难度较大，因此教师在此要做关键性引导和点拨。而不同的学生个体差异也较大，小组分配要合理。在学生眼里，探究新知识的实验课充满乐趣，往往容易调动学生学习积极性，学生学习兴趣会高涨，这些因素都会弥补学生能力方面的不足，亦会保证课程顺利地完成。

【思路梳理】

本节内容是本章的重点，也是起到承上启下作用的一节课，因此将课程设计为三个环节。第一环节利用已学过的生活中的透镜引课，进而进行实验探究，第二环节利用探究结论再次与生活中的透镜相联系，第三环节则是对凸透镜成像规律的深化理解，为接下来"眼睛"的学习打基础，从而使学生对将物理知识应用于实际给生活带来深刻的影响有了更多的认识，也充分体现了"从生活走向物理，从物理走向社会"的学科思想。其中，第一环节的"凸透镜成像规律的探究过程"是本节课的核心问题。

教学过程中要突出以学生为主体，不但给予学生充分的时间和机会提出问题，并解决问题，还要注重生活性、实践性；既要联系生活实际，又要在实践中发展学生探究、分析、归纳、迁移的能力。利用本课内容主线非常清晰这一特点，我在设计课程时将它设计成为一节较为开放性实验探究课。这是我的一次大胆的尝试，也是给学生一次大胆发挥的机会。

【核心问题】

探究凸透镜成像的规律。

【教学目标】

（1）通过实验探究并知道凸透镜成像的规律。

（2）通过探究活动，体验科学探究的过程和基本方法。

（3）体会从物理现象中归纳科学规律的方法。

（4）通过实验提高小组合作意识，提高初步的信息交流能力。

（5）体会实验探究活动在认识事物过程中的重要意义，建立生活与物理知识的联系。

（6）乐于探索自然现象和日常生活中的物理学道理。

【教学过程】

环节一

子问题：探究凸透镜的成像规律。

问题情境1：同一物体分别由投影仪，照相机，放大镜所成像的特点是否相同？

解决策略：

（1）观看大屏幕，思考生活中的凸透镜能成什么样的像？

（2）利用放大镜观察身边的同学，描述观察到的像有什么特点？

（3）通过放大镜，观察远处的老师，又看到了什么现象？

（4）通过上述两个小实验，引导学生分析，同一个凸透镜能成各种不同的像，可能与什么因素有关呢？

问题情境2：设计实验方案。

解决策略：

（1）提出问题：像的虚、实，大、小，正、倒，跟物体到凸透镜的距离有什么关系？

（2）猜想与假设（略）。

（3）设计实验：

①介绍实验器材（见图1）。先介绍光屏，焦距 $f = 10cm$ 的凸透镜，并让学生明确，取烛焰作为本实验研究的物体。

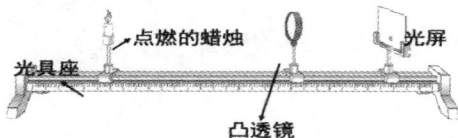

图1　凸透镜成像规律研究

②基本概念介绍：物距（u）、像距（v）。

③学生设计、修订实验方案：把蜡烛放在距凸透镜较远的地方，调整光屏到凸透镜的距离，使烛焰在光屏上成清晰的实像。观察实像的大小和正倒，测出物距 u 和像距 v。

逐渐改变物距，重复上述操作。将实验数据和观察结果记录于表格中。

问题情境3：探究凸透镜所成的像跟物体与凸透镜之间的距离有什么关系。

解决策略：

（1）进行实验。

安装器材和调节三心等高是对学生进行基本操作技能的培养。复习虚实像的知识是为了解决学生如何观察虚像的难点，引导学生学会怎样去研究这一问题。

①教师演示实验器材的组装，同时引导学生回忆虚实像的知识。

②讲授实验前的调节工作，强调"三心等高"，并说明其目的是使烛焰的像成在光屏中心。

③教师引导学生阅读学案上的注意事项，指导学生完成实验。

学生：先观看演示过程，再通过小组合作进行实验，观察现象，记录数据。完成实验后，各小组之间可以共享测量的数据。

④不断将蜡烛向凸透镜方向移动过程中，总能通过调整光屏位置在光屏上得到烛焰的像吗？撤去光屏，从光屏一侧向透镜方向看去，能否观察到烛焰的像？像在什么位置？

（2）分析与论证。

本环节重点培养学生对实验数据的分析和论证能力。教师应细致引导学生体会"从物理现象中归纳科学规律的方法"。学生根据教师的问题引导，分析表格中的数据，回答问题；通过观看动画演示了解二倍焦距处和二倍焦距的概念，并知道成像特点。

教师引导学生观察表格中的数据，回答以下问题：

①物距与焦距满足什么条件时，成虚像？此时像还有什么特点？②是不是当 $u > f$ 时，都是倒立、缩小的实像？③放大和缩小的实像的分界点在哪里（动画演示）？④教师介绍二倍焦距处和二倍焦距的概念。⑤教师引导学生将成缩小的像与放大的像时物距与焦距之间的关系分析出来。⑥教师介绍 $u = f$ 不成像。

教师介绍从物理现象中归纳科学规律的方法。

环节二

子问题：凸透镜成像规律的应用。

问题情境：生活中凸透镜应用的实例有哪些？

解决策略：

（1）如图 2 所示，凸透镜的焦距是 $f = 10$ cm，把蜡烛和凸透镜固定在光具座上。此时，物距 $u =$ ____ cm，将得到一个倒立的实像。利用这一原理可以制成____（填光学仪器）。

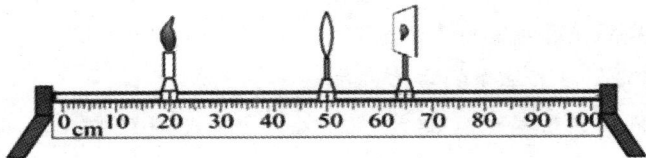

图 2

（2）用焦距为 10cm 的凸透镜来观察邮票上较小的图案。邮票到透镜的距离应（　　）。

A. 大于 10cm

B. 小于 10cm

C. 大于 20cm

D. 10cm 和 20cm 之间

环节三

子问题：凸透镜成像规律更高层次的理解。

问题情境：蜡烛从离凸透镜较远的地方向凸透镜方向移动，像是如何变化的？

解决策略：

让学生对成像规律有更高层次的理解。并进一步体会"从物理现象中归纳科学规律"的方法。

（1）教师提问：物距连续变化时像的大小及像距如何变化？学生小组合作，再次分析表格中数据，找到规律。随之动画演示强化。

（2）明确"放大的像"和"变大的像"二者的区别。

【案例评析】

本节课孙老师从关注学生的学科核心素养出发，依据高品质课堂的四个基本要素进行了精心的教学设计。践行了通过小组合作探究活动，体验科学探究的过程和基本方法，建立生活与物理知识的联系，使学生乐于探索自然现象和日常生活中的物理学道理的课堂教学的目标。

1. 教学活动充分彰显出课程的育人价值

义务教育物理课程，是以提高全体学生科学素养为目标的自然科学基础课程。不仅应注重科学知识的传授和技能的训练，而且应该注重对学生学习兴趣、探究能力等方面的培养。孙老师在本节课探究活动开始之前，先引导学生利用手中的放大镜观察周围的景物，发现这个放大镜原来还是一个"缩小镜"。这一小活动极大地激发了学生的探究兴趣，产生探究的动机，从而使学生提出问题，并解决问题，达到了主动参与学习的目的；而对于不同层次的学生，也开展了有针对性的指导，让每一位学生都能动起来。所以在整个教学活动中，学生一直处于乐于探索的状态，对物理的学习及问题的解决都表现出了积极浓厚的兴趣，这些都充分体现了高品质课堂的育人价值。

2. 教学策略凸显了学生的主体地位

一节开放性的实验课，并不意味着完全"把课堂还给学生"，以此来"凸显学生的主体地位"。孙老师虽然给予学生充分的时间经历探究过程，但在每一个关键环节都巧妙地设计了问题情境，从而使学生在教师有意识的组织干预下开展自主学习，使学生成为课堂主体的同时，教师也成为课堂的主导者，从而呈现了一堂本真、丰厚、灵动的实验课。

3. 信息技术科学地运用到了课堂教学中

科学地运用信息技术，不仅能增加教学的容量，丰富课堂教学的呈现形式，还能解决很多教学难点。实验课上，我们经常需要把学生的实验过程和实验结果展示给其他学生看，有时候这是实物展台实现不了的，所以很多教师会借助于 Flash 动画来呈现，但又失去了物理课堂应有的探究价值。孙老师利用了 DroidCamX 这款软件将手机变成了移动摄像头，可以随时将学生的实验问题展示在屏幕上，无延迟，方便、高效。比如凸透镜所成虚像的特点、奥斯特实验中小磁针的偏转等都可用它来呈现。所以这也是本节课的一大亮点。

玩着玩着，就把课给上了
——高品质课堂典型样本之
《生"动"的古诗——Flash 引导线动画》①

原佳丽

【内容定位】

本课与教材的第八课《飘落的竹叶——Flash 引导线动画》对应，主要内容是制作引导线动画。引导线动画是在补间动画基础上的一种继续创作。通过引导线动画的学习，对象沿不规则路线运动的问题迎刃而解。引导线动画实用性强，在教材中占有十分重要的地位。

本课的重点是设计、制作引导线动画；难点是对引导层和被引导层关系的理解。

【学情分析】

学生对 Flash 动画的学习有着浓厚的兴趣，通过前面的学习，他们学会了简单的补间动画，但操作时容易出错，学生中普遍存在的问题是"一问都会，一做就错"。因此在教学时，要创设良好的教学情境，让学生保持学习的热情，还要做好相应的复习工作，无论是帧还是图层的操作，都要继续明确，为本课的学习打下良好的基础。对于新课的学习，节奏不宜太快，教师要小步子演示，让学生

---

① 原佳丽，教育技术学专业，硕士学位，大连经济技术开发区第三中学教师。《生"动"的古诗——Flash 引导线动画》一课在 2012 年 11 月全国初中信息技术优质课展评活动中获特等奖。

在逐步的模仿操作中逐渐理解运动层和引导层的关系，从而理解引导线动画的原理。针对容易出现的典型错误，课堂要有纠错环节，本课的纠错环节包括学生利用学案上的"小医生"板块自主纠错、学生相互帮助纠错和全班统一集体纠错，并在这一过程中，引导学生发现问题、解决问题，加深对动画的理解、对操作的把握。

【思路梳理】

课前，教师准备了学案、课件和3个古诗（《小池》《乌衣巷》《江畔独步寻花》）动画素材文件，并把素材文件提前分发到学生机上。

为了实现教学目标，教师设计了导入、复习、新授、展示和总结5个教学环节。

（1）在导入环节，教师播放了动画版的清明上河图，由它联想到用电脑动画演绎古代文化的另一种方式：用Flash让古诗"动"起来，既创设了情境，又提出了学习目标。

（2）在复习环节，教师请学生按学案"小试身手"的"第一关"的操作要求补充诗句，复习了图层的相关操作，提出了本课的学习任务——为补充的诗句制作动画。"小试身手"的"第二关"要求学生制作补间动画，为制作引导线动画打下基础。为了保证复习质量，学案的背面提供了"小助手"，为学生的操作提供了详细的图解。

（3）在新授环节，为了避免盲目画线，教师启发学生先在学案上设计运动对象的运动路线。之后教师演示讲解"大显身手"部分的两个任务：建层画线，两端吸附。紧接着，学生模仿操作。为了突破教学难点，教师引导学生通过观察图层图标、图层位置，通过对引导线颜色、粗细的试验，深层次理解引导层和被引导层的关系。学生在制作引导线动画时，难免出错，因此，设置了纠错环节，让学生观察现象，分析原因。学案背面的"小医生"还为学生提供了解决办法，以供他们参考。为了培养学生综合运用新旧知识的能力，教师设计了"技能挑战"，提示学生通过改变动画对象的大小、角度、速度，通过制作两个甚至多个对象的引导线动画，让古诗更生动、更丰富。

（4）在展示环节，学生汇报、评价作品时，教师强调动画效果对古诗意境的表现，对学生进行情感态度价值观的渗透和培养。

（5）在总结环节。为了突出教学重点，教师采用多种方法引导学生学习，给他们大量的时间进行练习，还把引导线动画的制作过程编成三句口诀并打乱顺序，请学生重新排序，达到梳理知识的目的。为了帮助学生打开创作思路，教师播放了几个有代表性的引导线动画实例，并鼓励学生学以致用，课下设计、创作一个引导线动画。

【核心问题】

探究对象沿不规则路线运动的动画的制作方法。

【教学目标】

（1）知识与技能：能说出引导线动画的制作过程；能设计、制作简单的引导线动画。

（2）过程与方法：小试身手——复习旧知，为新知学习打下基础；大显身手——通过观察、试验、自主纠错等方法学习引导线动画。

（3）情感、态度与价值观：会用 Flash 动画语言更生动形象地表达思想感情；会用信息技术解决或展现其他学科知识。

【教学过程】

环节一：小试身手

子问题：补充古诗。

问题情境 1：如何把缺少的诗句补充上去（见图 1）？

图 1

解决策略：

（1）新建一个图层，将其命名为"诗句"。

（2）从"库"里调用"诗句"元件到舞台上合适的位置。

子问题：补间动画。

问题情境 2：你能制作一个补间动画，让燕子（或蜻蜓或蝴蝶）从舞台的一侧飞到另一侧吗？

解决策略：

（1）新建一个图层，将其命名为"运动层"。

（2）选中第 1 帧，从"库"里把运动对象拖到舞台外合适的位置。

（3）在第 48 帧插入关键帧，把运动对象移到舞台上合适的位置。

（4）在第 1 帧到第 48 帧之间创建补间动画。

环节二：大显身手

子问题 1：建层画线。

问题情境：怎样绘制运动对象的运动路线呢？

解决策略：

（1）选中运动层，单击"添加运动引导层"按钮添加一个引导层。

（2）在引导层的第 1 帧上按设计绘制引导线并调整（见图 2）。

图 2

子问题 2：两端吸附。

问题情境：如何才能让运动对象沿线运动？

解决策略：

（1）移动起始关键帧上的对象，让其中心靠近并吸附到引导线的起点。

（2）移动结束关键帧上的对象，让其中心靠近并吸附到引导线的终点。

子问题 3：技能挑战。

问题情境：在古诗里，还能用什么来体现意境？古诗里能不能有两个甚至多个对象沿不同的路线运动呢？你能用学过的动画知识把它表现出来吗？

解决策略：

再次添加运动层、引导层，重复上面的制作过程。

【案例评析】

原佳丽老师执教的"生'动'的古诗——Flash 引导线动画"一课，在"智慧天下杯"全国初中信息技术优质课展评活动中荣获特等奖，并作为示范课在活动中进行了第二次公开展示。本课从课程文化价值、学生主体地位、教师育人功能方面都体现了教师对高品质课堂的深层思考和自觉追求，让我们课前有一种期待，课上有一种满足，课后有一种留恋……

1. 教学实例设计精巧

在《"生'动'的古诗——Flash 引导线动画》一课中，原老师以《小池》《乌衣巷》和《江畔独步寻花》三首古诗为载体设计了三个实例。看得出，原老师对每个动画都进行了精雕细琢，使得三个实例都精致无比。这样的实例把学生带进诗的国度，学生很难不被吸引，教师在引导学生完成课堂任务的同时滋养了学生的诗意生命。在本课中，信息技术和传统文化完美融合，彰显了课程的文化价值。

2. 给学生时间，还课堂精彩

自主尝试、动手实践、合作交流是学生学习信息技术的重要方法。这节课，原老师做到了"放"，即放手让学生去操作、去创作。本课前前后后大约给学生留出了一半的时间进行练习。在这大段的时间里，学生根据教师的引导和指导，不仅能依靠记忆模仿操作，完成简单任务，掌握基本技能；而且能独立思考、主动探究、自由创作。学生积极的情感得到了培养，潜能得到了开发，个性得到了张扬，课堂的生命力得以体现，学生的主体地位得以凸显。

3. 用爱和学生对话

教育必须要触及人的灵魂，而不能只是知识的堆积。这节课，从原老师的语言、表情，从她和学生的互动、交流，我们能深刻地感受到她对课堂炽热的情怀和对学生满满的真爱。原老师是一个用"爱"和学生对话的教育者，她真诚地欣赏学生的每一次回答、互动，积极地引导同伴之间的友好互助，使得课堂气氛融洽，教学效果良好。所谓"亲其师，信其道"，便是如此。在育人境界上，原老师是"高尚的"，而这正是高品质课堂的要义之一。

上有温度、有灵魂的历史课
——高品质课堂典型样本之《圣雄甘地》①

陈志弘

【内容定位】

《圣雄甘地》是高中历史选修四《中外历史人物评说》第三单元第 11 课内

---

① 陈志弘，大连开发区第八高级中学特级教师。《圣雄甘地》一课于 2013 年荣获全国历史优质课大赛一等奖，荣获教育部 2016 年度"一师一优课　一课一名师"活动部级"优课"。

容。本课所在的第三单元为《资产阶级政治家》，在甘地之前学生们学习了克伦威尔、华盛顿、拿破仑、孙中山这四位资产阶级政治家，对资产阶级革命下的英雄人物已经有了大体的了解，但是甘地与其他政治家有很大的不同，所以本课围绕核心问题甘地领导的"非暴力不合作"运动及其在印度民族解放运动中的历史作用而展开学习。

【学情分析】

（1）通过课前调查得知，学生对"圣雄甘地"的相关内容知之甚少，对"非暴力不合作运动"这一名词更是陌生，或者说根本不了解甘地主义，甚至在认识上存在着误区——许多同学认为"非暴力不合作"就是一味地妥协退让，是"人家打你的左脸就把右脸也伸过去"。

（2）高二学生经过高一阶段的学习，对历史有了一定的感知，思维更活跃，自学能力更强；归纳、演绎推理能力以及运用逻辑法则进行正误判断的能力有很大进步，语言表达能力增强，有利于在本课开展难度较大的感悟式、探究式等自主性学习。

【思路梳理】

《课程标准》要求：讲述甘地领导印度国民大会党进行"非暴力不合作运动"的主要事迹；认识其在印度民族解放运动中的历史作用。

教材对甘地的介绍分为"青年甘地""非暴力不合作""圣雄的悲剧"三个子目，各部分的内在联系不够明晰，经过认真地分析课标，我认为甘地作为独特的政治家，他的一生充满了传奇和独特的个人魅力，所以对教材进行了大胆调整，主要从甘地的独特性入手，带领学生分析甘地"独特的思想""独特的斗争""独特的魅力"，在此基础上，进行人物评价，这样就自然了许多，也符合学生的认知规律。

另外，因为甘地以及甘地所处的印度历史对学生已有的认知能力而言具有很大的挑战性，如果仅用一节课45分钟时间达到教学目标要求，难度很大，所以，我在课前引导学生观看了电影《甘地传》，并指导学生做了"导学案"，基本扫清了本课知识储备方面的障碍，为圆满完成学习任务打下基础。

本课教学重点：甘地的"非暴力不合作"思想；甘地倡导的"非暴力不合作"运动。教学难点：评价甘地。

【核心问题】

甘地领导的"非暴力不合作"运动以及其在印度民族解放运动中的历史作用。

【教学目标】

（1）知识与能力：了解甘地倡导和领导的大规模"非暴力不合作"运动和

主要史实，认识甘地及其领导的"非暴力不合作"运动在印度民族解放事业中的作用；通过甘地在争取印度独立和消弭印度教派纷争的努力中，认识甘地成为"圣雄"的主要原因。

（2）过程与方法：运用探究式学习的方法，引导学生根据"成长—思想—实践—评价"的线索，搜集相关材料，培养学生自主学习的能力。

（3）情感、态度与价值观：引导学生客观评价历史人物在历史进程中的作用，感悟并学习杰出人物的高尚品质。

【教学过程】

环节一

子问题1：导入新课——我眼中的甘地。

问题情境1：同学们好！大屏幕上的图片大家一定非常熟悉，甘地到底是怎样的人？他为什么被尊称为"圣雄"？今天就让我们一起走近甘地，走近"圣雄"。

解决策略：

（1）请同学们根据课前预习教材，自学导学案，共同观看奥斯卡经典影片《甘地传》等课前准备，谈谈你所知道的甘地？

（2）教师根据学生回答整理出甘地的生平简介。

问题情境2：他人眼中的甘地。

解决策略：

通过呈现史料让学生了解他人眼中的甘地。

"他人眼中的甘地"

后世的子孙也许很难相信，历史上竟走过这样一副血肉之躯。——爱因斯坦

一位78岁的瘦弱老人竟以神奇力量震撼了整个世界……他所显示的力量，可以胜过原子弹的威力。——伦敦《新闻纪事报》

见到甘地先生……令人作呕，他曾是一个妨害治安……的律师。现在在在东方作出苦行僧的样子，半裸地在总督府前游行，却出名了。——英国首相丘吉尔

环节二

子问题2：独特的思想——甘地主义。

问题情境：爱因斯坦和丘吉尔对甘地的评价好像截然相反，但有一点是一致的——无论你欣赏他还是厌恶他，赞美他还是贬损他，你都不得不承认甘地是独

一无二的。接下来让我们以"独特"为核心词，看看"圣雄甘地"的独特之处。

解决策略：

独特的思想——甘地主义

通过小组合作探究，解决以下问题：甘地的主要思想主张是什么？甘地主义的实质是什么？"非暴力主义"的主要来源是什么？最后通过师生对话，完成学习任务。

环节三

子问题：独特的斗争——非暴力不合作。

问题情境1：在非暴力主义的独特思想指导下，甘地穷其一生，为印度的独立以及和平正义做了不懈的努力。还记得电影中的这个镜头吗？在影片中我们多次看到甘地亲自纺纱，甚至在狱中也坚持每天纺纱半小时，加之向食盐进军的号召，于是有同学提出这样的疑问：为什么古老的手纺车和小小的盐粒会成为非暴力不合作运动的标志物？

解决策略：

（1）我们结合三段材料来分析一下这个问题。

独特的斗争——非暴力不合作

（2）哪个小组愿意与大家分享你们的探究成果？

问题情境2：最终，印度的独立运动获得了巨大的成功，1947年8月15日印度独立。看到甘地脸上灿烂的笑容，我们不禁要问：为何非暴力抵抗能在印度获得成功？

解决策略：

请同学们根据学案中提供的材料，结合教材和电影中获得的信息，思考这个问题。同桌之间可以交流一下你的看法。

环节四

子问题：独特的魅力——评价甘地。

问题情境1：印度自由了，但赢得自由、独立的印度却面临着更严峻的挑战——种族斗争和宗教矛盾，于是甘地又投入到消除民族矛盾的斗争中，为此他不顾自己年迈虚弱的身体，冒着生命危险多次绝食。甘地打动我们的到底是什么？是甘地的绝食？手纺车运动？非暴力？我们该怎样评价甘地？

独特的魅力

解决策略：

小组讨论，合作探究：我评甘地。

教师提示：评价历史人物的基本原则——时代原则，国情原则，生产力原则，辩证原则。

问题情境2：2018年1月30日是"圣雄甘地"遇难70周年纪念日，请思考：甘地主义对当今社会有何意义？对我有何启发？

甘地遇刺70周年纪念活动

解决策略：

在学生回答的基础上，教师启发点拨——暴力的含义是广泛的，甚至可以包含一切与爱相背离的手段。非暴力主义意味着，当你被别人以这种方式对待甚至伤害，你永不以这种方式对待别人。即便在斗争中处于劣势，你也必须承受，不像对方一样为了赢得所谓的胜利而不择手段。（此处联系学生的校园生活）

结束语：今天，甘地离开我们整整70年了。70年来，我们欣喜地看到马丁·路德·金、曼德拉、昂山素季等政治家正继承着甘地主义的精髓，努力用理性、爱与宽恕唤醒人类的良知。在甘地遇刺身亡70周年时，让我们一起重申他的非暴力主义，并以此课缅怀甘地！

【案例评析】

我们知道《圣雄甘地》是选修模块《中外历史人物评说》中的一课。教材对甘地的介绍非常粗浅，但陈老师奉献给大家的这节课从形式到内容、从感官到心灵，都让我们感觉到历史课高尚、本真、丰厚、灵动的特质，非常享受。无论怎样审视都称得上是一节体现高品质课堂要素的好课。

我特别赞同李铁安博士强调的高品质课堂的基本要素及理念在于追求：高尚、本真、丰厚、灵动。我理解一节"高品质的历史课"首先应该是本真的，而这里的"本真"强调的是必须有历史学科特色，即浓厚的历史味。我想，今后学生只要回想起《圣雄甘地》这节课，令他们挥之不去的一定是瘦弱但矍铄的甘地，是坐在手纺车前温柔而仁慈的甘地，是率领印度人民走在"向食盐进军"路上的笃定而优雅的甘地……在史料的选取和使用中，我们看到了陈老师运用数字化教学资源的能力，尽显了陈老师"丰厚"的历史学科素养和广博的知识底蕴，再加上"灵动"活泼的教学环节设计，最终，师生共同达到了历史课堂的"高尚"境界——培养学生的人文素养和人文情怀。这正是历史教育的终极目的。

陈老师在这节课中把"爱和宽恕"定位为甘地思想的核心内容，让学生站在人性大爱的高度上去理解、评价这个20世纪独特的历史人物；最后又把"爱和宽恕"上升为人类发展的永恒原则，以此让学生感悟甘地思想对今天人类和平与发展的启示。这种以人性的光辉沐浴着的历史课堂，必能培养、造就学生悲天悯人、民胞物与的胸怀。

这样的历史课堂必然是人文情怀的生成地，是立德树人的平台，是高品质的好课！

让学生经历完整而丰满的学习过程
——高品质课堂典型样本之《神妙的数学之美》①

段瑞霞

专辑四　展现教学方法与智慧

【内容定位】

《普通高中数学课程标准》（2017 年版）指出：通过高中数学课程的学习，使学生认识到数学的科学价值、应用价值、文化价值和审美价值。因此在高中阶段我们应让学生充分地体会到数学的内涵和精髓，真正感受到数学文化的独特魅力。

本节课是教师自主研发的一节有关数学文化走进高中课堂的课，主要是从数之美、形之美、公式之美、思想之美、逻辑之美的角度来展示数学的美学价值与文化价值。

本课的核心问题：数学美吗？美在哪里？为什么这么美？本课学习重点：欣赏数学的美。本课学习难点：反证法的应用。

【学情分析】

数学美吗？这是一个学生非常感兴趣的话题，会有很多的想法要表达。但是数学的美具体体现在哪些方面呢？数学为什么这么美呢？关于这些问题学生未必有过深刻的思考与认识。

由于是高一的学生，所学高中数学知识有限，对解析几何、反证法接触较少，所以欣赏思想之美时存在一定的困难；而且学生还没有学习复数，因此对欧拉公式可能会理解得不透彻。

【思路梳理】

本节课围绕"数学美吗？美在哪里？为什么这么美？"这三个问题展开讨论，层层递进、环环相扣、循序渐进。通过设置你认为数学美吗、你最喜欢哪个图形、最喜欢哪个公式等开放式的问题，让学生们畅所欲言，表达自己的想法与观点，营造出宽松、和谐的课堂氛围；通过介绍理发师悖论、无理数的证明等学生感兴趣的问题，引发学生深刻的思考，让其充分体会到数学的逻辑之美、思想之美，点燃学生对数学热爱的火花。

总之，本节课是以问题为引领，创设了丰富、生动的教学环境，为学生提供

---

① 段瑞霞，数学与应用专业，硕士学位，大连市一○八中学教师。《神妙的数学之美》在 2017 年 5 月获第七届数学史与数学教育学术研讨会暨全国中小学"数学文化进课堂"优质课观摩研讨会优秀案例一等奖。

了一个"问题解决"的完整过程。立足于学生们已掌握的数学知识，选取符合学生认知能力的内容来展现数学的美。同时注重与现实生活及其他学科有机联系，既使学生感到亲切，又激发了学生的学习兴趣。

【核心问题】

数学美吗？美在哪里？为什么这么美？

【教学目标】

（1）经历欣赏图片、推理论证等数学活动，多方面、多角度地体验数学之美。

（2）初步体验归纳推理、解析几何及反证法所蕴含的数学思想。

（3）提升学生学习数学的兴趣，激发学生的求知欲，感受数学的文化价值和美学价值。

【教学过程】

环节一

子问题：数学美吗？

问题情境：你认为数学美吗？美，美在哪里？若觉得不美，原因是什么？

解决策略：

（1）让学生们畅所欲言，表达自己的观点与想法。

（2）教师课前做过问卷调查，挑选典型案例展示。

案例1：数学之美相比较于艺术作品来说是内敛的，它的光芒都暗藏在白纸黑字之下，只等着有缘人来为之绽放。它是深邃的，不经历一番曲折、一番探索，很难把握其涌动在深处的美。

她，像绵绵一段乐章，多想，有谁懂得吟唱；她，有满满一目柔光，只等，有人为之绽放。

案例2：数学，源于自然；源于智慧；源于探索。

它活跃，懂得变通；它细腻，却不烦琐。它的美无处不在，它的魅力亘古永恒。

案例3：数学，着实令人费解，数与形之间的复杂关系，灵活的转换，打倒了无数热血少年，在一次又一次周旋中，渐觉烦躁，渐渐心凉。

在我眼中，数学就像是风暴降临的大海，一不小心就会沉没。

案例4：美的特点是让人看到能够身心放松，心情愉悦，但我每次看到数学便头疼不已。

数学的公式繁多，推导麻烦。图形变化多端，各有特点。每次做数学题，冗长的公式和复杂枯燥的解题过程让我身心俱疲，一个个"阴险"的"陷阱"更是防不胜防，丝毫没有美的享受。

（3）关于这个问题大师们是怎么说的，展示名人名言。

环节二

子问题1：数之美。

问题情境：欣赏国旗的图片，思考许多国家的国旗上都有五角星，五角星美吗？为什么这么美呢？

解决策略：

（1）介绍神奇的数字0.618…。

0.618…被达·芬奇誉为"黄金数"，被德国天文、物理、数学家开普勒赞为几何学中两大"瑰宝"之一。

（2）列举黄金分割在生活中的应用。

节目主持人报幕，站在舞台上侧近似于0.618的位置才是最佳的位置；模特腿和身体的比例也近似于0.618的比值；23℃是最舒适宜人的气温，因为它与人体的正常温度37℃的比例近似于0.618。

（3）欣赏绘画、建筑艺术中的黄金矩形及设计中的黄金比例。

向学生们介绍苹果产品设计中的黄金比例运用。

子问题2：形之美。

问题情境：你觉得哪个图形或者图像最美？

解决策略：

（1）学生表达自己的观点与想法。

（2）欣赏正多边形及正多面体的图片。

（3）欣赏经典曲线，包括星形线、心形线、伯努利双纽线、三叶玫瑰线、阿基米德螺线等。向学生们介绍百岁山矿泉水广告背后的故事——笛卡尔和心形线的传说。

子问题3：公式之美。

问题情境：你觉得哪个公式最美？

解决策略：

（1）学生谈自己的想法。

（2）向学生介绍勾股定理及毕达哥拉斯树。勾股定理也是几何学中两大"瑰宝"之一。

（3）介绍二次函数模型在数学和物理中的应用。

（4）让学生填写三棱锥、四棱锥、三棱柱等多面体的面数（F）、顶点数（V）及棱数（E），猜想归纳它们之间的关系，得到欧拉公式。

（5）向学生们介绍"最美的数学定理"——欧拉公式"$e^{\pi i}+1=0$"。这个公式被评为 2003 年全世界自然科学界十大最美公式中的第一名。它将数学里最重要的几个数字联系到了一起，被数学家们评价为"上帝创造的公式"。

子问题 4：思想之美。

问题情境 1：在 17 世纪以前，代数和几何基本是分离的。代数主要研究"数"，几何主要研究"形"。第一个在代数和几何上架起一座桥梁的人是谁呢？

解决策略：

向学生介绍笛卡尔解析几何思想的数学结构，让学生感受解析几何中蕴含的思想之美。解析几何的建立第一次真正实现了几何方法与代数方法的结合，使形与数统一起来，这是数学发展史上的一次重大突破。

问题情境 2：如何证明$\sqrt{2}$是无理数？

解决策略：

引发学生思考，应用正难则反的原理，师生共同完成证明，并向学生们介绍反证法。反证法是一种间接论证的方法，牛顿曾经说过："反证法是数学家最精当的武器之一。"

子问题 5：逻辑之美。

问题情境：村子里只有一名理发师，且村子里的男人都需要理发，理发师约定："只给自己不给自己理发的人理发。"请问：理发师能给自己理发吗？

解决策略：

学生展开热烈讨论，然后向学生介绍罗素悖论，体会数学的逻辑之美。

环节三

子问题：数学为什么这么美？

问题情境：回顾本节课内容，思考数学为什么这么美？

解决策略：

（1）学生谈谈本节课的收获，是否感受到了数学的神妙之美呢？认为数学不美的同学，通过本节课的学习是否有所改观呢？数学为什么这么美？引发学生思考。

（2）教师提炼升华。数学具有高度的抽象性、逻辑的严谨性、应用的广泛性，是真善美的高度统一。

（3）最后以一首小诗结束数学文化之旅的教学。

【案例评析】

《神妙的数学之美》一课从多方面、多角度展现了数学的神妙之美，与此同时它也向我们展现了数学课堂的美。数学美，数学课堂也很美，美在哪里呢？

1. 设计美

本节课紧紧围绕"数学美吗""美在哪里""为什么这么美"这三个问题展

开讨论，为学生提供了一个完整的知识形成过程与系统的知识关联。在教师的组织调控下，学生在享受优质的文化资源的过程中，焕发出主体的积极情感，展开深刻的思维活动，真正经历完整而丰满的学习过程。教学内容与结构设计新颖精巧，充分发挥学生的主动性，深入挖掘课程的育人价值与文化价值，点燃学生对数学热爱的火花。

2. 学生美

关于"数学美吗"这个话题，学生们表现出浓厚的兴趣，各抒己见、畅所欲言。他们的发言令人印象深刻、回味无穷。学生们积极主动地参与讨论，课堂气氛热烈而融洽。学生们动起来了，课堂活起来了，学生们怀着对知识、情感的需求去热情地体验了一次数学文化之旅。

3. 教师美

教师满怀热情教学，教态亲切大方，举止自然得体，富于亲和力和激励性。语言简练生动，富有启发性，真正做到与学生思维共振，情感共鸣。在这节课上，我们不仅能感受到知识的传授、思维的碰撞，还有心与心、情与情真诚的交流。

4. 课件美

教师善于科学地运用现代教育技术服务于课堂，课件制作直观、形象，主题明确，视觉效果悦目。

课堂因生成而精彩，也因缺憾而美丽。如果课前让学生分组准备资料，课上由学生进行讲解，给学生充分的时间和机会，也许会更加精彩。

教学是一个"鱼渔双授"的过程
——高品质课堂典型样本之《比喻、比拟修辞的应用》[①]

何 玲

【内容定位】

以往《考试大纲》规定要考查考生"正确运用常见的修辞手法"，并且明确了"常见的修辞手法"为九种，即：比喻、比拟、借代、夸张、对偶、排比、反问、设问、反复。据此，学生要深入领会和准确把握两点：其一，把握住"常见"这两个字的含义，这里指一些使用频率高，平常见得多，熟悉的九种修辞；

---

① 何玲，汉语言文学专业，大连市金州高级中学教师。《比喻、比拟修辞的应用》一课在 2011 年 10 月全国优质教育成果优质课类获二等奖。

其二，把握好"正确运用"的含义。2017版《普通高中语文课程标准》中也明确指出：语文学科核心素养是学生在积极的语言实践活动中积累与构建起来，并在真实的语言运用情境中表现出来的语言能力及其品质；是学生在语文学习中获得的语言知识与语言能力，思维方法与思维品质，情感、态度与价值观的综合体现。可见，学好修辞不仅能解决试卷中会出现的语言文字运用及阅读与写作等方面显性和隐性的问题，而且也能加深学生对汉字、汉语的理性认识，学好语文，更好的对文化进行理解和传承。

本课核心问题：比喻、比拟修辞的应用。本课学习重点：理解并识记比喻、比拟修辞的相关理论。本课学习难点：能做到准确应用比喻、比拟修辞手法。

【学情分析】

本节课是建立在初中学习基础上的深入研究，由于学生对于理论的学习并不是很感兴趣，因此要激发他们的学习兴趣。兴趣培养是难点也是关键，再加上培养他们适时应用的能力。在现实的教学及学生的学习中，我们发现修辞常常不被重视。一是因为有些学生有功利心，学习不踏实，有投机的心理，看到修辞在试卷所体现的较为直观的分数好像不太高，所以重视程度不够；二是因为修辞理论的学习较为枯燥。这就要求教师在教学过程中，要转变一些观念及教学方法，让学生爱上修辞。

【思路梳理】

这节课本着以学生为主体，教师为主导的主要原则，根据高中语文课程标准及高考教学大纲要求，主要采用了学生合作、探究的学习方式与教师启发、讨论、参与的教学方式，努力在修辞的教学中追求一种创新。让学生从心里去感受修辞的魅力，让修辞不仅"活"在学生的高考题中，而且能鲜活地存在于我们的生活中，从而爱上修辞，爱上中国的语言文字。

【核心问题】

比喻、比拟修辞的应用。

【教学目标】

（1）学生理解并识记比喻、比拟修辞的相关理论，能准确掌握应用比喻、比拟修辞。

（2）学生课前小组合作、探究，课上独立思考与讨论结合，能掌握并应用修辞知识，教师适时启发、点拨。

（3）学生通过本节课的学习，对语文修辞产生浓厚兴趣，并且无论是在学习还是在生活中都能准确地运用相关知识。

【教学过程】

环节一

子问题：课前活动及情境导入。

问题情境：共赏同窗风采。

解决策略：

（1）学生课前活动：每日名言"创写"（至少使用比喻或比拟一种修辞手法）。

（2）学生点评，锻炼有理有据阐述观点的能力。

（3）教师点评。（板书课题）

环节二

子问题：复习旧知，强化新知。

问题情境：回忆学过的比喻的种类和作用及比拟的种类和作用。

解决策略：

（1）两名学生到黑板板书比喻、比拟种类。

（2）学生回答两种修辞的作用。

（3）教师总结点评学生答案并明确参考答案。

环节三

子问题：比喻、比拟修辞在高考试卷中的应用。（课前布置学生小组研讨，以近三年高考试题为主）

问题情境1：各小组派一名代表汇报展示合作成果，比喻、比拟修辞在高考试题中有哪些题型出现过？

解决策略：

（1）小组学生代表汇报小组合作讨论结果（其他学生补充）。

（2）教师板书学生概括的正确题型（按高考试卷顺序进行排列）。

问题情境2：近几年现代文阅读的考查形式变化较大，让我们来看看同学们找的题，其中修辞是以怎样形式呈现的？

解决策略：

（1）2017年全国Ⅱ卷，文学类文本阅读，林徽因《窗子以外》，学生分析理解出题意图即可。

（2）布置课后作业完成题目：结合全文，说明文中"窗子"的含义。

问题情境3：修辞在现代文中有涉及，那么诗歌鉴赏中也有考查吗？

解决策略：

（1）学生汇总课前研讨成果。

（2）教师幻灯片展示原诗及题目：2017年全国 I 卷古代诗歌阅读题，《礼部贡院阅进士就试》考题：本诗的第四句"下笔春蚕食叶声"广受后世称道，请赏析这一句的精妙之处。

（3）师生共同赏析，教师点拨，学生思考讨论，形成答案。

问题情境4：除此之外，试卷中还有语言文字应用中会涉及修辞的考点。

解决策略：

（1）学生汇总题型。

（2）教师明确总结（选典型试题试做）：

①（2012·重庆卷）请在下面横线处补上恰当的语句。要求：运用比拟，与前面的语句构成排比，语意连贯。

水，有着很强的可变性：伸长脖子，就变成了江河；站直身子，就变成了喷泉。

____，_____。

②（2013·辽宁卷）仿照下面的示例，自选话题，另写三个句子，要求修辞手法、句式与示例相同。

小草伸出稚嫩的纤手，向你描绘原野的新绿；

树叶掬起温润的阳光，向你展示森林的生机；

溪流吟唱欢快的歌曲，向你诉说春天的故事。

_____，_____；

_____，_____；

_____，_____。

③公益广告、宣传语、对联等。

问题情境5：言之无文，行而不远。好作文更是离不开修辞的准确使用。

解决策略：

（1）教师明确指出在作文中会使用修辞。

（2）布置作业：下一次作文中要至少使用两种修辞手法。

环节四

子问题：比喻、比拟修辞与生活相关的应用。

问题情境1：比喻、比拟修辞还有哪些与我们紧密相关的应用？

解决策略：

（1）学生阐述思考结果。

（2）教师总结点评。

问题情境2：听、看以下内容，同学们是否也会"歌兴"大发呢？为什么这些歌曲会受人欢迎并广为流传？

解决策略:

(1)幻灯片展示歌词并随机播放音频:

①卧似一张弓,站似一棵松,不动不摇坐如钟,走路一阵风。

②昨日像那东流水,离我远去不可留,今日乱我心多烦忧;抽刀断水水更流,举杯消愁愁更愁,明朝清风四飘流。

③"窗外的麻雀,在电线杆上多嘴",你说这一句,很有夏天的感觉。

(2)感兴趣有能力的同学可以尝试写班歌。

环节五

子问题:布置作业,课后巩固,知识延伸。

问题情境:幻灯片展示习题,课后练习;感兴趣、有能力的同学可以尝试创作班歌。

解决策略:

(1)完成课后习题,巩固所学。

(2)拔高创新,因材施教。

【案例评析】

从这堂课的教学设计及课堂教学策略等处来看,这位教师是一名非常专业且敬业,热爱语文教学,热爱学生,爱动脑思考的语文教师。教师在教学中充分立足对学生的尊重与关怀,打破了枯燥的修辞理论的桎梏。从激发学生的兴趣入手,同时不忘提高学生的高考答题能力,教学中很好地利用了自己的学科优势,弘扬"爱学习""爱生活"的崇高立意,彰显"育人"的核心主题。以"流行歌曲"为学生兴趣激发点辅助修辞的教学有创新,有突破。教学中问题设置合理,难易适中。充分尊重并调动学生学习的积极性。学生能全情投入到修辞的学习中来,小组研讨锻炼了学生的合作能力,课上学生的思考、回答与老师的适时点评都完美地体现了师生间的相互尊重,信任。诠释了高品质课堂"高尚、本真、丰厚、灵动"的特点。当然,若在高考试题的选择处理上能再斟酌些会更好,课堂的重难点会更加突出。

后　记

《高品质课堂50个典型样本》终于定稿成书！

大连金普新区的"高品质课堂理论及实践研究"始于2012年。七年来，金普新区的基层学校和一线教师始终奋进在塑造高品质课堂的道路上。他们在课堂教学过程中，能以高尚的道德感染学生，以真爱良知尊重学生，以丰厚智慧启迪学生；能深入挖掘课程文化价值，为学生健康成长提供优质资源；能围绕学生学习进行教学设计和组织调控，使教学目标、内容、策略达成内在统一；能基于课程内容和学生学习搭建"问题解决"脚手架，从而让学生经历发现、思考、探索、创造的完满学习过程。在此过程中，一大批教师迅速成长起来！近年来，金普新区的一线教师在全国各级各类课堂教学比赛、观摩展示中捷报频传，获奖连连。

出版这样的一个样本集的想法始于一年前。当时我们提出了这样八个关键词：积累与总结；反思与提升；借鉴与激励；责任与荣光。这对于提供样本的老师进一步提升、对于全区更多的一线教师的成长、对于区域高品质课堂的塑造都具有十分积极的促进作用。我们面向全区基层学校遴选样本案例的撰写人，在2013年以来1000余节国家级获奖课例中，根据学段，兼顾学科，确定了50个样本案例。其中高中阶段有11个课例，初中阶段有15个课例，小学阶段有24个课例，课例中涵盖了数学、语文、英语、物理、化学、生物、地理、历史、政治、音乐、美术、体育、班会、品德、书法、心理健康等各个学科。

样本案例中呈现的各个版块就是高品质课堂的备课技术路线和实践操作范式：

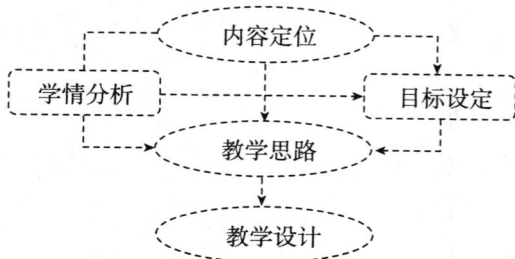

高品质课堂教学下的教师备课技术

教学设计和教学实践中要体现高品质课堂的核心表征：以"问题解决"为导向的"具体问题具体分析"，即抓住核心问题—分解子问题—确定教学环节—引出问题情境—设计解决策略。在编写中我们尝试把 50 个样本分成"绽放学生精神与生命""塑造学生品格与意志""凸显教学本质与规律""展现教学方法与智慧"四个专辑，每个专辑聚焦一个主题，分别是"彰显教学宗旨，打造高尚课堂""立足教学意义，打造本真课堂""遵循教学规律，打造丰厚课堂""生发教学智慧，打造灵动课堂"。我们试图通过具体而生动的课堂教学实例来理解和阐释高品质课堂在实践中所秉持的理念追求和核心指标——四个基本要素：高尚、本真、丰厚和灵动。

感谢中国教育科学研究院研究员李铁安博士！作为中国教育科学研究院驻金普新区专家组组长，铁安博士近十年来安心一线，潜心探索，真心奉献，倾心服务。他提出的高品质课堂理论框架和实践框架为我们金普新区深化课堂教学改革、落实立德树人根本任务提供了崭新的思路和详实的可操作范式。他精心创作的专著《高品质课堂的塑造》一书已经愈发成为引领金普新区广大教师深入开展课堂教学改革与创新的重要参照和有效工具。方向比努力更重要！金普新区课堂教学的深度变革，一线教师的专业成长，万千学子的生机勃发皆受惠于高品质课堂！在本书的创意和编写过程中，铁安博士更是全程参与，倾力指导。从书稿的整体设计到样本的版式架构，从课例的核心问题到文本的语句表达，铁安博士与编写组和案例撰写教师一对一、面对面，提要求，理思路，逐篇阅读，逐字斟酌，用智慧和豪情引领大家共同研究，共同进步。

感谢样本案例的撰写教师！他们是金普新区近万名教师的优秀代表，也是全区近年来 1000 余节国家级优质课获奖教师中的佼佼者。感谢大家一年来的智慧贡献和辛勤付出。他们在日常繁杂工作的同时，牺牲了很多宝贵的业余时间，俯下身子，静心钻研。他们能从自己昨天的荣誉和成功中走出来，站在新的起点，精益求精，突破自我，力争把最精彩的课例展示给大家。在这本书最初的创意中，我们设想把高品质课堂塑造与教师专业成长有机地结合起来，所以在开始的设计中每一个案例撰写教师都沉淀了自己的教育哲学，梳理了自己在高品质课堂塑造之路上的成长感悟。这是一项极具挑战性的工作！大家能站在新时代的高度，反思提炼，字斟句酌，很好地完成了书稿，也实现了自身成长的一次飞跃。遗憾的是由于版面、字数限制以及其他原因，我们只保留了案例部分，其他部分忍痛割爱。期待未来的精彩！

还要感谢世界知识出版社的编辑们。他们的慧眼让这些样本从金普新区一线老师的案头走出来，在更大的范围内展示教师的专业成长和传播高品质课堂的理论与实践。他们的专业让这个样本集主题更鲜明、结构更清晰。

　　高品质课堂不是课堂教学的一个具体操作模式，而是关于课堂教学实践的一个方法论。我们更可以把它当作是我们课堂教学的一个理想状态和不变追求。从这个意义上讲，高品质课堂的塑造，我们永远在路上！就像铁安博士说的那样，"远方之外，依然是更远的远方"。

　　在本书的编写过程中，我们倾心凝力。但由于能力所限，肯定还有这样那样的问题。恳请包容，敬期批评！

大连金普新区"高品质课堂"研究与实践课题组

2019 年 7 月 12 日